教育部人文社科基金“城市复合型大气污染侵权救济机制研究”（17YJA820026）

城市复合型大气污染
侵权法律问题研究

王爱群　蔺　妍 / 著

RESEARCH ON TORT LAW OF
URBAN COMPOUND AIR POLLUTION

法律出版社
LAW PRESS · CHINA
北京

图书在版编目(CIP)数据

城市复合型大气污染侵权法律问题研究 / 王爱群，蔺妍著. -- 北京:法律出版社,2024

ISBN 978-7-5197-8990-9

Ⅰ.①城… Ⅱ.①王… ②蔺… Ⅲ.①城市-大气污染防治法-研究-中国 Ⅳ.①D922.68

中国国家版本馆 CIP 数据核字(2024)第 068329 号

城市复合型大气污染侵权法律问题研究
CHENGSHI FUHEXING DAQI WURAN QINQUAN FALÜ WENTI YANJIU

王爱群 蔺 妍 著

策划编辑 田 浩
责任编辑 田 浩
装帧设计 鲍龙卉

出版发行 法律出版社
编辑统筹 法商出版分社
责任校对 裴 黎
责任印制 胡晓雅
经　　销 新华书店

开本 710 毫米×1000 毫米 1/16
印张 18.75 **字数** 261 千
版本 2024 年 5 月第 1 版
印次 2024 年 5 月第 1 次印刷
印刷 北京虎彩文化传播有限公司

地址:北京市丰台区莲花池西里 7 号(100073)
网址:www.lawpress.com.cn
投稿邮箱:info@lawpress.com.cn
举报盗版邮箱:jbwq@lawpress.com.cn
销售电话:010-83938349
客服电话:010-83938350
咨询电话:010-63939796

书号:ISBN 978-7-5197-8990-9
定价:78.00 元

凡购买本社图书,如有印装错误,我社负责退换。电话:010-83938349

目　录 Contents

序　章

城市复合型大气污染，是指相对于单一性污染而言，由煤烟、化学物质污染、机动车尾气等多种来源的污染物形成的以大气氧化性物种和细颗粒物浓度增高、大气能见度显著下降和环境恶化等为特征的，以城市为主的区域性复杂大气污染。这种大气污染中各种悬浮颗粒物含量超标的状态也被称为“雾霾”，世界卫生组织已将其视为普遍和主要环境致癌物。据统计，每年全球范围内因大气污染导致过早死亡的人数达300多万，其中，我国因大气污染过早死亡的人数达140万。城市复合型大气污染造成的损害如此严重，但是，在我国因此提起的诉讼却鲜有所闻。环境权利与救济唇齿相依，没有救济，权利就只是一纸空文。在法治国家，保护公民的权利即意味着要赋予其救济的权利。如何对城市复合型大气污染受害人的权益进行合理、充分救济，更好地维护社会成员的公共利益，是我们亟须解决的社会问题之一。

近年来，我国对环境侵权的立法有所加强，但现有法律、法规和司法解释对大气污染法律责任的整体性把握和综合性协调适用重视不够，导致对被害人救济不足，对加害人威慑乏力，对环境保护强度偏弱。城市复合型大气污染侵权救济不仅是民事救济机制，更需要通过综合救济机制来实现对受害人的全面救济，只有这样才能有效地治理和预防环境污染，最终实现保护环境和保护公众健康的目的。

本书结合我国立法现状和司法实践，对我国城市复合型大气污染侵权救济机制中有待完善之处进行剖析，明晰城市复合型大气污染侵权的救济途径，提出可行性解决方案，从救济城市复合型大气污染侵权受害人利益的角度出发，主张构建综合救济机制，使参与机制、合作机制、资金保障机制相结合，司法救济、非诉讼救济和社会化救济相结合，事前救济与事后救济相结合。

一、国内外相关研究现状

（一）国外相关研究动态

国外尤其是英国、美国、日本等经历过“先污染，后治理”的发达国家，对于大气污染侵权救济的研究成果不胜枚举，其相关研究状况可分为三个时期：

1. 1940～1970 年（工业污染）：这一时期，许多国家爆发了环境污染事件，如英国的“伦敦毒雾事件”、美国的“洛杉矶烟雾事件”和“多诺拉事件”、日本的“四大公害事件”等。在这个一背景下，围绕大气污染侵权救济的成果大量涌现。例如，William H. Rodgers 的 Environmental Law（1977 年）、原田正纯的《水俣病》（1971 年）、沢井裕的《公害の私法的研究》（1969 年）等，确立了“盖然因果关系”“疫学因果关系”等公害理论。

2. 1970～1990 年（复合型污染）：工业污染得到治理后，有的学者开始对城市复合型大气污染的防治及其救济进行深入研究。例如 Roger E. Meiners 的 The Common Law and the Environment（2001 年）、Brainw. Clapp 的 An Environmental History of Britain since the Industrial Revolution（1999 年）、小山仁示的《西淀川大气污染的被害和历史》（1988 年）、小田康德的《都市公害の形成》（1987 年）、吉村良一的《道路公害問題の新たな局面》（1996 年），进一步研究了以“高度预见义务”和“结果回避义务”为内容的“公害过失说”“共同侵权行为说”“比例责任”等理论。

3. 2000 年至今（新型污染）：2000 年以来，国外开始对新型污染进行研究，从美国著名的环境法律研究期刊 The Harvard Environmentai Law Review 近年来发表的论文统计分析，新型污染损害成为近年的热点问题。日本学者的研究则主要集中在对环保史的回顾及核放射物污染、跨境污染等方面，如石黑一宪的《国境を越える環境汚染》（2001 年）、鸟谷部茂的《福島原発

事故における放射能汚染の法的責任》（2012 年）等。

（二）国内相关研究动态

我国关于大气污染法律问题的探讨和研究早已有之，对大气污染侵权救济机制的相关研究也是硕果累累。

1. 萌芽期（1980～1990 年）：关于大气污染法律问题的研究最早的文献产生于 20 世纪 80 年代。例如，金瑞林的《国外环境法中的几项基本制度》（1981 年）、沈关生的《浅谈对环境污染案件的审理》（1984 年）、廖经的《〈环境保护法〉应补充法律责任条款》（1985 年）等。这一时期的文献产出量较少，大多是对环境法及环境污染责任进行整体性的概述，对大气污染侵权的研究尚处于萌芽状态。

2. 发展期（1990～2000 年）：进入 20 世纪 90 年代后，相关文献的产出数量开始增加。例如，房绍坤的《试论环境污染损害赔偿责任》（1991 年）、罗家山的《违反大气污染防治法的民事责任与刑事责任》（1996 年）、胡会明的《论环境污染损害赔偿责任》（1996 年）等文开始有针对性地探讨大气污染法律责任，但多为对大气污染防治制度整体方面进行的研究，大气污染侵权问题还未引起学者的高度重视。

3. 稳定期（2000～2012 年）：随着我国环境问题的进一步恶化，大气污染侵权问题真正引起了社会各界的重视。从 2005 年开始，文献数量急剧增长，学者开始系统地研究大气污染侵权救济等问题。其中，王明远的《环境侵权救济法律制度》（2001 年）对环境侵权救济法律制度进行了研究；邹雄的《环境侵权救济研究》（2004 年）提出了构建一般法和特别法两个层次的环境侵权救济法律体系的设想。这些文献对环境侵权民事救济制度、行政救济制度和社会化救济制度进行了研究，为后续的研究奠定了理论基础。

4. 高峰期（2013 年至今）：2013 年开始，随着我国城市大气污染的日益严重，“雾霾”“PM2. 5”成为热搜词，关于大气污染侵权救济的研究大量涌现，这些文献对大气污染侵权救济的现状进行了分析和评价，对其法律制度的完善提出了相应建议，但大多限于对大气污染侵权救济的法律依据和救济途径的探讨，对于构建大气污染侵权救济机制的整体研究尚不多见。

国内相关研究中产出高、具有代表性和高影响力共引文献的作者主要有蔡守秋、吕忠梅、王灿发、汪劲、徐祥民、竺效等，由于篇幅有限不能一一列举。其中，蔡守秋在《应当提倡环境道德》（1981 年）一文较早地提倡了环境保护意识的重要性；吕忠梅在《论公民环境权》（1995 年）和《再论公民环境权》（2000 年）中主张公民环境权是一项独立的、基本的人权，包括对环境的使用权、知情权、参与权和受到环境侵害时向有关部门请求保护的权利，为环境权的研究做出巨大贡献；王灿发的《论环境纠纷处理与环境损害赔偿专门立法》（2003 年）认为，需要制定专门的立法解决环境纠纷和维护公民的环境权利，弥补民法和民事诉讼法的不足；竺效提出，应当创建大气污染区域联防联控机制（2015 年）；徐祥民则在《民事救济的环保功能有限性——再论环境侵权与环境侵害的关系》（2016 年）中提出能够对环境损害负责的适格主体是政府；常纪文在《区域大气污染侵权救济的法理难题及其解决建议》（2017 年）中提出了大气污染侵权救济的解决对策；汪劲的《环保法治三十年：我们成功了吗》揭示了我国环保执法的现状及弊端，认为应当考虑执政、立法、行政、司法等因素确保环保法治的正常运行，该书是国内第一部运用实证资料系统研究中国环保法治问题的研究成果。这些丰富的、优秀的先行研究构建了我国环境法理论体系，也为本书基本观点的形成有很大的帮助。

（三）本书相对于已有研究的独到学术价值和应用价值

综观国内同一研究领域现状，虽然许多专家学者从多方面阐述了大气污染防治及大气污染侵权救济的问题，但就我们的视野所及，这些成果主要是以单一性污染和单纯的理论性研究为主，即便从具体类型化的污染事件出发进行的论述，其关注点也大多停留在环境立法层面的缺陷，对侵权救济机制的整体研究凤毛麟角。本书有以下独到价值：

1. 学术价值。本书对城市复合型大气污染侵权进行类型化研究，提出完善城市复合型大气污染侵权救济机制的整体构想，对侵权法、环境法的理论研究有推进作用。

2. 应用价值。本书以多元救济为视角，从法治与社会方面进行多维评析，提出可供司法践行的城市复合型大气污染综合救济模式，将对我国环境法治改革有所裨益。

二、本书的研究内容与方法

本书通过对我国主要城市发生的复合型大气污染状况及侵权纠纷或事件进行调查和分析，梳理城市复合型大气污染侵权救济机制的现状，发现存在的问题。总结国外城市复合型大气污染理论与实务经验，探索城市复合型大气污染侵权救济机制的改善方向及策略，建立符合我国国情的城市复合型大气污染侵权救济体系，以期实现保护公众健康、保护环境的目的。

（一）本书的主要研究内容

1. 对我国大气污染侵权救济的现状进行实证分析

收集、整理我国污染严重地区的大气污染侵权现状、存在的问题并分析问题成因及对策；对案件处理结果进行实证分析。

2. 对国外相关立法、理论与实践进行分析

（1）对美国、英国、欧盟、日本等国的城市复合型大气污染侵权救济机制的相关立法、理论和实务进行研究。

（2）伦敦、洛杉矶、东京等城市，在工业化进程中曾经出现著名的大气污染事件。这些国家治理污染、对受害人提供救济的成功经验，对我国大气污染治理及对受害人的救济具有重要的借鉴意义。

3. 结合对国内外相关立法、理论和实践的分析，对司法救济、非诉讼救济和社会化救济的现状以及参与机制、合作机制、资金保障等综合救济机制的建立进行研究。

（1）研究如何正确处理环境侵权责任与相关行政法律责任及刑事法律责任之间的关系，如何强化民事救济的功能，完善公益诉讼制度，加大对污染者的行政处罚和刑事打击力度，综合运用民事、行政、刑事手段，强化司法威慑机制。

（2）研究如何增强政府执法能力，加强对政府责任追究。就我国政府履责的情况来看，由于其治理理念滞后、机构设置存在缺陷、缺乏问责机制和公众参与机制，政府在大气污染治理过程中存在决策失误、行政法律体系不完善、行政执法不力以及市场调节机制疏忽的失责表现，本书将研究如何建立问责主体多元化的问责机制。

（3）研究如何加强大气污染侵权的社会化救济，由国家、社会、企业或社会多数人共同参与、分担责任。建立和完善赔偿基金、环境责任保险、公共补偿、资金保证、社会保障制度，通过把风险分散给社会或者特定的成员，实现对受害人的合理救济。

（4）梳理城市复合型大气污染侵权民事责任的相关理论。对城市复合型大气污染侵权责任基本理论进行剖析，提出确定侵权责任时可以借鉴国外经验，采取“比例因果关系说”“到达因果关系说”“疫学因果关系说”等多元化因果关系判断，根据“概率心证”或“市场份额”让“可能责任者”承担“比例责任”，分析加大城市复合型大气污染侵权民事救济力度的必要性和可行性。

（5）研究如何综合协调地适用城市复合型大气污染侵权多元化综合救济机制的各项基本制度，从而弥补各项制度的不足，实现多元化综合救济机制在城市复合型大气污染受害人损害和维护社会稳定方面的积极作用。本书将对各项基本制度进行比较分析，科学合理地设计各项制度之间的衔接方案，保障城市复合型大气污染救济机制功能的发挥。

（6）提出完善我国城市复合型大气污染救济机制的建议。对我国城市复合型大气污染侵权的责任主体和责任类型进行可行性分析，明晰城市复合型大气污染的救济途径，提出可行性解决方案，构建事前救济与事后救济相结合的综合救济机制。

（二）研究重点

长期以来，我国城市复合型大气污染治理未见显著成效、受害人的利益未能得到充分救济的障碍主要有三个：一是参与主体合作不足。例如，地方保护主义；政府部门执法不严、监管不力；企业责任感缺失；公众环保意识低、参与度不够等。二是司法救济的局限性。例如，司法受外在干预、诉讼成本高、现行法律和司法解释中的规定缺乏可操作性；城市复合型大气污染的加害人复数和加害行为的复合性造成责任主体难以确定；环境损害潜伏期长、受害结果难以鉴定；因果关系认定难等。三是社会化救济不完善。例如，社会化救济机制不完善；缺乏资金保障；缺乏相应的补偿制度等问题。为了解决上述问题，本书研究的重点是：

1. 特殊研究与一般研究相结合。总结城市复合型大气污染的特点和难点，厘清城市复合型大气污染侵权与一般环境污染侵权的共性和差异。

2. 多种救济机制相结合。司法救济、非诉讼救济与社会化救济三种途径互相配合，构建参与机制、合作机制、资金保障机制等综合救济机制。

3. 理论研究与应用研究相结合。采取理论与实际相结合的方法进行交叉研究，在理论研究的基础上，运用数据和案例分析对我国发生的城市复合型大气污染侵权行为展开研究。

4. 立法问题与执法问题相结合。当前我国环境法律问题研究的重点和难点是如何体现依法治国，如何做到司法公正，让现有法律的实施得到保障，让受害人的权利得到救济。

（三）研究方法

本书主要采取以下研究方法：

1. 调查法、案例分析法。对我国主要城市的城市复合型大气污染及诉讼情况进行实地调研，分析研究审判实践中遇到的问题，建立相应的数据库，结合调查问卷等调研方法，获取最新数据，生成相应的分析资料。

2. 文献分析、归纳法。通过广泛的文献阅读和研究整理以及理论分析、演绎、归纳，了解现阶段的研究动态，获取当前城市复合型大气污染侵权救济机制新的相关研究成果与实施策略，为本书研究寻求理论依据。

3. 比较法。对国外经验和案例进行分析和评价，总结经验，提出咨政建议。

4. 理论研究、实证分析法。对城市复合型大气污染侵权救济机制的相关问题进行归纳与分析，使之系统化、理论化，在此基础上，借鉴国外审判和理论的经验，探索有效化解城市复合型大气污染纠纷的方式和路径，提出完善相关机制的对策与建议。

三、关于本书的写作

本书是大连大学法学院副教授王爱群主持的教育部课题“城市复合型大气污染侵权救济机制研究”（17YJA820026）的最终成果。由大连大学法学院副教授王爱群和大连海洋大学海洋法律与人文学院副教授蔺妍（原大连大学教师）共同撰写完成。

特别感谢法律出版社田浩编辑严谨细致的审校及其出版过程中给予的帮助！大连金普新区互联网舆情监测中心王敏，山西省怀仁市人民法院法官助理陈明煌，大连海洋大学海洋法律与人文学院硕士研究生单星煜、李孟姝、郭景晖、吴一凡、李佳慧、岳欣桐参与了本书的调研、文献整理、图表制作、查重及校对等工作，在此深表感谢！

第一章

城市复合型大气污染概述

随着我国经济的飞速发展，我国城市的空气质量也在显著恶化。近年来，我国的大气环境污染的局面更是从单一的、部分的工业型污染开始向地区的、复合型的大气环境污染慢慢转变，在一部分地区，区域范围的空气重度污染现象层出不穷，对我国区域经济的可持续发展产生了严重的制约，并且还在一定程度上威胁着人们的身体健康。城市中的大气污染的问题涉及一定区域内的许多家庭，侵犯的是每个家庭甚至每个人的环境利益，在公民的环境意识显著增强的今天，城市复合型大气污染的侵权问题就逐渐成为人们关注的焦点。如何处理复合型大气污染这类环境诉讼中面临的诸多难题，包括当事人认定的困难、因果关系推定的困难、举证责任的困难等，成为亟待解决的课题。

第一节　城市复合型大气污染的概念

一、复合型污染

复合型污染是多元素或多种化学物质同时作用于同一介质上的污染现象。这种复合污染具有普遍性、隐蔽性和持久性等特点，它与单一污染物不同，后者主要指化学物对生物系统的毒害作用，而前者则指物理性因素引起的毒性反应。在自然界中所发生的污染往往以某种元素或化学物质为主，但在大多数情况下，也会伴随其他污染物的存在。①

二、城市复合型大气污染的定义

本书所述的城市复合型大气污染，指的是由煤烟、化学物质污染、机动车尾气等多种来源的污染物所形成的区域性复杂大气污染，其特征为大气氧化性物种和细颗粒物浓度的升高、大气能见度的显著下降以及环境恶化。

第二节　我国城市复合型大气污染的状况与成因

一、我国城市复合型大气污染的状况

根据《中国生态环境状况公报（2022 年）》发布的数据，由表 1－1、表 1－2 可知环境空气质量稳中向好，不同于 2021 年生态环境质量，2022 年环境空气质量明显改善，同时多项指标达到年度目标要求。②

表 1－1　2022 年全国地级以上城市空气质量达标情况

空气质量	城市数量/个	占比/%
达标	213	62.8
超标	126	37.2

表 1－2 为 2022 年空气质量达标城市空气具体情况，其中参考标准主要为空气质量优良天数占比、PM2.5 平均浓度、PM10 平均浓度、臭氧（O_3）平均浓度、二氧化硫（SO_2）平均浓度、二氧化氮（NO_2）平均浓度、一氧化碳（CO）平均浓度。

① 陈怀满、郑春荣：《复合污染与交互作用研究——农业环境保护中研究的热点与难点》，载《农业环境保护》2002 年第 2 期。

② 中华人民共和国生态环境部：《中国生态环境状况公报》（2022 年），载中国环境部网，2023 年 7 月 10 日，http：//res. cenews. com. cn/data2/1/images/2023/0710/16889686814991234. pdf。

表 1－2　2022 年空气质量达标城市空气状况

参考标准	数值	涨幅
空气质量优良天数占比	86.5%	－1.0%
PM2.5 平均浓度	29μm/m^3	－3.3%
PM10 平均浓度	51μm/m^3	－5.6%
O_3平均浓度	145μm/m^3	5.8%
SO_2平均浓度	9μm/m^3	持平
NO_2平均浓度	21μm/m^3	－8.7%
CO 平均浓度	1.1mg/m^3	持平

根据环境空气质量综合指数进行评价，我国环境空气质量比较好的城市主要分布于南方和中部地区，如海口、黄山和舟山等地，空气质量比较差的是临汾、石家庄和邢台等北方城市。

表 1－3、表 1－4、表 1－5、表 1－6 为京津冀及周边地区“2＋26”城市、北京市、长三角地区 41 个城市、汾渭平原 11 个城市 2022 年 12 月及同年 1～12 月空气质量情况。

表 1－3　京津冀及周边地区“2＋26”城市 12 月及 1～12 月空气质量情况

参考标准	12 月	涨幅	1～12 月	涨幅
优良天数占比	72.3%	－6.8%	66.7%	－0.5%
PM2.5 平均浓度	60μm/m^3	11.1%	44μm/m^3	2.3%
O_3平均浓度	67μm/m^3	6.3%	169μm/m^3	4.7%

表 1－4　北京市 12 月及 1～12 月空气质量情况

参考标准	12 月	涨幅	1～12 月	涨幅
优良天数占比	96.8%	持平	78.4%	－0.5%
PM2.5 平均浓度	17μm/m^3	－37.0%	30μm/m^3	9.1%
O_3平均浓度	63μm/m^3	持平	171μm/m^3	14.8%

表 1-5 长三角地区 41 个城市 12 月及 1~12 月空气质量情况

参考标准	12 月	涨幅	1~12 月	涨幅
优良天数占比	79.2%	2.2%	83.0%	-3.7%
PM2.5 平均浓度	51μm/m³	-1.9%	31μm/m³	持平
O_3平均浓度	74μm/m³	17.8%	162μm/m³	7.3%

表 1-6 汾渭平原 11 个城市 12 月及 1~12 月空气质量情况

参考标准	12 月	涨幅	1~12 月	涨幅
优良天数占比	59.2%	-12.7%	65.2%	-5.0%
PM2.5 平均浓度	70μm/m³	12.9%	46μm/m³	9.5%
O_3平均浓度	71μm/m³	10.9%	167μm/m³	1.2%

由上可知，我国生态环境的稳定和向好的基础尚未稳固，生态环境质量从量变到质变的转折点仍未显现，仍存在某些区域、某些时段、某些指标波动幅度较大的可能性。① 我国城市环境的空气质量仍未摆脱“气象影响型”的影响，导致 29.8% 的城市 PM2.5 平均浓度超过标准，同时臭氧污染问题仍然十分突出。部分城市大气污染物排放强度偏高，大气污染问题仍然严峻。此外，部分地区的生态系统正面临严重的破坏和局部区域的生态恶化，因此需要进一步提升生态系统的质量和稳定性。②

全国各城市空气质量综合指数介于 1.56~5.32，指数越高，空气质量相对越差。指数较高城市主要位于京津冀及周边地区 54 个城市和汾渭平原，在综合指数排名倒数后 50 的城市中，除了石嘴山市，其余 49 个城市均在 168 个重点城市名单中，其中有 34 个位于京津冀及周边地区，9 个位于汾渭平原，3 个位于长江中下游地区，另外 3 个城市分别是省会城市兰州市、西宁市、乌鲁木齐市。2021 年，全国仅有 4 个城市空气质量达到国家一级标

① 中华人民共和国生态环境部：《中国生态环境状况公报》(2022 年)，载中国环境部网，2023 年 7 月 10 日，http://res.cenews.com.cn/data2/1/images/2023/0710/16889686814991234.pdf。

② 《生态环境部：钢铁等 5 个试点行业碳监测作用初显》，载《中国冶金报》2022 年 5 月 31 日，第 1 版。

准，分别为黑龙江省黑河市、海南省三沙市、四川省甘孜州、青海省玉树州；达到二级标准的城市数量有 214 个，占比 63.5%；超过二级标准（超标）的城市数量有 111 个，占比 32.9%；数据不全，无法判断的有 8 个，占比 2.4%。①

瑞士空气质量研究机构发布的《2021 年全球空气质量报告》，分析了来自 117 个国家和地区共计 6475 个城市的空气监测站的 PM2.5 空气污染监测数据。数据显示，没有一个国家整体实现世界卫生组织（WHO）PM2.5 新标准，仅 3% 的城市达标。新标准于 2021 年 9 月发布，并把 PM2.5 的指导值从 $10\mu g/m^3$ 降低到了 $5\mu g/m^3$。②

根据空气质量指数（AQI），我国空气质量标准划分为六级，一级：空气质量指数为 0～50，空气质量为一级优；二级：空气质量指数为 51～100，空气质量为二级良；三级：空气质量指数为 101～150，空气质量为三级轻度污染；四级：空气质量指数为 151～200，空气质量为中度污染；五级：空气质量指数为 201～300，空气质量为五级重度污染；六级：空气质量指数大于 300，空气质量为六级严重污染。根据生态环境部通报的 2023 年 5 月和 1～5 月全国环境空气质量状况，2023 年 5 月，全国 339 个地级及以上城市平均空气质量优良天数比例为 88.3%。③ 数据显示我国空气质量在逐年提高，④ 但是由于我国空气质量标准距离世界卫生组织设定的标准相去甚远，从我国空气质量良的指数为 51～100 来看，空气质量优良的天数包含 50～100。因此，即便我国近年来空气质量优良天数比例有所提高，我国大气污染情况也依然不容乐观。

---

① 《生态环境部公布 2019 年全国生态环境质量简况》，载《中国环境报》2020 年 5 月 8 日，第 2 版。

② 《2021 年全球空气质量报告：仅有 3% 的城市达到世卫组织 PM2.5 新标准》，载网易网 2022 年 3 月 23 日，https://www.163.com/dy/article/H3629AOI0538190A.html。

③ 《生态环境部通报 5 月和 1—5 月全国环境空气质量状况》，载中华人民共和国生态环境部网，https://www.mee.gov.cn/ywdt/xwfb/202306/t20230619_1034166.shtml。

④ 《今年前 5 月全国城市空气质量优良天数同比上升》，载《人民日报》2022 年 6 月 20 日，第 15 版。

二、我国城市复合型大气污染成因

根据国际标准化组织的定义，空气污染，指的是由于人类活动或自然过程引起的某些物质进入大气中，在达到足够的浓度和时间后，对人类的舒适、健康、福利或环境造成危害的一种现象。广义地讲，凡是能够在空间上使某一地区或整个区域受到污染的任何物体都可称为空气污染物。当空气中的各种污染物浓度达到一定程度时，它们会对空气的组成和特性产生影响，从而对居民的健康和生活卫生条件带来直接或间接的危害。根据不同情况，可将空气污染划分为单一污染与复合污染两大类。当一种物质在空气中的存在量、性质和存在时间足以对人类或其他生物、财物产生影响时，我们可以将其归类为复合污染物，而这种物质的存在所导致的现象则是城市中的复合型大气污染。随着社会经济发展，人口增加、城市化进程加快，以及人们生产生活实践的不断积累和扩大，导致大气环境质量下降，从而出现严重的大气污染问题。[①] 我国城市所面临的大气污染问题，源于多方面的综合作用。

（一）工业生产污染

城市大气污染的主要来源之一是工业生产，而在城市工业生产的消费能源结构中，煤炭是主要的能源来源，尤其是在发电和水泥等工业项目中，煤炭成为工业生产的主要能源来源。[②] 国家统计局发布的《中华人民共和国2022年国民经济和社会发展统计公报》显示，初步核算，全年能源消费总量54.1亿吨标准煤，比上年增长2.9%，煤炭消费量增长4.3%。[③] 由于我国煤炭资源相对丰富，煤矿企业的生产规模逐渐扩大，煤炭燃烧后形成的烟气量不断增多，从而导致大量煤尘和硫氧化物的生成。城市大气中的污染物排放

---

① 时仲省：《空气污染对健康的危害》，载《家庭医学（下）》2021年第7期。

② 杨燕敏：《城市大气污染现状、成因及对策研究》，载《环境与发展》2020年第5期。

③ 《中华人民共和国2022年国民经济和社会发展统计公报》，载中央人民政府网，https://www.gov.cn/xinwen/2023-02/28/content_5743623.htm?eqid=cb48c394000725f6000000026458a34d。

浓度会随着煤炭焚烧过程中产生的烟尘、氟化物和二氧化硫的增加而增加，从而加剧城市大气污染的程度。

（二）交通运输污染

随着城市居民消费水平的不断提高，机动车保有量呈现显著增长的趋势。与此同时，机动车尾气污染问题越来越受到社会各界重视，成为人们关注和讨论的热点话题之一。根据公安部公布的数据，2022 年，我国机动车保有量高达4.17 亿辆，而其中汽车保有量更是达到了惊人的 3.19 亿辆。① 与此同时，在城市道路上行驶的车辆也越来越多，这就导致城市交通压力进一步增大，道路交通环境不断恶化。随着机动车数量的不断增加，城市大气中的氮氧化物、一氧化碳、固体悬浮颗粒物等污染物的排放呈现显著增长的趋势，这不仅加剧了城市大气中的污染物含量，还会形成酸雨，对市民健康构成威胁，同时对城市建筑物的使用寿命产生影响。

（三）日常生活污染

城市餐饮业和居民使用的炉灶、锅炉供暖所产生的煤炭、二氧化硫等有害气体的排放，以及农作物秸秆焚烧所产生的烟尘等，均为日常生活污染的主要来源。尤其是在冬季供暖期间，北方雾霾天气频繁出现，这不仅会对城市大气环境质量造成影响，还会对市民的身体健康构成潜在威胁。

（四）施工扬尘污染

随着城市化进程的不断加速，城市的旧城改造、棚户区改造和道路基础设施施工等活动不断推进，然而，由此带来的扬尘污染问题也日益凸显，成为城市大气污染的一个重要源头。

从总体上看，大气问题的污染源众多，其中大多数源头位于城市，这是因为大量的工业仍需依赖城市的支持才能得以存在。此外，随着工业化进程不断加快，很多污染物质都进入环境，使大气环境质量恶化。从我国的视角

① 《2022 年我国机动车保有量达 4.17 亿辆》，载中央人民政府网，https：//www.gov.cn/xinwen/2023－01/11/content_5736176.htm？eqid＝97f4737300024af900000005645c7ab9。

来看，大气污染问题并不容乐观，许多城市在一年内仍处于空气质量预警状态，空气污染指数居高不下，这一现象令人担忧。同时也可以看出，随着经济的发展，人们生活水平不断提升，对环境要求越来越高，然而，许多地区的供暖仍然依赖燃煤，这进一步加剧了大气污染问题，特别是一些城市位于盆地和河谷之中，空气下沉，导致冬季雾霾问题严重。①

第三节　大气污染对人体的损害

空气是地球大气层中的混合气体，属于混合物，主要由氮气、氧气、稀有气体（氦、氖、氩、氪、氙、氡）、二氧化碳以及其他物质（如水蒸气、杂质等）组合而成。② 城市中空气污染常导致大气成分发生变化，如二氧化碳、烟粒等含量上升。若污染成分所占比例上升，使其常态发生变化，将对人体健康造成危害。世界卫生组织公布的全球空气质量指南，指出了空气污染给人类健康带来的危害，提出了通过减少主要空气污染物水平以保护人类健康的建议，有些空气污染物还可能引起气候变化。指南对空气质量等级和污染物指标提出了建议，其中包括颗粒物、臭氧、二氧化氮、二氧化硫和一氧化碳等对人体健康影响最大的空气污染物。世界卫生组织估计世界上每年因空气污染而死亡的人数高达 700 万。空气污染可使儿童肺部生长及功能减退，引发呼吸道感染及哮喘恶化，甚至使成人因缺血性心脏病及中风而提前死亡。如同气候变化，空气污染对人类健康构成了严重的环境威胁，在中低收入国家，这种威胁更严重。③

① 杨燕敏：《城市大气污染现状、成因及对策研究》，载《环境与发展》2020 年第 5 期。

② 《空气》，载百度百科，https：//baike. baidu. com/item/% E7% A9% BA% E6% B0% 94/2735809?fr = ge_ala。

③ 《世卫组织：全球每年有 700 万人死于空气污染》，载中新网 2018 年 5 月 3 日，https：//www. chinanews. com. cn/gj/2018/05 –03/8505101. shtml。

一、大气污染对人体的影响

人体所面临的空气污染威胁是多方面的。老年哮喘的慢性成因在于呼吸道疾病和生理机能障碍，这些因素会刺激眼鼻等黏膜组织，导致症状的出现。

（一）一氧化碳对人体的危害

虽然一氧化碳的来源多种多样，但多数源于一些含碳燃料或卷烟的不完全燃烧过程，其次则是工业生产中的炼焦、炼钢、炼铁等过程所产生的一氧化碳。

一氧化碳是一种无色、无味、有毒的气体，具有短暂停留于大气中的能力。人体内的血循环系统把从肾脏排出的二氧化碳运送到全身各器官和组织。一氧化碳与血红蛋白的结合能力比氧与血红蛋白的结合能力高出 200 ~ 300 倍，一旦一氧化碳进入血液，就会极大地妨碍机体输送氧气，从而导致组织缺氧。人体对其毒性反应十分敏感。当一氧化碳的浓度达到一定程度时，它会对人体造成毒害，甚至可能导致生命的消逝。

（二）氮氧化合物对人体的危害

人类的生活或生产中，石油、煤等燃料的燃烧过程是氮氧化合物的主要来源，其中包括所有内燃机的燃烧以及汽车排放的氮氧化合物；氮氧化合物也可以来源于各种工业过程如锅炉、石化装置和电厂等设备所排出的废气，以及由大气颗粒物形成的气溶胶。另外，工厂在生产和使用硝酸过程中所产生的废气也是氮氧化合物的重要来源。

氮氧化合物对呼吸系统的影响较为显著，其强烈的刺激作用可能会对肺部造成不良影响。吸入过量的氮氧化合物会造成慢性阻塞性肺病，甚至肺癌。一旦氮氧化合物进入呼吸道，便有可能诱发支气管哮喘的发生。此外，氮氧化合物中的一氧化氮会损害中枢神经系统，同时还可能导致高铁血红蛋白病的发生。氮氧化合物也可造成白内障和肺气肿。当氮氧化合物与碳氢化合物在空气中相遇时，它们会发生光化学反应，形成一种有毒的光化学烟雾，导致眼睛发红、咽喉疼痛、呼吸急促、头晕和头痛等不适症状。

（三）二氧化硫对人体的危害

二氧化硫的首要来源是燃煤和燃料油等含硫物质的燃烧，其次则来自自然界，如火山爆发和森林起火等。

二氧化硫能够刺激呼吸器官并造成损伤，引发支气管炎、肺炎等疾病，甚至导致肺水肿和呼吸麻痹等严重后果。此外，二氧化硫的存在会对人体的新陈代谢产生负面影响，从而阻碍机体的正常生长和发育。因此，在生产生活过程中需严格监测大气中的二氧化硫含量，以保障人民群众身体健康。当二氧化硫与氧化铁在空气中相遇时，它们会发生氧化反应，从而生成一种名为硫酸雾的物质，其刺激性比二氧化硫高出了10倍。居住区是大气污染最主要的来源之一，尤其对居住小区来说更是重中之重。国家环境质量标准规定，居住区二氧化硫的日平均浓度应保持在0.15mg/m^{3}以下，而年平均浓度则应保持在0.06mg/m^{3}以下，若超出此范围，可能会带来严重的不良影响。[①]

（四）悬浮颗粒物对人体的危害

自然界和人类活动都可能导致颗粒物的生成。工业生产和建筑过程中所产生的细小颗粒物，包括但不限于金属尘、水泥尘等，对环境和人类的健康造成了不良影响。人为排放源可分为人工源和自然源两种。汽车和飞机的排气为人工源；土壤尘、火山灰、森林火灾灰、海盐粒等，皆为自然源。

总悬浮颗粒物（total suspended particulates），是动力学当量直径在100μm以下且悬浮在空气中的颗粒物，其中可影响人体的颗粒为直径在10μm以下的可吸入颗粒物PM10。粒径较小的，如小于5μm的，可进入呼吸道深处，直接对肺泡造成损伤，从而引起肺部炎性病变。这些微粒还可通过吸入或经口摄入而引起急性中毒。此外，当悬浮颗粒物与皮肤和眼睛直接接触时，它们可能会阻塞汗腺、毛囊等皮肤器官，从而引发眼结膜和皮肤的炎症反应等

① 孟紫强、李君灵：《二氧化硫生物学研究进展：从毒理学到生理学》，载《生理学报》2011年第6期。

问题。①

二、大气污染的其他影响和危害

除此之外，长期暴露于空气污染中会导致肺气肿，空气污染物还能引起癌症和心脏病等疾病。空气污染所带来的健康危害，还有其他一些鲜为人知的方式值得我们深入探究。②

（一）对智力的影响

根据一项在东亚进行并在《美国国家科学院院刊》上发表的研究，那些经常暴露于污染空气中的人，其语言和算术成绩将严重下降，相当于其受教育时间将减少一年之久。这一结果被认为是长期接触有害气体所导致的大脑退化。对于那些年事已高、男性以及受教育程度较低的人而言，这种影响呈现更为严重的趋势。随着暴露于污染空气中的时间的延长，认知功能的丧失程度也随之加深，另外，与算术能力相比，语言能力所受到的影响更为显著。

（二）对慢性获得性进行性智能障碍综合征的影响

英国的研究人员对13.1万名50～70岁伦敦人进行了一项病例调查，并根据其地址对其暴露于二氧化氮、细颗粒物、臭氧、汽车尾气和噪声等不同污染环境中的相关因素进行了评估，结果发现暴露于高浓度二氧化氮中的被调查对象暴露于低浓度二氧化氮中的被调查对象相比，患慢性获得性进行性智能障碍综合征痴呆症风险增加40%。同时还发现，长期暴露于二氧化氮中可能会导致大脑损伤。一项由加拿大公共卫生部进行的研究表明，那些居住在距离主要道路不超过50米的地区的人，患上慢性获得性进行性智能障碍综合征的风险增加了4%。这些结果说明，空气污染是造成老年人认知功能损害的一个重要因素。此外，一项美国的研究表明，居住在PM2.5颗粒物超标

① 温汉中、温锐：《大气污染对人体健康的危害与防治》，载《资源节约与环保》2014年第10期。

② 曾贤刚、蒋妍：《空气污染健康损失中统计生命价值评估研究》，载《中国环境科学》2010年第2期。

地区的老年女性，其认知能力下降和全因性慢性获得性进行性智能障碍综合征的风险比居住在正常区域的女性分别增加了81%和92%。

（三）对精神障碍的影响

一项发表于《国际环境》的研究表明，当空气污染达到极限时，患有精神和行为障碍的个体面临更高的死亡风险。该研究还探究了空气污染与自杀事件之间的关联，并得出结论，即二者之间存在紧密的联系。空气污染导致抑郁症发病率上升，而自杀行为则是造成这些疾病的重要因素之一。在一份发表于《环境健康展望》的报告中，科学家对1974～2017年的研究数据进行了回顾，发现有毒的空气与抑郁以及自杀之间存在紧密的统计关联。

（四）对胎儿的影响

一项在美国《生育与不育》杂志上发表的研究表明，空气中的污染物会显著增加怀孕早期流产的风险，增加幅度超过10%。这一发现意味着，空气污染可能成为诱发早产、流产等严重不良妊娠结局的一个重要因素。尽管无法确定空气污染是不是导致流产的直接因素，但研究人员推测，空气污染所引发的氧化应激和炎症可能会妨碍胎儿或胎盘的发育，甚至对受精卵的着床产生影响。在瑞士日内瓦总部一次新闻发布会上，谭德塞总干事表示，“尽管空气污染水平较低，但研究表明，从大脑到母体子宫中正在发育的婴儿的身体各个部位都会受到空气污染的影响”。①

（五）对儿童自闭症的影响

根据哈佛大学的研究，空气污染与儿童罹患自闭症的风险之间呈现紧密的关联。加拿大西蒙·弗雷泽大学研究人员发表一项研究称，在出生前就受到空气污染影响的儿童，患自闭症谱系障碍的风险较高。研究人员对2004年至2009年出生在温哥华的超过13万名儿童进行了至少5年的跟踪调查，查看他们是否被诊断患上自闭症谱系障碍。同时还分析了同期温哥华的空气污

① 《世卫组织发布〈全球空气质量指南〉，警告空气污染每年夺走700万条生命》，载前瞻网2021年9月23日，https：//baijiahao. baidu. com/s? id = 1711677275780592896&wfr = spider&for = pc。

染数据，以评估孕妇接触空气污染的情况。调查结果显示，这些儿童到5岁时约有1%被诊断出自闭症。①

（六）对婴儿大脑发育的影响

联合国儿童基金会第六任执行主任安东尼·莱克说："污染物不仅会损害婴儿发育中的肺，构成患哮喘、支气管炎和其他呼吸道疾病的潜在风险，还会永久性地损害他们发育中的大脑。"目前，"空气洁净化"已经成为全球环境问题之一。根据联合国儿童基金会资助的专项研究，人体血液中存在PM2.5或更小的颗粒物，这些颗粒物会对血脑屏障造成不可逆的损害。如果这些颗粒物不能被有效过滤掉，它们就会沉积到中枢神经系统，进而引发一系列神经系统问题。血脑屏障，作为一种脑膜结构，具有保护大脑免受有害物质侵害的功能。如果这些颗粒在脑组织内积聚过多就会破坏脑功能。当血脑屏障受到破坏时，会引发神经系统的炎症反应，从而导致大脑发生神经退行性疾病。此外，磁性矿物微粒是一种常见的空气污染物，它们可以通过肠道和嗅觉神经进入人体。这些微粒物在体内聚集并产生磁场作用于中枢神经系统引起脑部异常反应。这类微粒所带来的磁荷效应会引发人体机能的氧化应激反应，而这种反应也可能导致婴儿的大脑遭受神经退行性疾病的侵袭。在过去几年里，许多研究表明，大气颗粒物可引起神经系统毒性作用并可能与多种中枢神经系统疾病有关。除此之外，多环芳烃微粒物，由塑料和化石燃料所形成，已被证实会对大脑中的白质造成不良影响，导致神经元之间的交流受阻，从而直接干扰持续学习和脑功能的正常发展。②

（七）对DNA的影响

ATS在2017年的会议期间发布的一份研究报告指出，长时间暴露于污染的空气中会引起人体DNA的变化，从而对睡眠质量产生影响。研究还显示，如果长期吸入大量污染物，那么就可能使我们身体内部某些特定部位发生突

① 方留民：《空气污染会增加儿童患自闭症的风险》，载《家庭医学》2019年第4期。

② 《智力低下、痴呆症、自闭症……或都与空气污染有关》，载搜狐网2021年1月18日，https：//www.sohu.com/a/445202890_308511。

变。华盛顿大学的研究人员在这项研究中对1800多人进行调查，结果发现，与居住区PM2.5水平最低的人们相比，在PM2.5水平最高的空气污染严重的地区居住5年的人们，其体内DNA甲基化模式有所改变，睡眠质量差的可能性增加了近50%。这一结论为长期接触空气污染物的人提供了更多健康保护。在另一项研究中，研究人员揭示了一个惊人的事实：当志愿者在一个被污染严重的房间里逗留了整整2小时后，其DNA甲基化模式发生了惊人的转变。DNA的变异与大气的严重污染之间存在紧密的关联。①

① 王志成：《空气污染危害健康的八种特殊方式》，载《百科知识》2020年第35期。

第二章

我国大气污染侵权救济的立法发展

第一节　我国环境立法体系

一、环境保护法律体系的初步建立

我国的环境问题与发达国家相比出现得较晚，所以在环境保护方面的法律制定相对滞后于其他国家。中华人民共和国成立到20世纪70年代初期属于环境保护立法的酝酿阶段。由于当时工业和农业正处于刚刚开始或者正在恢复的阶段，工业污染并不是很严重，所以环境保护问题并没有引起太多的关注，环境保护的法规散见于《共同纲领》等文件中。自党的十一届三中全会召开以来，随着我国经济的发展，环境污染也日益严重。为了解决这一问题，1978年，《宪法》首次以基础性的方式，为解决环境危机提供了依据。党的十一届三中全会后，随着改革开放的深入，我国经济高速发展，环境问题作为与经济发展紧密相关的热点和焦点问题逐渐凸显，环境保护法律体系的建立势在必行。我国主要环境相关立法如表2－1所示：

表2－1　环境保护立法时间顺序

年份	法律、法规等规定
1973	颁布《关于保护和改善环境的若干规定（试行草案）》，开始以法规形式保护环境
1978	《宪法》第11条第3款首次规定了国家保护环境和自然资源，防治污染和其他公害的责任

续表

年份	法律、法规等规定
1979	《环境保护法（试行）》颁布，标志着中国环境法体系开始建立
1989	《环境保护法》正式颁行
1989 年后	陆续制定了《海洋环境保护法》《水污染防治法》《大气污染防治法》等污染防治类法律，以及《水法》《森林法》《野生动物保护法》《循环经济促进法》等资源保护类法律，还制定了《自然保护区条例》《风景名胜区条例》等自然保护类法规，环境保护法律体系框架初显
党的十八大以来	通过了《宪法修正案》，将“生态文明”写入宪法，形成了由国家目标、国家任务、国家职责共同构成的环境宪法条款；制定了 9 部法律，修改了 17 部法律，生态环境法律体系基本建立

资料来源：吕忠梅：《环境法治建设十年回顾与环境法典编纂前瞻》，载《北京航空航天大学学报（社会科学版）》2023 年第 1 期。

二、环境保护法的修订

2012 年，党的十八大将生态文明建设作为统筹推进“五位一体”总体布局和协调推进“四个全面”战略布局的重要内容，并将生态文明写入党章。2013 年，全国人民代表大会常务委员会将已经启动的《环境保护法》修正案“升级”为“修订”。2014 年 4 月 24 日，第十二届全国人民代表大会常务委员会第八次会议审议通过《环境保护法修订案》，2015 年 1 月 1 日开始实施。修订后的《环境保护法》贯彻落实党中央关于推进生态文明体制改革的战略部署，全面总结了中国 30 多年来的环境保护法治实践，对 1989 年《环境保护法》进行了全面修订。

本次修订明确《环境保护法》生态环境保护领域的综合法定位，为建构生态环境保护法律体系提供了法律依据，也为后续环境保护单行法的制定与修订奠定了基础。

完善立法目的和基本原则，将原立法目的中的“保障人体健康”修改为“保障公众健康”，增加“推进生态文明建设，促进经济社会可持续发展”，明确“经济社会发展与环境保护相协调”的基本原则，为生态环境立法构建“人与自然生命共同体”规则提供了明确的价值标准。①

三、环境保护相关法律的制定和修订

自2014年修订的《环境保护法》实施以来，全国人民代表大会常务委员会加快了环境保护领域相关法律的修订和制定工作。近十年来，共制定和修订生态环境保护领域法律20多部。通过制定、修订、废止相关法律、法规（见表2－2），建立了比较严格的污染防治法律制度；填补了多年来自然生态保护、流域保护、特殊地理区域保护的立法空白；建立了较为完备的民事侵权责任制度；提高了污染环境罪法定刑；明确规定了环境公益诉讼制度；加强了生态环保领域的党内法规建设。

表2－2 环境保护立法制定和修订的意义及措施

意义	措施
建立了比较严格的污染防治法律制度	修订了《大气污染防治法》《水污染防治法》《固体废物污染环境防治法》《森林法》《草原法》《野生动物保护法》等法律
填补了自然生态保护、流域保护、特殊地理区域保护的立法空白	制定了《土壤污染防治法》《噪声污染防治法》等污染防治类法律，制定《生物安全法》《湿地保护法》《长江保护法》《黑土地保护法》《黄河保护法》等生态保护类法律
建立了较为完备的民事侵权责任制度	在《民法典》中规定以“绿色原则”为标志的系列“绿色条款”
提高了污染环境罪法定刑	《刑法修正案（十一）》增加了破坏自然保护地生态犯罪的规定

① 吕忠梅：《环境法治建设十年回顾与环境法典编纂前瞻》，载《北京航空航天大学学报（社会科学版）》2023年第1期。

续表

意义	措施
明确规定了环境公益诉讼制度	修正的《民事诉讼法》《行政诉讼法》
建立了中央环保督察制度；加强了生态环保领域的党内法规建设	《中央生态环境保护督察工作规定》《党政领导干部生态环境损害责任追究办法（试行）》《生态文明建设目标评价考核办法》《领导干部自然资源资产离任审计规定（试行）》等一系列党内法规陆续出台。2015 年 9 月，中共中央、国务院印发《生态文明体制改革总体方案》，提出“推进生态文明领域国家治理体系和治理能力现代化”。2020 年 3 月，中共中央办公厅、国务院办公厅印发《关于构建现代环境治理体系的指导意见》，明确要求到 2025 年，“形成导向清晰、决策科学、执行有力、激励有效、多元参与、良性互动的环境治理体系”

党的十八大以来，不断加大立法工作力度，立法数量与质量同步提升，通过修正宪法、编纂民法典、加强重点领域和新兴领域立法，以宪法为核心的中国特色社会主义法律体系不断完善。截至 2021 年 10 月底，关于环境保护的法律法规已达 294 件。①

随着时代的进步与实践的发展，现行法律虽然数量众多，但是系统性、整体性、协同性与时效性都不强，很难适应“国家各项工作的法治化得到了充分实现”建设的迫切要求，这与“沿着法治的轨道，全面建设社会主义现代化国家”提出的重要要求有明显的差距。基于新时代的新需求，立法工作更要以提高法律实施效能为出发点，促进由数量型向质量型的转变；在提升立法整体水平方面发力，更多关注法律在社会利益分配、社会关系调整、社会矛盾处理等方面的深度和广度，促进立法模式向系统规划、统筹推进、协同共进模式转变；着力提升法律体系科学性、稳定性、权威性、生命力，促

① 杨朝霞：《中国环境立法 50 年：从环境法 1.0 到 3.0 的代际进化》，载《北京理工大学学报（社会科学版）》2022 年第 3 期。

进立法方式由以创制为中心向以统筹创制清理法，编纂法典以及解释，修订，补充，废止法等方面不断健康发展。协调推进“立改废释纂等”立法方式，是在新时代、新征程中实现立法目标和立法模式变革的重大需要。①

四、生态环境立法动向

（一）生态环境法治建设的发展目标

党的二十大报告总结了新时代十年中国生态环境保护发生历史性、转折性、全局性变化，充分肯定了生态文明建设取得的举世瞩目成就，同时，也针对“生态环境保护任务依然艰巨”的严峻形势，从建设人与自然和谐共生的现代化的高度，对生态文明建设进行了全面部署；从推进国家各方面工作法治化的广度，明确了环境法治建设的方向和目标。迈向全面建设社会主义现代化国家新征程的中国环境法治体系建设，必须锚定这个目标。

党的二十大报告从“完善以宪法为核心的中国特色社会主义法律体系”“扎实推进依法行政”“严格公正司法”“加快建设法治社会”等方面对未来5年的全面依法治国工作进行了整体部署。在“完善以宪法为核心的中国特色社会主义法律体系”部分，明确提出“统筹立改废释纂，增强立法系统性、整体性、协同性、时效性”的新要求。

（二）环境法典的编纂

“用最严格制度最严密法治保护生态环境”② 作为习近平生态文明思想中的一个重要组成部分，不仅是生态文明建设中必须遵循的一项重要原则，而且也是确保宪法全面贯彻实施的一项重要内容，更是健全中国特色社会主义生态环境法律制度的一个重要方向。回首新时代十年，生态环境法治体系建设取得历史性成就，特别是生态环境法律体系基本形成具有标志性意义。与

① 吕忠梅：《环境法治建设十年回顾与环境法典编纂前瞻》，载《北京航空航天大学学报（社会科学版）》2023年第1期。

② 《用最严格制度最严密法治保护生态环境》，载中央政府网，https：//www.gov.cn/xinwen/2018－09/18/content_5322868.htm。

此同时，我们还必须看到，在“生态环境保护的任务仍然十分艰巨”严峻挑战和“国家各项工作的法治化得到了充分实现”新要求面前，健全生态环境立法体系还有很长一段路要走。尽管中国已拥有30余部法律、100余部法规和1000余部地方性法规，但环境立法和资源立法在很长一段时间内却分属于不同法律部门，“重点是污染防治，城市环境治理”的立法理念造成了法律难用、不管用、无法使用的局面并存。与此同时，现实中职能部门在立法方式上占主导地位，使生态环境立法存在交叉、重复和空白点，短板非常明显，表现出比较严重的“历时的碎片化”和“共时碎片化等”特征，亟待“协调立改废释纂工作”增强生态环境立法系统性、整体性、协同性和时效性。①

2017年，中国法学会环境资源法学研究会组织开展环境法典编纂研究，经过几年努力，成果丰硕，学者普遍认为环境法典编纂条件已经成熟。②2021年，全国人民代表大会常务委员会明确将启动环境法典编纂研究纳入年度工作计划；2022年，全国人民代表大会常务委员会工作报告对推进法典编纂工作也进行了部署，环境法典编纂工作已经纳入立法机关的议事日程。

第二节　我国大气污染防治立法发展

我国大气污染防治工作主要开始于20世纪70年代，我国大气污染的防治历程亦可以分为4个阶段，即起步阶段（1972～1990年）、发展阶段（1991～2000年）、转型阶段（2001～2010年）与攻坚阶段（2011年至今），各阶段的环境保护组织结构、防治对象、工作重点、法律法规、行动计划、污染物排放与空气质量标准等均有明显变化。

---

① 吕忠梅：《环境法治建设十年回顾与环境法典编纂前瞻》，载《北京航空航天大学学报（社会科学版）》2023年第1期。

② 吕忠梅：《环境法典编纂的基本问题》，载《荆楚法学》2022年第1期。

一、起步阶段

1972～1990年，我国开始推进大气污染防治工作，为保护环境和人类健康作出了重要贡献。随着社会经济发展水平和人民生活质量不断提高，人们越来越重视生态环境建设，因此，国家也加大了对大气环境治理力度。我国于1972年派遣代表团参加联合国人类环境会议，这一行动标志着我国在环境保护领域迈出了具有里程碑意义的一步。此后，我国先后组织过3次全国性大气污染防治工作会议。在此阶段，我国的大气污染治理目标主要集中于烟尘和悬浮颗粒物，而空气污染的覆盖范围则主要限于城市的局部区域，如太原市的煤烟型大气污染、兰州市的光化学烟雾污染以及天津市的工业烟气污染。此后，我国开始逐步加大对大气污染防治力度，特别是针对机动车尾气的治理进行了较为全面的研究与规划，制定出了相关政策及法规，从而有效遏制了大气污染问题的恶化。工业点源是控制的核心，而属地管理则是主要的空气质量管理方式，其职责涵盖了对排放源的监管、工业点源的治理以及消烟除尘等多个方面。①

1973年首次全国环境保护会议通过了《关于保护和改善环境的若干规定》（试行草案），其中明确提出环境保护"32字方针"，标志着中国在环境保护领域开始步入法制化建设时期，是中国大气污染治理史上的转折点，随后中国建立了国务院环境保护领导小组，下设环境保护办公室，并将其升级为国家大气污染问题调查与决策的关键领导、支持与促进单位。

改革开放以来，随着经济社会发展水平的提高，人民生活质量有了显著提高，环境治理取得新成就，大气污染防治在环境保护立法中迈出了重要一步，1978年第五届全国人民代表大会把"保护环境和自然资源，防治污染和其他公害"写入《宪法》，1979年出台第一部综合性环境保护基本法——《环境保护法（试行）》，包括设立中国环境科学研究院、中国环境监测总站

---

① 王文兴、柴发合、任阵海等：《新中国成立70年来我国大气污染防治历程、成就与经验》，载《环境科学研究》2019年第10期。

等，标志着中国环境保护迈出重要一步。1987 年见证了《大气污染防治法》的颁布，这一里程碑式的事件为大气污染治理提供了法律保障和执法依据，发挥了至关重要的领导作用。环境保护标准的颁布对于大气污染治理具有重要的指导与促进作用：1973 年，我国颁布了首个国家环境保护标准 GB J4—1973《工业“三废”排放试行标准》，对工业废气部分污染物容许浓度与排放量进行了规定。1982 年 GB 3095—1982《大气环境质量标准》中对环境空气功能区进行了规定，对空气污染物三级标准浓度限值进行了明确。这些规范为预防和监测大气污染提供了可操作的标准。①

二、发展阶段

1991 ~2000 年为大气污染防治发展阶段。1992 年，中国派出代表参加联合国环境与发展会议，会上通过《里约环境与发展宣言》及《21 世纪议程》等文件。此阶段，主要针对二氧化硫和悬浮颗粒物进行防治，空气污染范围已从城市局部污染扩展至区域性污染，导致大面积的酸雨污染，因此需要重点控制燃煤锅炉排放和工业排放。

随着经济的快速发展，大气污染防治的执行力度受到限制，导致大气污染物，尤其是二氧化硫的排放量不断攀升。大量工业生产过程中产生的粉尘、硫化物等物质进入水体，在降雨作用下被淋溶，进而引起土壤酸化、湖泊富营养化以及河流水质恶化，严重时还会引发泥石流等地质灾害。作物的生长和建筑材料的腐蚀，以及生态系统的破坏，都是酸雨污染所带来的巨大影响。在该阶段，为了解决酸雨污染等问题，国务院成立了国家环境保护局，并将酸雨和二氧化硫污染控制纳入修订后的《大气污染防治法》。此外，国务院还颁布了《征收工业燃煤二氧化硫排污费试点方案》和《酸雨控制区和二氧化硫污染控制区划分方案》，对二氧化硫实行排污收费和总量控制，同时开

① 王文兴、柴发合、任阵海等：《新中国成立 70 年来我国大气污染防治历程、成就与经验》，载《环境科学研究》2019 年第 10 期。

展了大规模的重点城市和区域的污染防治及生态建设和保护工程。①

1994 年，国务院批准了《中国 21 世纪人口、环境与发展白皮书》1991 年公布了《大气污染防治法实施细则》，强调了经济和社会的可持续发展，对落后工艺和设备、煤炭洗选、立法目的、防治主体、法律责任等问题和条目进行了修改，法律条文数目显著增加，惩罚力度大幅提高。此阶段还相继颁布了《汽车排放污染监督管理办法》和《机动车排气污染防治技术政策》，对汽车及其引擎产品提出了环保要求。在国家环境保护法律体系中，机动车尾气污染是重点控制对象之一。1996 年对 GB 3095—1982《环境空气质量标准》进行了修订，对包括总悬浮颗粒物在内的 14 种环保术语以及环境质量分区分级的相关内容进行了修改和补充，同时对污染物项目、取值时间、浓度限值和数据统计有效性等规定进行了调整，以进一步完善了空气质量标准。②

三、转型阶段

2001 ~ 2010 年，我国大气污染防治工作进入了转型阶段。在这一时期中，国家采取一系列措施大力治理大气环境质量，主要包括加强大气环境监测网络建设、加大环保执法力度、开展清洁生产行动、推行节能减排制度以及积极应对气候变化等。北京奥运会于 2008 年举办，对环境空气质量提出了更高的要求。其间空气质量保障和污染物减排、控制取得了显著的成效，这对于我国深入推进大气污染防治工作具有独特的意义。在此阶段，大气污染呈现区域性和复合型的特征，同时出现了煤烟尘、酸雨、PM2. 5 和光化学污染，尤其是京津冀、长三角、珠三角等重点地区的大气污染问题尤为突出，燃煤、工业源、扬尘和机动车尾气污染成为主要的控制对象，因此国家开始

① 王文兴、柴发合、任阵海等：《新中国成立 70 年来我国大气污染防治历程、成就与经验》，载《环境科学研究》2019 年第 10 期。

② 杨立华、常多粉：《我国大气污染治理制度变迁的过程、特点、问题及建议》，载《新视野》2016 年第 1 期。

实施污染物总量控制和区域联防联控。

在这一时期，我国的工业化和城镇化进程不断加速，导致煤炭等能源的消耗量快速增加，同时，高污染行业如钢铁和水泥的规模也在不断扩大，汽车保有量也在快速增长，这对环境和空气质量的管理提出了巨大的挑战。随着经济发展方式转变和环境保护要求提高，大气环境污染形势日趋复杂，大气污染治理压力不断增大。中国的国际形象和重大国际活动的申请和举办受到了大气污染形势的严重影响，因此，在北京奥运会、上海世博会和广州亚运会期间，空气质量的保障显得尤为重要。为了应对这些新情况和新问题，国家提出了“十二五”时期大气环境质量改善目标。为了将我国大气污染防治工作纳入政府的综合决策，当时国家环境保护总局已升级为环境保护部，成为国务院的一个组成部门。在京津冀、长三角、珠三角等重点地区，试点实施了大气污染联防联控，初步控制了环境空气中一次污染物的浓度，并在国际重大赛事期间基本保障了空气质量，这为我国未来更广泛的大气污染防治提供了宝贵的经验和借鉴。①

四、攻坚阶段

自 2011 年起至今，我国一直在攻坚克难，致力于推进大气污染的可持续发展。在这一时期，国家采取一系列措施大力治理大气环境质量，主要包括加强大气环境监测网络建设、加大环保执法力度、开展清洁生产行动、推行节能减排制度以及积极应对气候变化等。2013 年 1 月，我国东部地区遭受了一场跨越多个区域、广泛范围的连续多天的灰霾天气，空气质量指数一度失控，大气污染防治工作开启了一场漫长而艰苦的攻坚战。目前，我国对灰霾、PM2.5 和 PM10 以及臭氧的大气防治已逐渐引起广泛关注，控制目标已转变为协调排放总量和环境质量改善，重点控制多种污染源的综合控制和多污染物的协同减排，全面展开大气污染的联防联控工作。

---

① 柴发合：《我国大气污染治理历程回顾与展望》，载《环境与可持续发展》2020 年第 3 期。

我国颁布了《大气污染防治行动计划》，以促进产业结构调整、能源清洁利用和机动车污染防治的加速推进。随着国家环保政策持续升级，各地政府也纷纷响应，积极推动大气治理工作开展。在2018年的国务院机构改革中，生态环境部取代了原先的环境保护部，实现了对环境保护职责的整合，从而显著改善了我国主要城市的空气环境质量。

在此期间，我国对多个大气环境保护法律和标准进行了修订，对《环境保护法》《大气污染防治法》《防沙治沙法》《节约能源法》进行了修改、完善和补充，从而为大气污染治理提供了坚实的法律基础；相继发布了一系列有关大气环境质量管理方面的法律法规。此外，对GB 3095—1996《环境空气质量标准》进行了修订，增加了一氧化碳、臭氧、PM2.5三项污染物监测项目，并将空气污染指数升级为空气质量指数。我国针对重点区域和城市，制定了一系列大气污染防治专项政策，其中包括《重点区域大气污染防治“十二五”规划》《“十二五”主要污染物总量减排目标责任书》《关于进一步做好重污染天气条件下空气质量监测预警工作的通知》《关于加强环境空气质量监测能力建设的意见》，以进一步加强主体责任。在国家层面上，“十三五”时期是《大气污染防治行动计划》（又称“大气十条”）实施的开局之年。中共中央国务院关于《全面加强生态环境保护坚决打好污染防治攻坚战的意见》在2018年全国生态环境保护大会上获得通过，其中明确提出要在污染防治攻坚战中打好蓝天保卫战等重要攻坚战。

第三节 我国大气污染侵权救济立法现状

自改革开放以来，随着我国经济的高速发展，城市地区的大气污染问题日益严重，已成为国家发展中的一大难题。人们日常生活中对空气质量的要求不断提高，近年来大气污染所带来的阴霾天气不断增多，社会大众对大气环境状况的关注也日益加深。在大气环境质量改善方面，实施机动车尾气排放控制制度，开展清洁空气行动计划等活动，取得明显成效，但也存在一些问题。随着时间的推移，越来越多的民间环保组织如雨后春笋般涌现，为环境保护事业做出了积极的贡献。在这样的背景下，如何保护好公民的合法权益就显得非常重要，而其中最主要的就是解决环境污染损害的救济途径与方式。为了应对这一问题，国家陆续颁布了多项大气污染防治法规和条例，并采取了相应的应对措施，这些措施已经取得了一定的成效。《宪法》是我国大气污染环境侵权救济的根本纲领，刑事法律、行政法规以及民事法律对此均有所体现。

一、宪法的规定

我国大气污染防治法律法规体系的基础和依据在于《宪法》。《宪法》所确定的基本制度、基本权利、重要任务以及其他内容都与环境问题有密切关联，构成了一个完整而统一的国家环保立法体系。

2018 年修订的《宪法》将生态文明的建设纳入其中，将党的政策、国家发展要求、人民需求以及法律规定有机地融合在了一起，形成了一种无缝衔接的整体。在序言中，我国《宪法》确立了以生态文明建设为统领的环境保护宪法体系，而在第 26 条中，则明确规定了国家应承担保护和改善生活环境和生态环境、防治污染和其他公害的重要责任。《宪法》作为根本大法，为制定环境保护相关法律法规和建立大气环境保护及大气污染环境防治法律体系提供了法律依据，也为构建大气污染环境侵权救济体系提供了指导。

二、刑事法律的规定

（一）大气污染事故犯罪的法律规定

关于大气污染事故犯罪的法律规定主要有《刑法》第338 条和第408 条，具体内容如表 2 – 3 所示：

表 2－3 大气污染事故犯罪的法律规定

条文	规定
《刑法》第 338 条	违反国家规定，排放、倾倒或者处置有放射性的废物、含传染病病原体的废物、有毒物质或者其他有害物质，严重污染环境的，处三年以下有期徒刑或者拘役，并处或者单处罚金；情节特别严重的，处三年以上七年以下有期徒刑，并处罚金……
《刑法》第 408 条	负有环境保护监督管理职责的国家机关工作人员严重不负责任，导致发生重大环境污染事故，致使公私财产遭受重大损失或者造成人身伤亡的严重后果的，处三年以下有期徒刑或者拘役

（二）大气污染事故犯罪的构成要件

1. 犯罪的主体。大气污染事故犯罪的犯罪主体主要指排放污染物的人，[①] 其既可能是自然人也可能是法人。只有在法律特别规定的情况下，其法人才有可能成为犯罪主体。《刑法》第 30 条规定："公司、企业、事业单位、机关、团体实施的危害社会的行为，法律规定为单位犯罪的，应当负刑事责任。" 根据该条规定，只要法律规定为单位犯罪的，单位就可能成为犯罪主体。[②]

2. 犯罪的主观方面。行为人对自己的危害行为及其危害结果所抱的故意或过失的心理态度，即主观罪过。任何犯罪行为都是在一定的犯罪心理支配下实施的，人的行为如果缺乏故意或过失的心理态度，就不能构成犯罪，也不能负担刑事责任。生态环境犯罪也不例外，如果污染行为在客观上虽然造成了损害结果，但不是出于故意或过失，而是不可抗拒或者不能预见的原因所引起的，其行为就不构成犯罪。[③]

3. 犯罪的客体。客体是指相对于主体而被主体作用的对象。犯罪客体是

① 吴志良、李水生：《环境犯罪的构成要件》，载《中国环境科学》1998 年第 1 期。

② 张梓太：《论公害罪》，载《南京大学学报（哲学·人文科学·社会科学）》1999 年第 4 期。

③ 张梓太：《环境犯罪归责的主观要件分析》，载《现代法学》2003 年第 5 期。

指为刑法所保护的、而为犯罪行为所侵害的社会关系。污染类生态环境犯罪的客体是国家对环境的保护和管理，是一种环境社会关系。

生态环境犯罪的客体是一种较为复杂的客体。从我国《刑法》来看，刑法侧重于生态环境保护关系，把“生态环境资源保护”作为生态环境犯罪的同类客体，因此，生态环境犯罪所侵犯的直接客体是人们的环境权、财产权、健康权，等等。

4. 犯罪的客观方面。犯罪的客观方面，即刑法所规定的、说明侵犯某种客体的行为的社会危害性的诸客观事实特征。污染环境犯罪的，客观方面表现为各种污染环境的行为，包括作为和不作为及其社会危害后果等。①

三、行政法规的规定

环境行政法规，是指中国国务院根据《宪法》和环境法律的规定，依法定程序制定和发布的有关环境保护的规范性文件的总称。

为了改善环境行政诉讼面临的行政主体利益机制不统一、原告缺位、被告举证乏力、行为价值判断困难等问题，② 生态环境部于2023年5月8日公布了《生态环境行政处罚办法》，自2023年7月1日起施行。该办法取代了原来的《环境行政处罚办法》。《生态环境行政处罚办法》是为了规范生态环境行政处罚的实施，监督和保障生态环境主管部门依法实施行政处罚，维护公共利益和社会秩序，保护公民、法人或者其他组织的合法权益，根据《行政处罚法》《行政强制法》《环境保护法》等法律、行政法规制定的。公民、法人或者其他组织违反生态环境保护法律、法规或者规章规定，应当给予行政处罚的，依照《行政处罚法》和《生态环境行政处罚办法》规定的程序实施。生态环境部对原《环境行政处罚办法》进行修订，为进一步落实好生态环境基本制度、执行好生态环境法律法规提供了基础保障。修订后的《生态环境行政处罚办法》共8章92条，包括总则、实施主体与管辖、普通程序、

① 张梓太：《论公害罪》，载《南京大学学报（哲学·人文科学·社会科学）》1999年第4期。
② 张梓太：《中国环境行政诉讼之困境与对策分析》，载《法学评论》2003年第5期。

简易程序、执行、结案和归档、监督、附则等内容。其中第 3 章“普通程序”又依据行政处罚案件办理流程，按立案、调查取证、案件审查、告知和听证、法制审核和集体讨论、决定、信息公开的顺序进行分节规定。生态环境部将全面推动《生态环境行政处罚办法》贯彻落实，进一步完善配套制度，提升生态环境行政执法能力，提高规范化执法水平。①

此外，大量的环境立法将环境行政责任规定在“罚则”或“法律责任”章目之下，环境行政机关作出的行为属于环境行政处罚，行政机关必须遵循《行政处罚法》所规定的处罚法定、事先告知、举行听证等要求，如果进入行政诉讼程序，人民法院同样将按《行政处罚法》的标准来作合法性审查。如果行政机关作出的行为不属于行政处罚，而属于其他行政行为，那么该行为就受其他法的调整，如《行政许可法》。②

四、民事法律的规定

《民法典》由中华人民共和国第十三届全国人民代表大会第三次会议于 2020 年 5 月 28 日通过，自 2021 年 1 月 1 日起施行。《民法典》共 7 编 1260 条，各编依次为总则、物权、合同、人格权、婚姻家庭、继承、侵权责任以及附则。《民法典》被称为“绿色民法”，其中涉及多个生态环境保护相关条款。(见表 2－4)

表 2－4 《民法典》对环境保护相关规定

类别	内容
基本原则的规定	《民法典》第 9 条规定，民事主体从事民事活动，应当有利于节约资源、保护生态环境。 将“节约资源、保护生态环境”作为民事主体应当履行的基本义务，明确了《民法典》的绿色原则，为“物权编”“合同编”“侵权责任编”当中生态环境保护条款提供有力支持

① 《生态环境部印发〈生态环境行政处罚办法〉》。

② 刘武朝：《环境行政处罚种类界定及其矫正》，载《环境保护》2005 年第 5 期。

续表

类别	内容
物权编中的规定	对物权行使规定了生态环境保护方面的限制性要求。例如，第294条规定，不动产权利人不得违反国家规定弃置固体废物，排放大气污染物、水污染物、土壤污染物、噪声、光辐射、电磁辐射等有害物质。第326条规定，用益物权人行使权利，应当遵守法律有关保护和合理开发利用资源、保护生态环境的规定。第346条规定，设立建设用地使用权，应当符合节约资源、保护生态环境的要求
合同编中的规定	对合同的缔结和履行规定了生态环境保护方面的义务。例如，第509条第3款规定，当事人在履行合同过程中，应当避免浪费资源、污染环境和破坏生态。第558条规定，债权债务终止后，当事人应当遵循诚信等原则，根据交易习惯履行通知、协助、保密、旧物回收等义务。第619条规定，对包装方式没有约定或者约定不明确，应当按照通用的方式包装；没有通用方式的，应当采取足以保护标的物且有利于节约资源、保护生态环境的包装方式
侵权编中的规定	专设“环境污染和生态破坏责任”一章，规定生态环境侵权责任，明确了举证责任倒置、按份责任、惩罚性赔偿以及第三人过错侵权的连带责任等。《民法典》还确定了生态环境损害赔偿制度，明确规定了生态环境损害的修复和赔偿责任，以及赔偿的形式和范围。这些都是《民法典》侵权责任编贯彻“绿色原则”、实现“绿色原则”基本原则功能与效力的内在需求，是“绿色原则”在侵权责任编的制度化的体现[1]

[1] 刘超：《论“绿色原则”在民法典侵权责任编的制度展开》，载《法律科学》2018年第6期。

第三章

城市复合型大气污染侵权责任

近年来，虽然政府进行了一些努力，我国大气环境有所好转，但是形势依然十分严峻，城市大气环境质量仍不尽如人意，以臭氧、灰霾污染为主要特征的城市复合型污染日益显现。大气污染侵权责任，是指由于行为人的行为致使环境发生化学、物理、生理等特征上的不良变化，造成他人的人身或财产损害，行为人所应承担的民事责任。本章探讨我国城市复合型大气污染侵权责任的归责原则、构成要件以及责任承担等问题。

第一节　城市复合型大气污染侵权概述

一、城市复合型大气污染侵权的概念

本书将城市复合型大气污染侵权责任的概念定义为：由于造成城市复合型大气污染的主体的不正当行为侵害一定区域内不特定的人的合法权益从而在污染者和受害者之间产生的权利义务关系的总称。

二、城市复合型大气污染侵权的特点

（一）侵权主体的普遍性

我国城市复合型大气污染的侵权主体的普遍性取决于大气污染形成原因的多样性。该类大气污染是由多种污染物在一定的大气条件下发生物理或者

化学反应而形成的，具有复杂性。① 现阶段，我国大多数污染严重的城市仍然没有改变以煤为主的能源结构，燃煤产生的二氧化硫等仍然是主要的污染物，臭氧和颗粒物细粒子等二次污染问题也接踵而至，污染态势严峻。机动车数量的持续增加、汽车尾气的排放也在不同程度地污染着大气，再加上酸雨、扬尘、烟雾以及人们生产生活作业产生的各种污染物排放到大气中，多种污染有机结合在一起，就形成了城市复合型大气污染。

污染物来源的广泛性并且普遍存在于社会生活的各个领域，使侵权主体也存在普遍性的特点。生产作业污染的产生者、商业活动污染的产生者、城市生活污染的产生者以及农村作业污染的产生者都可能成为复合型大气污染侵权主体。

（二）损害范围的不确定性

如前所述，复合型大气污染的侵权主体不是单一主体，并且对权益的侵害也不是针对某一个主体产生的，而是涉及一定区域内的环境。由于环境的范围没有明显的界线，所以侵犯的是一个群体的合法权益，这样就使复合型大气污染的损害范围变得广泛而复杂。正是这种损害范围的不确定性，增加了处理环境污染诉讼一系列问题的难度。

（三）受害人认定的复杂性

受害人认定的复杂性是由于侵权主体的普遍性以及复合型大气污染侵权损害的广泛性造成的。首先，侵权主体的普遍性增加了对于侵权责任人认定的难度，主体的普遍性在认定侵权责任人时变得复杂起来。其次，侵权损害的广泛性也相应地增加了对受害人认定的难度，由于侵害涉及一个范围区域，因此，受害人的范围广大，认定起来就会有一定的难度。

（四）确定行为与结果关联的困难性

确定城市复合型大气污染行为与损坏结果之间的因果关系是非常困难的。

---

① 方叠、钱跃东、王勤耕、段宁：《区域复合型大气污染调控模型研究》，载《中国环境科学》2013 年第 7 期。

这是因为城市复合型污染损害的发生是经过长时间的持续作用以及其他多种因素复合积累共同作用的结果。此外，由于前文所述的侵权主体的普遍性、损害范围的不确定性和受害人认定的复杂性，推定复合型污染行为与损害之间的因果关系似乎是很牵强的事情。例如，偶然经过受害人住所的机动车排放的尾气，究竟在受害人健康损害原因力比例中占多大，该污染物在排放到环境中后，其含量、浓度以及致使受害人发病的概率、分布等，涉及生物、物理、化学、医学、社会科学以及环境科学等多种学科领域，需要去做的工作不仅量大而繁杂，且费用还很高；甚至限于目前科技发展水平的限制及污染形式的复杂多样性，尚无法科学地确定其因果关系。①

第二节 城市复合型大气污染侵权责任的归责原则

侵权行为的归责原则，是指在行为人的行为致人损害时，根据何种标准和原则确定行为人的侵权责任。侵权行为的归责原则是侵权行为法的核心，决定着侵权行为的分类、侵权责任的构成要件、举证责任的负担、免责事由等重要内容。② 它既是认定侵权构成、处理侵权纠纷的基本依据，也是指导侵权损害赔偿的准则。城市复合型大气污染侵权责任的归责原则，是指在人为原因造成污染和其他公害，并致他人权益受危害时，确定行为人的侵权民事责任应采用的标准和原则。

一、无过错责任原则

我国《环境保护法》第 64 条规定：“因污染环境和破坏生态造成损害的，应当依照《中华人民共和国侵权责任法》的有关规定承担侵权责任。”《民法典》第 1229 条规定：“因污染环境、破坏生态造成他人损害的，侵权

① 王爱群：《环境污染诉讼若干问题探析》，载《行政与法》2009 年第 9 期。
② 王利明：《侵权行为法归责原则研究》，中国政法大学出版社 1992 年版，第 353 页。

人应当承担侵权责任。”可见，我国立法中环境污染侵权责任所采用的归责原则是无过错责任原则，即一切污染危害环境的单位和个人，只要其排污行为对他人造成财产或人身损害，即使主观上没有故意或过失，也要对其所造成的损害承担赔偿责任。众多学者也基本认同将无过错责任原则作为环境污染侵权责任归责原则。

2020 年修订的最高人民法院《关于审理环境侵权责任纠纷案件适用法律若干问题的解释》第 1 条第 1 ~ 2 款规定：“因污染环境、破坏生态造成他人损害，不论侵权人有无过错，侵权人应当承担侵权责任。侵权人以排污符合国家或者地方污染物排放标准为由主张不承担责任的，人民法院不予支持。”按照该规定，破坏生态环境和污染环境造成损害，应当理解为同样适用无过错责任原则。

环境侵权适用无过错责任归责原则的理论依据主要包括以下四种：一是危险责任主义，污染者创设了一个特别的危险，当这种危险化为现实时，污染者应当对由此产生的损害进行赔偿，以作为对其从事危险活动的合理平衡；二是危险控制理论，某种程度上只有污染者能够控制和减少这种危险，实行无过错责任归责原则可以倒逼污染者改进治理技术，避免和减少损害的发生；三是报偿责任主义，污染者从其从事的工商业活动中获得收益，理应承担由此给他人造成的污染损害；四是风险分担主义，污染者在承担无过错责任后可以通过价格机制和责任保险机制分散损失，不至于承担其难以承受的负担。①

目前，各国对于环境方面的立法趋于同化，无过错责任原则的优势就在于责任认定依据的并非行为人的过错，而是基于损害的客观存在，因此在一定程度上弥补了过错责任原则在实际应用中的不足，解决了实践中环境侵权

① 徐祥民、吕霞：《环境责任“原罪”说——关于环境无过错归责原则合理性的再思考》，载《法学论坛》2004 年第 6 期。

行为所带来的挑战和难题。[①] 当然，在环境侵权中，无过错责任原则的适用是有条件的，即环境侵权的损害后果若完全是因侵权行为人能力或意志以外的原因造成的，则侵权行为人不需要承担赔偿责任。[②]

环境侵权一旦发生，解决对受害人的赔偿问题是最主要的任务之一。要想真正使受害人得到救济，就必须让损害赔偿切实实现。正是无过错责任原则的适用，才使困惑社会已久的环境侵权归责难题得以解决，真正实现民法所倡导的公平、公正原则。无过错责任原则对于惩罚环境侵权行为以及保护被侵权人的合法权益发挥了重要的作用，城市复合型大气污染侵权责任的认定采取无过错责任原则具有一定合理性。

二、环境侵权的归责原则多元论

《民法典》第 1234 条规定："违反国家规定造成生态环境损害，生态环境能够修复的，国家规定的机关或者法律规定的组织有权请求侵权人在合理期限内承担修复责任。侵权人在期限内未修复的，国家规定的机关或者法律规定的组织可以自行或者委托他人进行修复，所需费用由侵权人负担。"第 1235 条规定，违反国家规定造成生态环境损害的，国家规定的机关或者法律规定的组织有权请求侵权人赔偿损失和费用。这两条规定均以违反国家规定为前提。因此，也有人认为造成生态环境损害的，应当适用过错原则。但是生态环境损害赔偿在司法实践中也几乎均适用无过错责任归责原则，有观点认为这是无过错责任归责原则在侵害生态环境利益的环境侵权案件中的扩张适用，与《民法典》规定的过错责任归责原则相悖。[③]

20 世纪无过错责任原则的发展是在民法社会化的背景下进行的，当时针对环境污染缺乏必要的行政管制措施，因此，无过错责任的出现暂时替代了

---

① 薄晓波：《论环境破坏侵权行为的归责原则与责任构成要件》，载《研究生法学》2011 年第 2 期。

② 李劲、李丽君：《环境侵权归责原则探究》，载《法学杂志》2007 年第 3 期。

③ 陶梦澜：《论民法典中环境侵权的归责原则》，载《当代农机》2021 年第 8 期。

行政管制措施，在一定程度上起到了对工业产业的制约作用，防止环境污染的肆无忌惮。然而，在当今社会，有关环境污染的公法规定已经较为完善，其中贯彻了更为先进的预防思想，因而环境问题的化解应当主要依靠环境行政法的手段，而私法则应当恢复其本来面貌，关注对受损权益的事后救济，在环境污染民事责任中适用过错责任原则。只有公法手段因技术等客观原因无法有效杜绝环境危害的发生，在救济受损权益时方可使用无过错责任原则，以尽可能公平地救济受损权益。因此，如果我国关于环境保护的行政法律法规因主观因素而不能有效应对环境问题，不可盲目地认为排污行为具有高风险性而适用无过错责任原则，当务之急是严格环境行政法之规定，使之能够有效化解环境危机。只有公法、私法对排污行为作出相同的价值评判时，法律的规定才能为排污者的行为选择提供清晰的可供参考或必须遵循的行为模式。

由于一般侵权型污染和特殊侵权型污染在是否构成“污染”上具有本质差异，若将《民法典》第 1229 条视为完全法条，则“污染环境造成他人损害”就属于构成要件条款，“污染环境”（行为）“造成”（因果）“损害”（后果）即告侵权责任成立，并不需要过错存在，无论是否承认违法性要件，对一般型污染侵权并不会造成实质影响；但如果不承认违法性要件，则一般型污染侵权便不能适用。很明显，这种在责任构成上的矛盾根源就是忽视了一般型污染和特殊型污染的内在差异。如果排污行为是否达标在民事责任承担上毫无区别，那么，显然会对作为“理性人”的排污者构成“反向激励”而不是持续提高污染治理水平。该主张认为，通过无过错责任和过错责任的综合运用，对排污者能同时发挥激励与威慑的双重功能，有利于环境保护目标的实现。因此，应扬弃环境侵权归责原则的一元化适用，在类型化的基础上实现精细适用。

我国侵权责任形成的归责原则二元结构中，以过错责任原则为主而无过错责任原则为辅，两者的体系地位是完全不平等的。但是单纯的无过错责任原则的适用（一元归责）根本满足不了我国经济社会发展对于环境侵权领域理论发展的需要；并且环境侵权并非全部是特殊侵权，也有环境侵权造成的一般侵权，这表明环境侵权类型划分意义重大。① 并且从国际通行的做法中也可以看出，各个国家对于环境侵权并非适用单一的无过错责任原则（一元归责）的归责体系，而是根据环境侵权的类型不同分别适用不同的归责原则，一般环境侵权适用过错责任原则，特殊环境侵权适用无过错责任原则。②

此外，还有观点认为，环境污染侵权中适用无过错责任归责原则是学界通说，盖因排污行为为社会发展所必需，但又可能造成人身、财产损害。基于分配正义理念，将损害结果由排污者承担较之于让受害者承担更为适宜。但这一正当性解释应建立在对排污行为已进行严格、充分的管制仍无法有效化解排污行为高风险性的基础上。然而，我国环境行政立法存在环境标准制定落后、产业规划布局不合理等问题，这种公法不足的局面并非客观不能，而是人为原因所致。在这种情况下将造成环境问题的所有罪责都归咎于排污者，掩盖了环境立法机关、环境监管机关的失职，有失公允。因此，应当在严格完善各项环境行政法制度的基础上对环境污染侵权责任归责原则进行反思，考虑回归过错责任原则。③ 由于生态环境损害构成的“侵害”与“法益”两个规范要素组合具有明显的二元性，生态环境损害赔偿责任是一种危险或风险防御责任，既不同于传统民法上的损害赔偿，也不同于恢复原状④。因此，生态环境损害赔偿责任并不符合无过错责任原则的法理与价值取向。生态环境损害赔偿应采过错责任原则，而不是无过错责任原则。⑤

① 吕忠梅、窦海阳：《以“生态恢复论”重构环境侵权救济体系》，载《中国社会科学》2020年第2期。

② 陶梦澜：《论民法典中环境侵权的归责原则》，载《当代农机》2021年第8期。

③ 薄晓波：《回归传统：对环境污染侵权责任归责原则的反思》，载《中国地质大学学报（社会科学版）》2013年第6期。

④ 吕忠梅：《“生态环境损害赔偿”的法律辨析》，载《法学论坛》2017年第3期。

⑤ 晋海：《生态环境损害赔偿归责宜采过错责任原则》，载《湖南科技大学学报（社会科学版）》2017年第5期。

第三节 城市复合型大气污染侵权行为的构成要件

城市复合型大气污染侵权责任的构成是解决该类侵权纠纷的基础性的问题。在我国，环境侵权民事责任的构成要件与一般侵权责任的构成要件相比具有较大的特殊性，理论上存在“二要件说”①、“三要件说”②、“四要件说”的争论。③ 大多数的学者都认为环境污染侵权责任由“损害行为、损害结果、损害行为与损害结果之间的因果关系”这三要件构成。④ 最高人民法院《关于审理环境侵权责任纠纷案件适用法律若干问题的解释》第6条规定：“被侵权人根据民法典第七编第七章的规定请求赔偿的，应当提供证明以下事实的证据材料：（一）侵权人排放了污染物或者破坏了生态；（二）被侵权人的损害；（三）侵权人排放的污染物或者其次生污染物、破坏生态行为与损害之间具有关联性。”可以看出环境污染诉讼的构成要件主要包括三个方面：(1) 侵权人实施了污染大气环境的侵权行为，即加害行为；(2) 被侵权人遭受损失，即损害结果；(3) 侵权人实施的污染大气环境的侵权行为与被侵权人遭受的损失之间具有关联性，即因果关系。因此，城市复合型大气污染侵权行为也应当符合三个构成要件。

一、加害行为

城市复合型大气污染的损害行为，是指行为人从事的造成大气污染的破坏行为，如工厂等排放烟雾、建设项目施工过程中产生扬尘、农村焚烧秸秆

---

① 曹明德：《环境侵权法》，法律出版社2000年版，第77页。

② 蔡守秋主编：《环境法教程》，法律出版社1995年版，第251页；韩德培主编：《环境保护法教程》，法律出版社1998年版，第312页。

③ 钱水苗、徐迪：《论环境侵权构成要件的若干问题》，载《重庆环境科学》2003年第6期。

④ 晋海、王文俊：《环境侵权民事责任构成要件分析》，载《南京大学法律评论》2000年第2期。

产生污气、机动车辆排放尾气、日常生活向大气排放废气等行为，即使是合法行为，只要该行为导致了一定区域内环境污染并侵犯到某些人的人身权、财产权等合法权益的时候，就会成为构成复合型大气污染侵权责任的要件之一。

关于加害行为是否需要具有“违法性”，学者普遍认为：“不能一般地把行为的‘违法性’作为承担（环境）民事责任的要件，而只能提‘从事了致他人损害的行为’。环境致害行为不一定具有违法性，包括民法学上解释的‘广义’的违法性，即加害他人的故意和对公共道德或善良风尚的违反。”① “如果一味强调行为的‘违法性’，实际上是忽视了环境侵权行为的特殊性，更重要的是不利于切实有效地保护受害者的利益。”② “行为者只要具备：（1）污染危害环境的行为；（2）损害结果；（3）行为与结果之间有因果关系，就应承担环境污染民事责任。”③ “即使加害人的排污没有违反环境保护方面的法律规定，但是其排污行为污染环境造成他人损害，也违反了保护他人生命健康权的法律规定。”④ 从这个角度来讲，没有违反国家保护环境、防治污染的法律规定但造成污染损害的污染环境的行为也是一种违法行为。

二、损害结果

损害，是指一定行为或事件使某人的人身遭受到不利、不良后果或不良状态。污染环境行为造成他人损害的过程要复杂得多。这一过程并非通过污染物质直接作用于人身或财产，这一复杂的过程可以概括为这样一系列程序：污染源产生污染物→排放污染物→污染物进入媒介（如空气、水、土壤等）→进入受害人领域→造成损害，⑤ 该损害具有复杂性、潜伏性、广泛性。

我国《民法典》将绿色原则确立为民事活动应当遵循的基本原则，《民

---

① 张坤民、金瑞林主编：《环境保护法讲话》，清华大学出版社 1990 年版，第 164 页。
② 蔡守秋主编：《环境法教程》，法律出版社 1995 年版，第 251 页。
③ 韩德培主编：《环境保护法教程》，法律出版社 1998 年版，第 312 页。
④ 张新宝：《中国侵权行为法》，中国社会科学出版社 1998 年版，第 532 页。
⑤ 乔世明：《环境损害与法律责任》，中国经济出版社 1999 年版，第 269 页。

法典》中所明确列举的民事权益除人身权益和财产权益，还应包含生态利益。城市复合型大气污染的损害结果就是指由于复合型大气污染致使受害人的合法权益遭受损失，但是由于复合型大气污染侵权的特殊性，对于合法权益范围的认定，不应只局限于人身权、财产权，而且还应当包括舒适权、宁静权以及其他一些难以客观评价的权益。

环境侵权行为是一种新型的侵权行为，其具有与传统侵权行为迥异之性质，这就决定了我们必须根据其特点研究其构成要件。由于环境侵权行为损害结果的出现具有渐进性，环境污染损害结果是长期环境污染的结果，从排污企业排污到损害结果的形成并出现，往往有一段时间。而在这一段时间里，只要受害人发现排污企业的排污行为对其人身或财产构成威胁，就应有权要求排污企业采取措施以防止损害结果的发生，不能也不应等到损害结果发生时，才给予其以民事救济。当然，在这一段时间里，受害人可以要求行政法律救济，但也没有理由不给予其民事救济。环境污染损害危害性极大，采用事后救济，只能是一种没有办法的办法，是一种消极的救济方法。消除将要发生的危害，即防患于未然，才是一种积极的救济方法。同时，这也符合环境保护法中的“预防为主，防治结合、综合治理原则”。因此，损害结果要件应当包括“须对他人人身或财产造成危害”，这一要件包括两方面内容：损害结果和损害危险。①

三、损害行为与结果之间的因果关系

损害行为和损害结果之间的因果关系，是城市复合型大气污染侵权行为的构成要件之一。由于城市复合型大气污染侵权本身所具有的复杂性、范围的不确定性以及有较长潜伏期等特点，大大增加了因果关系的证据获取难度，从而使大多数环境侵权案件的法律救济难度相应增加。国外环境侵权因果关系认定时，采取盖然因果关系说、疫学因果关系说等一些因果关系证明方法

① 晋海：《生态环境损害赔偿归责宜采过错责任原则》，载《湖南科技大学学报（社会科学版）》2017 年第 5 期。

去推定因果关系[1]。我国相关法律没有对因果关系的推定作出直接规定，通过实行“举证责任倒置”这一方法来弥补此类缺陷，对于环境侵权中争议双方的利益均衡问题，这些缺陷使其不能最终在法律上得到有效的解决。[2]

《民法典》第1230条规定，因污染环境、破坏生态发生纠纷，行为人应当就法律规定的不承担责任或者减轻责任的情形及其行为与损害之间不存在因果关系承担举证责任。第1231条规定，两个以上侵权人污染环境、破坏生态的，承担责任的大小，根据污染物的种类、浓度、排放量，破坏生态的方式、范围、程度，以及行为对损害后果所起的作用等因素确定。

上述规定增加了认定责任份额的原因力判断因素，从以前的仅列举“污染物的种类、排放量”两个因素增加为“污染物的种类、浓度、排放量，破坏生态的方式、范围、程度，以及行为对损害后果所起的作用”等因素。但是在因果关系的认定上仍然存在以举证责任倒置代替因果关系判断的问题。被告无法提供反证驳斥原告环境侵权中的因果关系，其既不能从客观上证明该因果关系存在，也不能从客观上证明因果关系不存在，而且对于被告所举的证据与所欲证明的事实之间的因果联系依然需要法官加以证明、判断。[3]

第四节　我国城市复合型大气污染侵权责任的承担

城市复合型大气污染的特点决定了其与一般民事诉讼有很大的不同，本书认为，在认定城市复合型大气污染侵权责任时应当注意以下问题。

一、城市复合型大气污染侵权责任的适格当事人

在城市复合型大气污染中，生产作业污染的产生者、商业活动污染的产

① 吉田良一『不法行为法』(有斐阁，2011 年) 107 页参照。
② 玉梅：《试论我国民事诉讼举证责任分配原则》，载《学术论坛》1998 年第 3 期。
③ 胡中华：《论环境侵权责任中的因果关系》，载《科技进步与对策》2002 年第 2 期。

生者、城市生活污染的产生者以及农村作业污染的产生者都可能成为复合型大气污染侵权主体。侵权主体的普遍性增加了对于侵权责任人的认定难度，同时，侵权损害的广泛性也相应地增加了对受害人认定的难度，由于侵害涉及一个区域，因此受害人的范围广。

（一）原告的范围

根据《民事诉讼法》第122条规定起诉必须符合的条件之一，原告是与本案有直接利害关系的公民、法人和其他组织。可见，在此类侵权案件中，能够提起大气污染侵权民事诉讼的原告只可是人身权或财产权直接遭受大气污染行为侵害的受害人，不是直接利害关系的人不可成为此类诉讼的适格原告，因此，原告的范围相对缩小，大气污染侵权中大多数受害人不能成为适格原告，因为他们所遭受的更多的并不是直接的、有形的大气污染侵害，并且在大气污染侵权中，污染物的侵害往往是人的肉眼所看不见的或人的感官组织不易察觉的物质的侵害，而且该污染物常常是借助空气作用于受害人，而不是直接作用于受害人。本书认为，应当将城市复合型大气污染侵权民事诉讼的原告资格扩大为“有法律上利害关系的公民、法人或者其他组织”。

（二）被告的范围

关于大气污染侵权民事诉讼的适格被告，可以分为两种情况。如果大气污染侵权的污染或破坏行为是单一的主体而实施的，那么对于被告的确立就不存在问题。但是由于经济的区域发展，更常见的是由多种原因造成大气污染，这样对于被告的认定就比较困难。

在日本的城市复合型大气污染诉讼中，国家、道路管理部门、机动车制造商、企业等都可以成为被告。本书认为，只要原告在起诉时能够提供初步的证据来证明这种侵权行为有可能是由被告实施，那么法院就可以认定其为被告。

二、举证责任的承担和因果关系的认定

在环境污染诉讼中，双方当事人之间一般不具有平等性和互换性，存在

强弱之差，而且环境污染侵权纠纷的内容也异常复杂且特别专业技术化，这导致环境污染纠纷有不同于一般民事侵权纠纷的特殊证明责任。①

（一）对举证责任倒置的理解

受害人常常因其财力不济或学识不足等原因，收集涉及污染者商业秘密或高度专业化技术等方面的证据十分困难，而认定环境污染所须具备的复杂的科学技术知识更是受害人自身缺乏的。为了保证污染受害者能够通过诉讼途径保护自身的合法权益，世界各国大多采用了举证责任倒置原则，以改变环境侵权案件中受害人在举证上的不利地位。

1992年最高人民法院《关于适用〈中华人民共和国民事诉讼法〉若干问题的意见》规定，环境侵权诉讼中，对原告提出的侵权事实，被告否认的，由被告负责举证。《民法典》基本上沿袭原《侵权责任法》第66条的规定，即因环境污染引起的损害赔偿诉讼中，对原告提出的侵权事实，被告否认的，由被告负责举证。

事实上，污染纠纷的受害方和加害方都必须承担相应的举证责任，只不过相比一般侵权纠纷而言，污染纠纷中的加害方举证责任更重一些。污染赔偿纠纷实行举证倒置，实质上属于举证责任的“转移”，即某些举证责任的承担从受害人转移到了加害人，并不意味着受害人不需要举证。我国环境法律对污染损害责任虽不以过错为承担责任的必备条件，但是构成环境污染侵权责任，必须具备的要件是加害行为、损害结果、加害行为和损害结果之间存在因果关系。这三个要件就是需要通过举证加以证明的对象。

（二）关于因果关系的认定

环境污染损害案件的专业性、技术性非常强，无论是污染与损害的因果关系鉴定，还是损害额度的计算，都非常复杂。

传统民法理论认为：加害行为与损害事实之间必须存在因果关系是构成

---

① 王爱群：《环境污染诉讼若干问题探析》，载《行政与法》2009年第9期。

侵权行为的基本要件之一。[①] 在环境侵害诉讼中，环境侵权行为与损害结果之间的因果关系认定是相当困难的。这是因为损害的发生是经过较长时间的持续作用、多因素复合累积共同作用的结果。另外，污染物被排放到环境中，其浓度、含量、致被害人发病的分布和概率以及有毒有害物质致病的机理等，涉及生物、化学、医学、环境科学等多种科学领域，需要做的工作不仅量大、繁杂，而且费用很高；甚至还有相当一部分污染案件限于目前科技发展水平的限制及污染形式的复杂多样性，尚无法科学地确定其因果关系。

为此，日本采取了一些证明方法。例如，盖然因果关系说，即公害诉讼的因果关系证明只需达到具有盖然性的程度即可；疫学因果关系说，即不对每一个被害人进行病理学和临床上的因果关系分析，而对全体现象的因果关系采取统计学的方式来确定；优势证据说，即如果全案证据显示某一待证事实存在的可能性明显大于其不存在的可能性，使法官有理由相信它很可能存在，尽管还不能完全排除存在相反的可能性，也应当允许法官根据优势证据认定这一事实；间接反证说，即不要求原告对所有阶段的事实和过程进行证明，只要原告能够证明存在某些事实或者过程，根据经验法则就可以认定存在其他事实或者过程等。这些证明方法已经为一些国家审理环境污染案件采用，如日本有名的“痛痛病”诉讼采用的是疫学因果关系说，新潟水俣病事件，采用的就是间接反证法。[②]

对于环境污染诉讼而言，各种举证责任分配的理论与实践绝非举证责任倒置那么简单。尽管各种理论均未达致成熟，实践中也未形成统一规则，但是可以发现各种降低受害人证明度的理论，在证明责任的框架下，集中反映出的思想就是，环境污染诉讼由于其特殊性，从保护原告人的利益出发，需要为受害人特别设定证明标准，围绕降低受害人证明负担的目标来进行举证责任的合理分配。学者普遍认为，在实践中尝试这些新的证明方法对解决环

① 范利平：《侵权法上因果关系研究》，载《现代法学》2004 年第 3 期。

② 内田贵『民法Ⅱ债权各论』（东大出版会，2007 年）124 页。

境污染致人损害的一些疑难案件具有重要的现实意义。①

三、关于“排除危害”

我国《民法典》第179条规定了承担民事责任的方式包括停止侵害、排除妨碍、消除危险、返还财产、恢复原状……赔偿损失等。《大气污染防治法》第7条第1款规定：“企业事业单位和其他生产经营者应当采取有效措施，防止、减少大气污染，对所造成的损害依法承担责任。”在这些法律中，“排除危害”和“赔偿损失”是承担民事责任的主要方式。

在环境纠纷处理实践中，环境污染的大多数受害者首先提出的要求就是要污染者立即停止并排除已经发生的环境污染或环境破坏行为。这些责任方式是在侵害行为发生但还没有造成危害后果或避免造成更严重的后果的情况下，要求行为人采取措施以制止或排除侵害。“停止侵害”对于环境侵权来说是一种积极的更能起到预防作用的有效手段。因此，虽然《环境保护法》没有专门规定停止侵害，应当将“排除危害”解释为不仅包括排除妨碍，也包括停止侵害。②

四、损失赔偿的计算

（一）污染损失计算的标准问题

由于大气污染所导致损失的计算要比普通的侵权所造成的损失计算困难得多。普通侵权的毁坏财产、伤害人身等都有一个基本确定的计算标准。然而，由于环境侵权而导致的对舒适权、宁静权等非财产性权利的损害很难确定其在经济上的损失额；并且环境所涉及的受害主体规模大、人数多、分布广，对损失的计算耗时、耗力、耗财。

（二）赔偿标准定额化

对于环境污染损失的计算，可以参考赔偿标准定额化的方法。日本的判

① 张新宝：《侵权责任法》，中国人民大学出版社2006年版，第162页。
② 吉村良一『不法行為法』（有斐阁，2011年）25页。

例，采用了赔偿额的“概括请求”，即在集团诉讼中就财产上的以及精神上的损害提出一个概括的损害赔偿额，再由法官酌情判决最终的总的赔偿数额。[①] 这种请求的产生多是发生在药害以及公害等案件所引发的集团诉讼中，由于对众多个别损害行为逐一进行举证会异常烦琐，而且还有可能随着时间的推移而导致举证不能等弊端的出现。这种请求可以在一定程度上免除原告就具体的损害项目尤其是在其损害数据上存在的举证困难，并能够防止因此所导致的诉讼迟延的发生。

五、小结

对城市复合型大气污染侵权责任的探究不仅有利于对人们生命健康权的保护，还有利于社会的和谐与稳定。但是对其认定也存在很大的难度。大气污染侵权的特殊性使它不同于一般的民事侵权，无论是在责任的构成要件上，还是在因果关系的推定上以及损害赔偿的计算上，都有其特殊性。本书认为，我国在审判实践中应当借鉴国外经验，支持受害人提起的城市复合型大气污染损害赔偿之诉，保护受害人的合法权益。

① 内田贵『民法』（东大出版会，2007 年）224 页。

第四章

我国城市复合型大气污染诉讼的司法实践

如前所述，近年来，我国政府对于大气污染的防治工作高度重视，出台了《大气污染防治法》《环境保护法》《环境空气质量标准》《大气污染物综合排放标准》等一系列法律法规，各个省市也陆续颁布了具体的地方立法措施，可以看出，我国关于环境侵权的相关立法已日趋完善。但是，实践中，大气污染诉讼案件却鲜有所闻。我国的环境污染事件的环境违法起诉率没有统计数据，但环境侵权诉讼率只有不到1%，我国的环境纠纷件数、行政程序受理的件数和司法程序受理的件数的比例为255∶38∶1，[①] 充分说明环境案件进入司法程序的数量极少，司法在解决环境纠纷所发挥的作用尚且不足，而民事救济途径常常又是解决大气污染纠纷的唯一救济途径，环境污染侵权与维权、环境权利与法律救济唇齿相依，没有法律救济，权利就只是一纸空文。在法治国家，保护公民的权利即意味着要充分保障其权利受到侵害时得到救济。因此，对大气污染诉讼侵权诉讼进行实证研究，分析其原因并提出解决对策，成为我们亟须解决的问题。

---

① 吕忠梅、张忠民、熊晓青：《中国環境司法の現状に関する考察—裁判文書を中心に—》，载《龙谷法学》2019年第3期。

第一节 江苏省大气污染侵权诉讼实证分析

江苏省大气污染侵权诉讼案件数量居全国之首。本节内容是以中国裁判文书网中有关江苏省大气污染案例分析及法院裁判文书为参考文本，对2017～2021年江苏省5年发生的有关大气污染的民事案件及相关裁判文书进行实证分析。

一、江苏省大气污染侵权诉讼案件基本情况分析

（一）案件数量与时间

1. 数量

中国裁判文书网数据显示，2017～2021年，江苏省各法院共审结43件气污染侵权民事案件。其中，2017年的案件数为3件，2018年为3件，2019年为3件，2020年为31件，2021年为3件。与江苏省每年数万件的民事案件数量相比，大气污染侵权案件的数量明显较少，但是却居全国大气污染侵权案件数量的首位，比较引人注目的是仅2020年就达到31件，也因此一跃成为全国案件数量第一。

2. 时间

从案件发生的时间上来看，除2020年大气污染侵权案件稍多外，其他年份的大气污染侵权案件趋于稳定。2020年，江苏省生态环境系统坚持“依法依规监管、有力有效服务”总体要求，按照江苏省生态环境厅《关于依法严厉查处环境违法大案要案工作方案》部署，切实加大执法监管力度，集中力量依法查办一批重点环境违法案件，或为大气污染责任案件突然增多的原因之一。

（二）案件发生地区

江苏省2017～2021年大气污染侵权案件发生的地区中城市和农村地区污染大体占比例为1∶2。我国目前农业现代化程度较高，部分重工业园区的分布逐渐蔓延至农村地区，许多企业均将其高污染高排放的工厂建立在了农村。

但目前，我国农村地区的部分工厂、企业等相关控制排放及净化污染物的基础设施不甚完善，部分企业只能以高排放甚至超标准排放污染物的方式来满足工业生产。而这样的行为，严重污染了周围农村的生态环境及村民们的农田和饮水，给村民们的生命安全带来了极大的隐患。

（三）原告

在43件案件中，原告为公民个人的案件数量为37件，占总量的86%；原告为企业的案件数量为2件，占总量的4%；原告为环保组织的数量为4件，占总量的9%。提起诉讼的大多是个人、企业这些私益的主体，公益主体提起诉讼的比例很小。

（四）被告

在江苏省的43件大气污染侵权案件中，被告为企业的案件数量为42件，占总量的97%，其余的为个人。

（五）大气污染物的类型

1. 污染物种类

通过对数据样本的分析，江苏省大气污染的污染物种类大部分是由复合型城市污染物造成的，单一污染物造成的大气污染数量较少。如图4－1所示，江苏省的大气污染物中有10余种类型，出现次数较频繁的有粉尘、二氧化硫等。

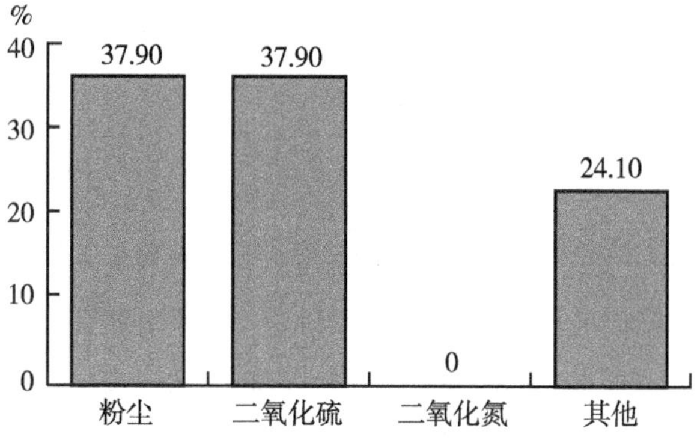

图4－1 大气污染物来源占比

结论：江苏省的大气污染类型仍然以企业生产中产生的粉尘以及煤烟燃烧所产生的二氧化硫和粉尘为主，并逐渐向复合型大气污染转变。

2. 污染物行业来源

通过对样本的统计和分析，污染物来源行业最多的是建材制造业，在制造厂中很容易产生废料粉尘、二氧化硫及二氧化氮等污染物，该行业与化工及石化行业不相上下，产生的污染物种类较多，从原料到产品再到生产和使用都会造成一定程度上的环境污染。另外，能源型产业及服务业等产生污染物也较多。

结论：针对本轮数据样本分析，建材业和制造业是产生大气污染物较多的行业，说明该行业带来经济增长的同时也带来了较严重的污染（见图4－2）。

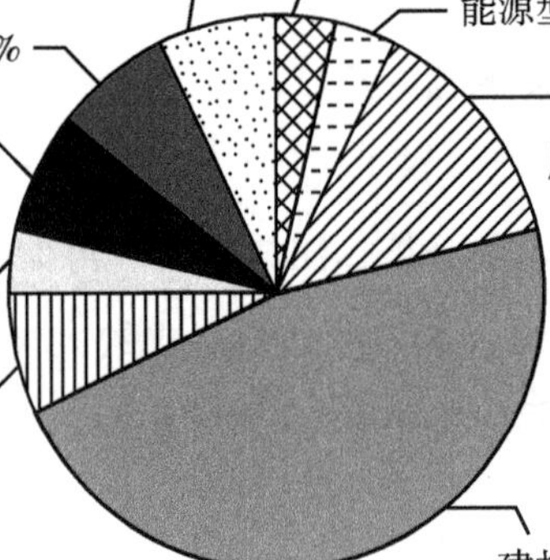

图4－2　污染物来源行业占比

（六）裁判文书种类

从江苏省大气污染侵权案件2017～2021年的裁判文书种类可以看出，有关大气污染侵权的裁定文本较多，其中还包括对执行的裁定，但多为驳回上诉。除此之外，还有43份法律文书中没有调解书这一类型的文书。

（七）裁判结果

在江苏省的大气污染侵权案件中，二审比例为59.2%，上诉率较高。裁定书、判决书结果主要为驳回上诉。

二、淮海中联水泥有限公司系列大气污染责任纠纷案

孔某田、孔某阳等22人诉淮海中联水泥有限公司系列大气污染责任纠纷案是江苏省大气污染案中涉及受害人数最多、诉讼耗时最久、裁判文书最多的案件。该系列案件可以反映出江苏省大气污染侵权案件的问题。

（一）案情概要

孔某田等系江苏省徐州市铜山区柳泉镇前象下孔村村民。2003年，淮海中联水泥有限公司将原2500t/d水泥熟料生产线调整为5000t/d生产线。2003年9月，中非地质工程勘查研究院作出《江苏巨龙水泥集团有限公司5000t/d熟料生产线技改工程环境影响报告书》，其中13.6卫生防护距离要求：按照《水泥厂卫生防护距离标准》（GB 18068—2000）中提出的距离要求……生产规模大于50万吨时，水泥厂卫生防护距离限值为500米，所以技改工程的卫生防护距离应确保从最大的粉尘排放源到最近村庄的最短直线距离大于500米。技改工程最大的粉尘排放源为位于主生产线东侧的机械化露天堆场，堆存燃煤，此堆场距西厂界约350米，孔家村距西厂界最近的距离为50米，其最短直线距离为400米，小于水泥厂卫生防护距离。铜山县人民政府在《关于巨龙水泥集团技改工程村民搬迁问题的批复》中指出，“贵公司技改工程卫生防护距离内19户村民的搬迁问题，已在我县农村建设规划中作出安排，由我县柳泉镇和有关部门帮助解决安置，于2004年10月前搬迁完毕。届时厂内最大的粉尘排放源到最近的村庄的最短直线距离就能满足《水泥厂卫生防护距离标准》（GB 18068—2000）中提出的距离要求。”

2003年10月22日，江苏省环保厅作出苏环管〔2003〕186号《关于对江苏巨龙水泥集团有限公司5000t/d熟料生产线技改工程环境影响报告书的初审意见》：“三、9. 位于卫生防护距离内的19户村民必须于该项目试生产前进行搬迁。”

2011年5月12日，淮海中联水泥有限公司向江苏省环境保护厅发出

《关于对1#生产线环保验收中“卫生防护距离”标准进行确认的请示》，请求对1号生产线卫生防护距离由厂界变更为机械化露天堆场算起500米。同年10月9日，被告向江苏省环保厅报送《淮海中联水泥有限公司关于1#生产线节能降耗环保综合技改工程环保措施变更项目环评审批的请示》，决定将现有半封闭及露天的堆场均进行全封闭改造，变原来的无组织排放为有组织排放，于2012年3月底全部完工。2012年1月18日，江苏省环保厅向淮海中联水泥有限公司作出苏环验〔2012〕4号《关于淮海中联水泥有限公司1#生产线节能降耗环保综合技改工程项目竣工环境保护验收意见的函》，载明：“三、（五）在你公司完成设置全封闭堆场及进一步加强对各储运点等无组织废气排放控制前提下，我厅同意将卫生防护距离变更为煤堆棚、石灰膏棚、铁粉堆棚周围50米。50米卫生防护距离内现无居民点等环境敏感目标，今后也不得新建。四、该项目基本落实了环评批复提出的各项环保措施和要求，主要污染物达标排放，工程竣工环境保护验收合格。”孔某田等22人不服，向环保部申请复议，环保部于2015年5月16日作出环法〔2015〕31号《行政复议决定书》，维持苏环验〔2012〕4号《环保验收意见》。

2015年，孔某田等22人以江苏省徐州市铜山区人民政府、徐州市铜山区柳泉镇人民政府为被告，以淮海中联水泥有限公司为第三人，向徐州市中级人民法院提起行政诉讼，要求徐州市铜山区政府、柳泉镇政府按照《国有土地上房屋征收与补偿条例》对19户居民履行搬迁职责。徐州市中级人民法院于2016年5月19日作出（2015）徐行初字第00145号行政判决书，认为孔某田等人的诉请缺乏事实及法律依据，驳回其诉讼请求。江苏省高级人民法院于2016年9月19日作出（2016）苏行终773号行政判决书，驳回上诉，维持原判。后该案部分原告向最高人民法院申请再审。最高人民法院于2018年7月2日作出（2017）最高法行申2613号行政裁定书，驳回其再审申请。

孔某田等人认为，淮海中联水泥有限公司至今未按照相关环评要求对其房屋履行搬迁义务，生产污染给其造成损害，故提起诉讼，请求：（1）淮海中联水泥有限公司停止侵害，按照原国家环保总局环审（2003）336号审查意见的复函及环验（2007）291 号验收意见要求落实卫生防护距离内搬迁方案，履行对孔某玲的搬迁义务；（2）淮海中联水泥有限公司支付污染损害赔偿金 32,200 元（按每月 200 元标准，自 2006 年 1 月起至 2019 年 5 月止）及精神损害抚慰金 5000 元，合计 37,200 元；（3）诉讼费由淮海中联水泥有限公司承担。

一审法院认为，根据《民事诉讼法》第 119 条第 1 项的规定，原告提起诉讼，应当证明其与本案具有直接利害关系。本案中，孔某田起诉要求被告淮海中联水泥有限公司按照原国家环保总局环审（2003）336 号审查意见复函及该局环验（2007）291 号环境保护验收意见履行对其房屋的搬迁义务，并承担因未履行搬迁义务产生的污染损害赔偿责任，该诉讼主张成立的前提是其房屋位于《江苏巨龙水泥集团有限公司 5000t/d 熟料生产线技改工程环境影响报告书》所涉及的 500 米卫生防护距离范围之内。涉案相关环评文件对涉案卫生防护距离内需搬迁 19 户居民的详情未有载明，经向徐州市铜山区人民政府、铜山区柳泉镇人民政府、柳泉镇前象村村民委员会及淮海中联水泥有限公司调查核实，均未查悉该 19 户居民的具体信息及信息有关来源，而孔某田亦未能举证证明其房屋位于涉案卫生防护距离范围之内。本案审理过程中，经依法释明，孙某田拒绝委托测绘机构对房屋是否位于涉案卫生防护距离范围内进行测绘确认，故孔某田不能证明其与本案存在直接利害关系，不具备提起本案诉讼的主体资格，依法应当驳回其起诉。综上，依照《民事诉讼法》第 119 条第 1 项、第 154 条及《最高人民法院关于适用〈中华人民共和国民事诉讼法〉的解释》第 208 条第 3 款之规定，该院裁定：驳回孔某田的起诉。

二审认为，从本案目前现有证据来看，涉案相关环评文件对卫生防护距离内 19 户居民的详情及具体户名未有明确记载，一审法院对此亦向徐州市铜山区人民政府、铜山区柳泉镇人民政府、柳泉镇前象村村民委员会及淮海中联水泥有限公司等相关主体开展了细致的调查工作，但未能就该 19 户居民的具体信息及信息有关来源作出明确判断。在此情况下，一审法院为进一步查明事实，根据孔某田申请，组织各方委托测绘机构对案涉房屋是否位于涉案卫生防护距离范围内进行确认，但机构选定后，孔某田与淮海中联水泥有限公司未能就测量起点及测算方式达成一致意见，孔某田坚持按照其主张的测量方式进行测量，并据此未在规定时间内缴纳测绘评估费用。因此，一审法院在综合以上审理情况的基础上，认定孔某田目前无证据证明案涉房屋位于卫生防护距离范围之内，不能证明其与本案存在直接利害关系，驳回上诉，维持原裁定。

（二）从该系列案件看大气污染侵权诉讼的特点

1. 自然人和企业地位的不平等

获得诉讼资格、有权提起环境诉讼，这是环境权从理论到实践、从依法保障到法律实施的基本标志，本案最终争议的焦点就是这个主体资格。企业的环境污染往往存在潜在性、长期性、隐蔽性，而企业达标排放的进程又是一个量变到质变的过程，给环境侵害的因果关系判定、主体确认等带来一系列的难题，影响了环境侵害救济的及时进行。环境恶化的现实和民众对环境公平、可持续发展的觉醒要求更宽松的诉讼空间。环境侵害中加害人通常是具有特殊经济地位及能力的企业，而受害人则是普通公民，环境受害人往往由于环境信息掌握不对称、专业技术欠缺、举证困难而处于弱势。

2. 民事救济与行政救济的乏力

大气污染责任纠纷中传统民事侵权责任与多元责任并存，凸显客观公正与社会公正的矛盾，司法应当具有自然正义和矫正正义的双重功能。但在具体审判实践中，由于缺乏环境侵权的程序法律机制的统一融合，用传统侵权理论应对环境特殊侵权案件，使环境侵权面临客观公正和社会公正的冲突。尤其是大气污染侵权往往借助空气等为媒介，除排污企业外，还存在多种因素，甚至存在多个企业的混合责任和共同责任。实践中，自然人以某个企业为被告，企业往往以合法性和妥当性请求免责，而环境受害人又很难举证证明在多大范围内受到损害，因此，即使有损害也得不到救济，从而承担败诉的不利后果。

3. 举证责任与因果关系证明的困难

该系列案件中，一审、二审法院在综合以上审理情况的基础上，认定孙某田等22人目前无证据证明案涉房屋位于卫生防护距离范围之内，不能证明其与本案存在直接利害关系，因此不是本案的适格主体。可以看出，法院强调是单纯的利害关系，要求原告提供证据证明案涉房屋位于卫生防护距离范围之内，但多份裁定书中却并未对原告提出的损害作出判断，未对损害与污染之间是否具有因果关系进行认定，就裁定驳回其起诉。大气环境污染被侵权人请求赔偿时，应当提供大气环境污染行为与造成人体健康或者财产损失的结果之间具有关联性的证据，这表明被侵权人需要承担初步的证明责任，但是该证明责任的证明标准需要达到什么程度，尚不明确。而根据“举证责任倒置”的责任归属原则，应由侵权人对侵权行为与损害后果之间不具有因果关系进行举证，但对于该因果关系应该达到何种证明标准，也没有合理的判断标准。可以看出，实务中对于因果关系认定的缺位导致大气污染责任纠纷中因果关系认定困难、原告胜诉率低、上诉的案件较多等难题。

4. 集团诉讼的缺失

《民事诉讼法》第55条规定：“当事人一方或者双方为二人以上，其诉讼标的是共同的，或者诉讼标的是同一种类、人民法院认为可以合并审理并经当事人同意的，为共同诉讼。共同诉讼的一方当事人对诉讼标的有共同权利义务的，其中一人的诉讼行为经其他共同诉讼人承认，对其他共同诉讼人发生效力；对诉讼标的没有共同权利义务的，其中一人的诉讼行为对其他共同诉讼人不发生效力。”第56条规定：“当事人一方人数众多的共同诉讼，可以由当事人推选代表人进行诉讼。代表人的诉讼行为对其所代表的当事人发生效力，但代表人变更、放弃诉讼请求或者承认对方当事人的诉讼请求，进行和解，必须经被代表的当事人同意。”该系列案件涉及的原告有22人，诉讼标的和诉讼请求一致，但都是分别进行诉讼，没有进行集团诉讼。

在进行环境污染诉讼时，集团诉讼的好处是显而易见的。对原告来说，集团诉讼可以解决当事人之间的力量对比问题，降低了诉讼门槛，使受害者敢于提出合理的诉讼请求，更能彰显公义；对被告来说，集体诉讼避免其逐一处理多宗相关或类似的官司，有助提早了结事情；而被告人的律师也可以一次性处理整个原告群体的索偿，无须分开处理，因此更快捷和节省辩方讼费；对于整个社会来说，集体诉讼可以节约司法资源，还可以避免类似案件的裁决不一致，对那些占据优势地位的大企业，也能产生一定的威慑作用。

企业污染环境事件的发生，除了与相关企业环境保护意识淡薄、缺失，相关职能部门监管不力、执法不严有关之外，企业实施污染环境行为的成本过低，也是重要原因之一。而集体诉讼则能大幅提高企业实施污染环境行为的成本，起到有效遏制企业污染环境行为发生的积极效用。发挥集体诉讼的效用，显然也应成为我国推进环境保护工作的一个重要手段与方式。如果所有受到企业污染环境行为损害的公民都能勇敢地拿起法律武器，对实施污染环境行为的企业提起法律诉讼，各地司法机关都能切实尊重利益受到污染环境行为损害公民的诉权，依法保护他们的合法权益，令污染环境企业作出应有的赔偿，付出巨大的代价，就能更为有力地遏制污染环境行为的发生，令我国的环境得到更好的保护。

第二节　山东省大气污染诉讼实证分析

本节通过对山东省区域内发生的大气污染民事诉讼案件的裁判文书进行筛选调查，对近年来山东省的大气污染司法现状进行分析，发现山东省大气污染侵权司法救济中存在的问题。

本节研究样本源于中国裁判文书网中的相关山东省大气污染诉讼案件裁判文书。为保证研究样本一致性，案例检索关键词均为“民事案件”“大气污染责任”“山东省”。

一、山东省大气污染侵权诉讼案件基本情况分析

（一）案件数量与时间

1. 数量

结合中国裁判文书网的数据，从2011年至2023年，山东省内法院共审结17个山东大气污染侵权案件，[①] 其中2011年为1件，2013年为1件，2014为年1件，2016年为5件，2017年为2件，2020年为3件，2021年为4件，与山东省每年的民事案件总数相比，当地大气污染侵权案件的数量非常少。

但事实上，大气污染状况不止于此，只是进入民事诉讼视野中的很少。早在2019年的检测中，山东省17个设区城市环境空气质量均超过了国家制定的空气质量标准的二级标准，PM2.5浓度达二级标准的2倍之多，相比较世界卫生组织与发达国家推荐的标准而言，是其6倍之多。山东省的大气环境质量并不乐观。

2. 时间

从案件发生时间上看，2016年在全部案件总数占比约为29.41%，2017年占比11.76%，2020年占比17.65%，2021年占比23.53%，结合表4－1可以看出，除2016年案件稍多外，山东省大气污染侵权案件数量历年比较稳定，数量较少。自2016年起大气污染侵权案件数量有所增长，究其原因，可能是开始实施新颁布的《环境保护法》，其中对雾霾等大气污染都作出了更多有针对性的规定。

表4－1 大气污染侵权案件数量

年份	案件数量/件	案件占比/%
2011	1	5.88
2013	1	5.88

① 同一案件的不同审理程序未计算在内，统计为一个案件。

续表

年份	案件数量/件	案件占比/%
2014	1	5.88
2016	5	29.41
2017	2	11.76
2020	3	17.65
2021	4	23.53

（二）审理法院级别

综合以上所有年份中大气污染侵权案件各级审理程序的审理法院，其中高级人民法院占比、中级人民法院占比、基层人民法院占比见图4－3。

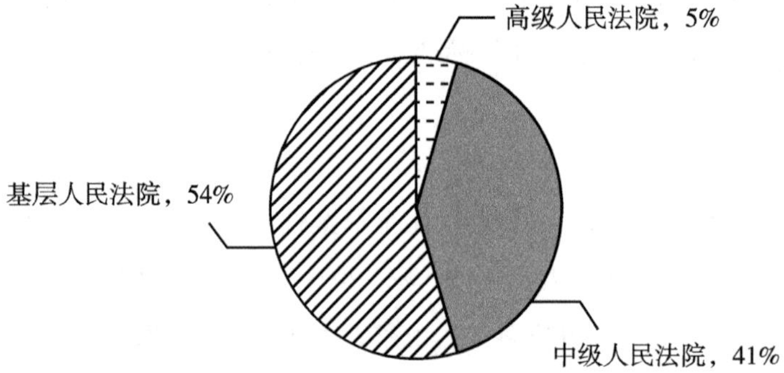

图4－3　法院级别

（三）原告与被告

在统计的案件中，原告涉及个人、企业、社会组织、事业单位，其中个人作为原告的案件最多，共8件，占比约为47.05%。被告包括企业和个人，其中企业占比最多，有14件案件的被告都是企业，占比约为82.35%。可以看出，大气污染责任诉讼案件的诉讼主体多为个人、企业这些私益主体，受损害一方多为个人，而造成该污染的多为企业。

由公益主体提起公益诉讼的案件很少，目前只有两件，其中就包括著名的“大气污染公益诉讼第一案”——2016年由山东省德州市中级人民法院审理的，中华环保联合会诉德州晶华集团振华有限公司大气环境污染责任纠纷公益诉讼案。该案首次以公益诉讼形式对大气污染生态环境损害作出了回应。

（四）大气污染物的类型

1. 污染物种类

山东省大气污染责任纠纷案件中涉及的 17 个案件样本中，污染物主要如图 4－4 所示。

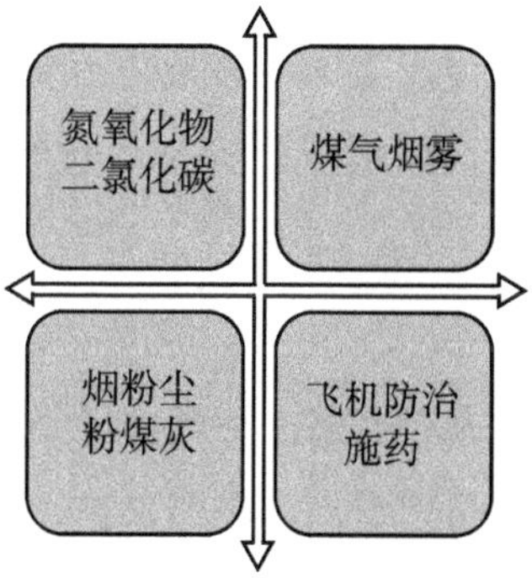

图 4－4　污染物种类

山东省的大气污染诉讼案件中，烟粉尘、二氧化硫、氮氧化物废气等频次较多，这几类的大气污染物在其他省市的大气污染诉讼中也是诉讼的重点，可以说具有普遍性。值得关注的是 2018 年的一起案件中出现的污染物——飞机防治施药作业中喷洒的灭幼脲。本来由当地林业局实施的飞防作业却造成原告桑蚕开发公司大量的桑蚕死亡，最终法院判决赔偿其经济损失。通过这一案件，我们可以看到，私益领域的大气污染诉讼，不仅要看是否对当事人造成人身损害，更多的情况还要看给当事人造成了多大的经济损失。除目前常见的污染物种类外，因物质相生相克的原则，本不属于污染物的元素也可能造成实际的污染损害。这也提醒我们要警惕新型污染物的出现。

2. 污染物来源行业

山东省大气污染责任诉讼的污染物来源行业以化工业为主，化工厂中易产生烟粉尘，排放的废气中易产生氮氧化物、二氧化硫等，对大气造成很大影响，尤其引发雾霾的形成，空气中 PM2.5 含量大大增加，空气质量受到严重影响。家居建材业、能源开发、汽车制造业也不同程度对大气造成污染，其中家居建材业易产生甲醛、苯、甲苯、二甲苯等对人体健康造成很大损害的物质。能源开发和汽车制造过程中也会产生大量的废料、废气，有害物质包含进入大气造成污染。其他这一类别，主要包含个人、事业单位①和其他公司企业。化工业在整个环境污染中一直是防治监督的重点，在环境污染责任纠纷②案件中也经常出现，虽然行政机关不断加强监管和更新检测手段，但污染防治仍是任重道远。

（五）裁判文书种类

对山东省的所选样本中裁判文书的种类进行分析，如图 4 –5 所示，包括判决书、裁定书和调解书。可以看出，在山东省的大气污染责任诉讼案件中，裁定书稍多于判决书，这是因为其中的案件在一审、二审程序中有存在主体不适格、撤销原判决并指令其他法院重新审理以及原告撤诉等问题。裁定书中多为驳回上诉、维持原判，其中还包括两份执行实施类执行裁定书。在山东省已有案件的文书类型中，有 1 份调解书③，样本中另有 3 件案件虽没有形成调解协议，但是最终双方达成合意，自行和解，原告进行撤诉。这说明大气污染纠纷案件也可以进行协商解决，应建立好环境污染调解机制来解决未来的相应纠纷。

---

① 指 2018 年山东省惠民县林业局与山东润和桑蚕开发有限公司财产损害赔偿纠纷案件。

② 根据《民事案件案由规定》（法〔2020〕346 号第二次修正）的规定，环境污染责任纠纷主要包括大气污染责任纠纷、水污染责任纠纷、土壤污染责任纠纷、电子废物污染责任纠纷、固体废物污染责任纠纷、噪声污染责任纠纷、光污染责任纠纷、放射性污染责任纠纷。

③ 该案件为最高人民法院发布 10 起环境公益诉讼典型案例之六，即 2021 年由山东省东营市中级人民法院审理的北京市朝阳区自然之友环境研究所诉山东金岭化工股份有限公司大气污染民事公益诉讼案。

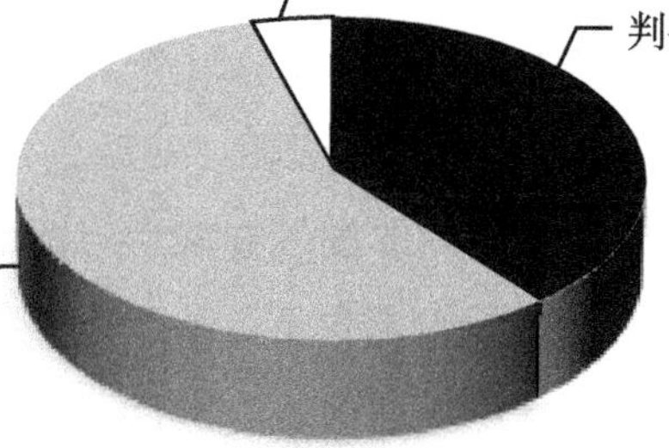

图 4－5 裁判文书类型

（六）裁判结果

初审阶段结案方式：判决、裁定、驳回起诉和调解、准许撤诉；二审阶段结案方式：改判、驳回上诉、调解、发回重审和撤销原判。在山东省的 17 个样本的审理程序中，除去 2 个执行案件，一审程序占比约 54%，二审程序占比约 36%。一审程序的案件明显多于进入二审程序的案件。究其原因：其一，除一审终结的案件外，其余一审案件情况多为在一审阶段双方达成合意，自行和解，最终撤诉或主体不适格驳回起诉。其二，进入二审阶段的案件大多案情相对复杂，当事人不服一审判决提起上诉，但是二审中改判的概率是很低的，最终结果多为驳回上诉，维持原判。总体来说维持原判的案件占比达到 75%。

二、山东省大气污染侵权纠纷案件中的焦点问题分析

大气污染环境侵权争议焦点主要集中在法律关系认定、侵害事实的举证、侵权行为是否存在、因果关系证明标准、举证责任分配、责任承担和鉴定等方面，上述这些焦点问题多数不仅在理论上存在争议，也是大气污染环境侵权的审判实务中的难题。

（一）主体是否适格

在大气污染侵权案件中，原被告主体是否适格常成为争议焦点。在山东省已有的案例中，2016 年就有因原告主体不适格而不享有诉权，最终不能提

起诉讼的案件。起诉的原告应是与本案有直接利害关系的公民、法人或其他组织。在2016年的这一案件中，原告主张财产受损，但相应凭证不能支持原告对受损财产的所有权，被判决驳回起诉。事实上，该案中确实存在实际的经济损失，被告化工企业所排放的废气和灰尘形成的酸雨对原告所处的房屋建筑等造成了很大损害，但因原告不具备主张损害的资格地位，最终未能得到法院的支持。此外，中华环保联合会诉德州晶华集团振华有限公司大气环境污染责任纠纷公益诉讼案中，被告主体是否适格就是该案的争议焦点之一。

（二）举证责任与因果关系

山东省的案件中大多运用了举证责任倒置的规则，因污染环境发生纠纷，污染者应当就其行为与损害之间不存在因果关系承担举证责任。但是实践中原告亦需就其主张的基本事实负举证责任。

例如，在2021年的夏某苑、付某寿等环境污染纠纷案件中，争议焦点之一就是原告的身体受损是否与被告的污染行为具有因果关系，最终法院认为原告并未举证证明事发当日造成环境污染、其当日因吸入有害气体造成一氧化碳中毒，故被告无须就其行为与损害后果不存在因果关系承担举证责任。一审法院认为，当事人对自己提出的主张，有责任提供证据。原告所提供证据无法证实2020年10月30日因赵某鑫、程某行不当施工造成大气污染，其本人因吸入一氧化碳造成中毒影响其身体，故对其诉讼请求，一审法院不予支持。原告不服提起上诉，二审法院认为，《最高人民法院关于适用〈中华人民共和国民事诉讼法〉的解释》第90条规定："当事人对自己提出的诉讼请求所依据的事实或者反驳对方诉讼请求所依据的事实，应当提供证据加以证明，但法律另有规定的除外。在作出判决前，当事人未能提供证据或者证据不足以证明其事实主张的，由负有举证证明责任的当事人承担不利的后果。"本案中，原告主张因被告公司的不当施工行为，导致产生大量有毒有害气体，造成气体污染环境，原告因吸入有毒有害气体对其造成人身损害，并主张责任主体承担侵权赔偿责任。原告应就其上述主张的气体污染环境行为及其主张的损害事实承担举证证明责任，根据现有证据不足以证明其事实主张，故原告诉请被告公司承担侵权赔偿责任，证据不足，一审法院对此未予支持，并无不当。可见，实践中，仍有部分案件因原告未能承担举证责任而承担了不利后果。

（三）侵权责任的认定与承担

在山东省的案件中，除去双方自行协商和解的案件外，最终认定构成大气污染的案件均回应了原告的损害赔偿请求，要求被告承担原告的经济损失。在经济赔偿的计算中，由于大气污染的流动性等因素，治理成本是很难计算的，法院根据企业超标排放数量以及二氧化硫、氮氧化物和粉尘的单位治理成本计算大气污染治理的虚拟成本，进而作为生态环境损害赔偿的依据。在飞防作业致使桑蚕死亡的案件中，人们很难想到本是为了防治作业而施药，却造成了巨大的经济损失。这也提醒我们，大气污染不是一瞬间的，其对人身健康的损失、可能造成的经济损失、对环境的生态服务功能的影响可能需要很长时间才能显现。

在中华环保联合会德州晶华集团有限公司大气环境污染责任纠纷公益诉讼案中，振华有限公司超标向大气排放污染物的行为侵害了社会公众的精神性环境权益，除判处经济赔偿外，还应当承担赔礼道歉的民事责任，法院遂让振华有限公司在省级以上媒体向社会公开赔礼道歉。

值得注意的是，山东省的案件中，几乎很少涉及停止侵害、排除妨害、恢复原状。可以看出大气污染诉讼民事责任承担方式的单一性。

三、山东省大气污染诉讼体现的问题

（一）举证困难

结合前文所述，山东省的大气污染案件多发于化工业、能源开发业，污染物种类繁多，有的甚至是出乎大众意料的，如果当事人自己不出来主张，大众和相应部门是很难发现和知晓的。这归因于大气污染自身的特点，污染物一旦进入大气，就会随着气流扩散。扩散的速度与范围取决于污染物及污染源的性质、气象条件、地表状况等因素。污染的后果不会局限于排污行为的发生地，而是通过区域间的污染传输，在气流的影响下将污染物传输到周边地区，甚至会在更大范围内造成严重的后果。这也证明大气污染的举证责任的困难，我们看到污染，也看到损害，但证明污染和损害之间的因果关系却是艰难复杂的。界定生态环境损害的范围需要结合大气的流动状况以及物理运动的特征等因素综合判断。

法院在很多的情况下采取的是举证责任倒置，原告需要进行一定程度的举证，但原告举证困难，有时很难找到到底是哪家排污企业、哪个单位对他们造成了损害，尤其在主体为个人时，其力量较为单薄，很多人明知自己受到大气污染的影响，但却无力主张无处主张，最后不了了之或者草草收场。

（二）诉讼请求单一

诉讼请求单一虽然是山东省案件的一大问题之一，但其是有合理解释的。生态环境修复救济的对象是生态环境，它承载的是环境法所确认和保护的社会性权益。因为生态系统处于不断的物质循环、能量流动、信息传递的过程，严格意义上说生态系统是无法“恢复原状”的。环境受到污染后，恢复到损害之前的形态几无可能，而只能在功能上尽可能地达到生态系统原有的稳定、平衡状态。从山东省的诉讼案件中原告的诉讼请求可以看出，获取实际的赔偿才是当事人最想要达成的诉讼主张，无论出于何种目的，只有实际的赔偿能够帮助挽回和适当修复大气污染所造成的损伤。大气污染不是即时发生即时停止的，污染物一旦扩散则不由人掌控。因此，停止侵害、排除妨害等民事责任承担方式所能发挥的作用是有限的。

（三）损害赔偿难以计算

大气污染类案件之所以办理难度大，是因为大气本身特有的流动性和迁移性特征，导致若没有专门设备予以现场监测，很难及时固定证据，没有专业的设备采集和检测，大气质量污染状况难以得到科学的证明，因此也会导致难以确定生态环境修复费用，尤其针对未来可能出现的合理预期的损失是难以掌握的。在实践中还出现了企业的污染监测和净化设备检测污染物排放等处于达标状态，但执法部门进行检测时就不符合标准的问题。这说明为企业提供确定且统一有效的监测体系是十分必要的，另外也要注意非现场执法所造成的信息与实际不一致的问题。

（四）行政干预力量较大

上述山东省的大气污染侵权案件数量很少，且主要集中在化工业、能源开发业和汽车制造业。这些行业的快速发展能够为各个地区带来高速经济增长，但也带来了严重的大气污染。高污染行业也带来了地方的高税收，这样的新闻和案件屡见不鲜，多年前山西的煤矿产业就是一大先例。为了促进地方发展，地方保护严重，对这些行业的不合规排污行为和不合法操作视而不见，使司法审判不能完全保障其有公平公正的结果。

另外，在收集案件的过程中，对于大气污染进行行政诉讼和行政处罚的案例数量很多，与本书所采集的样本相较数量悬殊。这也侧面反映出行政权在大气污染防治中仍发挥着很大的作用，司法权在保护私益的大气污染责任诉讼上仍旧任重道远。

第三节 辽宁省大气污染诉讼实证分析（2013～2017年）

本节将以中国裁判文书网收集的裁判文书为样本，对2013～2017年辽宁省各级人民法院审结的全部大气污染侵权案件进行实证分析，研究审判实践中遇到的问题，通过相应的数据梳理，总结出辽宁省该类诉讼的特点与问题。

一、辽宁省大气污染侵权诉讼案件基本情况分析

（一）案件数量与时间

1. 数量

中国裁判文书网数据显示，2013～2017年，辽宁省人民法院共审结27

件辽宁大气污染侵权案件。其中，2013 年的案件数为 2 件，2014 年为 0 件，2015 年为 19 件，2016 年为 6 件，2017 年为 0 件。辽宁省民事案件数量在 2017 年就达 306, 953 件，2016 年数量为 310, 763 件，年均审理民事侵权案件 5. 4 件，大气污染侵权诉讼案件仅占民事案件比例的 0. 00437%。

2. 时间

从案件发生时间上看，在上述全部案件中，2013 年占比为 8%，2015 年占 70%，2016 年占 22%（见图 4 – 6）。可以看出，2015 年较其他年份的案件数量猛增，究其原因应该与 2015 年开始实施新颁布的《环境保护法》，该法对雾霾等大气污染作出了更多有针对性的规定。例如，2015 年国家建立跨行政区域的重点区域、流域环境污染和生态破坏联合防治协调机制；国家促进清洁生产和资源循环利用等新措施对案件数量有很大的影响。过了 2015 年，案件数量又开始明显减少，年均只有 5. 4 件。

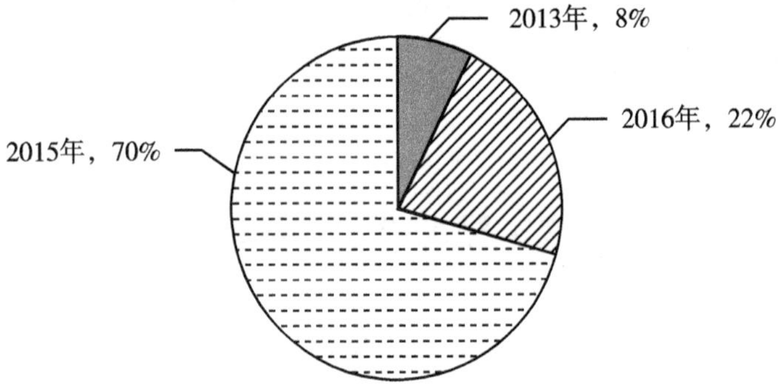

图 4 – 6　案件发生时间

（二）案件发生地区

辽宁省 2013 ~ 2017 年的大气侵权案件发生的地区中农村和城市地区污染大体占比例相同。我国目前城镇化水平、农业现代化程度都越来越高，有很多的工业园区建在农村地区，由城镇向农村污染转移的趋势越来越明显。很多高污染、高排放的企业建在了农村，这些企业环保设施普遍落后，许多不经过处理就直接排放废气、废水，严重污染了周围农村农民的农田和饮水。

结论：从污染区域来看，农村和城市地区的大气污染受害程度均为严重。

（三）原告

在27起案件中，原告为公民个人的案件数量为17件，占总量的62.9%；原告为企业的案件数量是4件，占总量的14.8%；原告为群众性自治组织居委会和村委会的案件数量为1件，占总量的3.7%。同时一个很明显的问题是，提起诉讼的大多是个人、企业这些私益主体，公益主体提起诉讼的比例很小。在27起诉讼中只有1起公益诉讼。

结论：辽宁省主要的大气污染侵权的案件的原告多为个人，通过提起私益诉讼维护自己的合法权益。

（四）被告

在辽宁省的27件大气污染侵权案件中，被告为企业的案件数量为24件，占总量的88.8%，其余的为个人和居委会。可以看出，在辽宁省，对大气污染破坏最严重的为企业。企业作为社会中的很重要的一部分，作为社会物质财富的创造者，在为社会创造巨大财富的同时应该兼具社会责任，维持生态环境的平衡，可是一些企业只顾着追求物质财富却没有注重对环境的保护。

企业在赔偿原告的经济损失的同时，受到了行政上的处罚，如责令停产停业、吊销营业执照。企业和个人若违反相关法律法规，实施的排放倾倒和处置行为严重破坏了环境，则可能构成污染环境罪等相关刑事犯罪，依法也会受到刑事处罚。

结论：辽宁省大气污染案件被告多为企业，可以看出企业在创造社会财富的同时也带来了严重的大气污染。

（五）大气污染物的类型

1. 污染物种类

通过对样本的分析，辽宁省的大气污染的污染物种类大部分是由多种污染物染的类型中出现次数频繁的为氟化物、二氧化硫、粉尘等。（见图4－7）

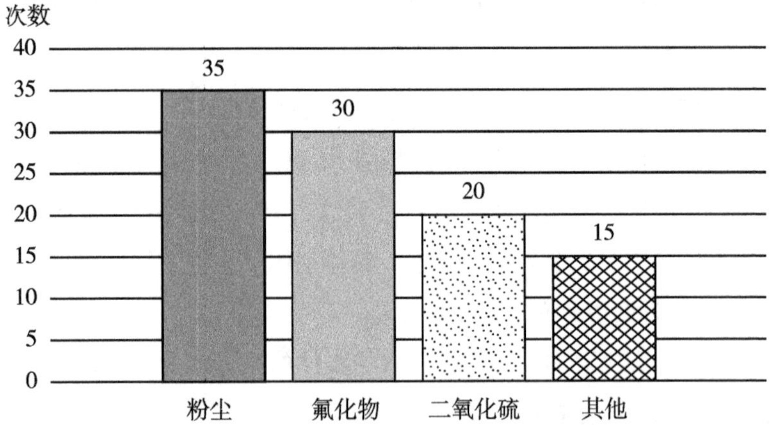

图 4-7　污染物类型

结论：辽宁省的大气污染类型仍然以煤烟为主，但是逐渐向复合型大气污染转变。

2. 污染物来源行业

通过对样本的统计和分析，污染物来源行业最多的是化学原料与化学制品制造业，化工厂中很容易产生氟化物、二氧化硫、二氧化氮等污染物，该行业产生的污染物种类也是最多的，从原料到产品再到生产和使用都会造成很严重的环境污染。另外建筑业、装修业产生污染物也较多，容易产生苯、甲苯、二甲苯、乙苯等污染物会对人体健康造成很大的危害。（见图 4-8）

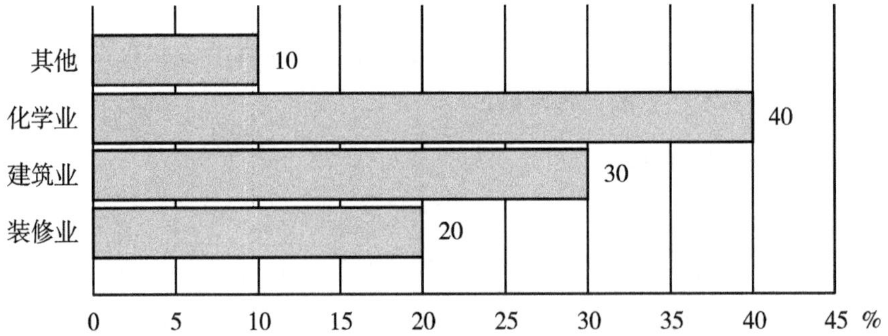

图 4-8　污染物来源行业

结论：化学原料与化学制品制造业是污染物来源最多的行业，说明该行业带来经济增长的同时也带来了很严重的污染。

（六）裁判文书种类

通过对辽宁省大气污染侵权案件2013~2017年来的裁判文书种类进行分析，裁判文书种类分为：判决书、裁定书和调解书。在27个大气污染侵权案件中，有21个判决书、5个裁定书、1个调解书，分别占到全部案件的78%、18%、4%。可以看出，对于有实体性结论的判决书数量是最多的，所占比例最大；裁定书中多为驳回起诉、驳回上诉，准许撤诉的裁定所占比例较小。双方自愿达成的调解书数量是最少的，仅有4%的比例。调解书所占比例小可以看出大气污染环境侵权案件是具有复杂性的，有时候各个主体之间还是双重主体，导致在调解结案这种方式数量很少。环境民事案件的极低调解率表明，环境民事纠纷和其他民事案件相比较矛盾更加尖锐，更加难协调。

结论：民事案件的调解率极低，民事案件的调解率在一定程度上反映了案件当事人的利益冲突程度和让步的空间。①

（七）裁判结果

如前所述，在结案方式上：一是初审：判决、裁定、驳回起诉和调解、准许撤诉；二是二审：改判、驳回上诉、调解、发回重审和撤销原判。在27件辽宁省的大气污染侵权案件中，有16件案件提起上诉，上诉比例为59.2%，上诉率很高。其他资料显示，全国大气污染侵权案件的平均年上诉率为59.4%，② 可以看出，无论是全国还是辽宁省，对于具有复杂性的大气污染侵权案件，当事人不服一审判决提起上诉的比例较高。这种状况下，我

① 吕忠梅、张忠民、熊晓青：《中国环境司法现状调查——以千份环境裁判文书为样本》，载《法学》2011年第4期。

② 数据引用于晋海、赵思静：《大气污染环境侵权实证研究——以124个大气污染环境侵权案件为样本》，载《长白学刊》2016年第4期。

国目前审判机关在处理该类案件的时候消耗了很大的人力、物力、财力，影响了审判效率，同时对审判机关的公信力也会产生影响。但是二审中改判率却很低，大多都是维持原判，驳回上诉。同时还有撤诉案件，而其他案件一般经过初审即结案。通过分析，裁定书的判决结果主要是三种：驳回起诉、驳回上诉、准许撤诉。数量分别为 2 件、1 件、2 件。从总体上来看。在案件的结果上，权利主体进行权利救济是成功的，受害人大部分取得了财产损害赔偿。如图 4 –9 所示，判决结果主要是：驳回原告诉讼请求；驳回上诉，维持原判；赔偿损失。三者所占数量分别是 1 件、16 件、4 件，各自占比 5%、76%、19%。

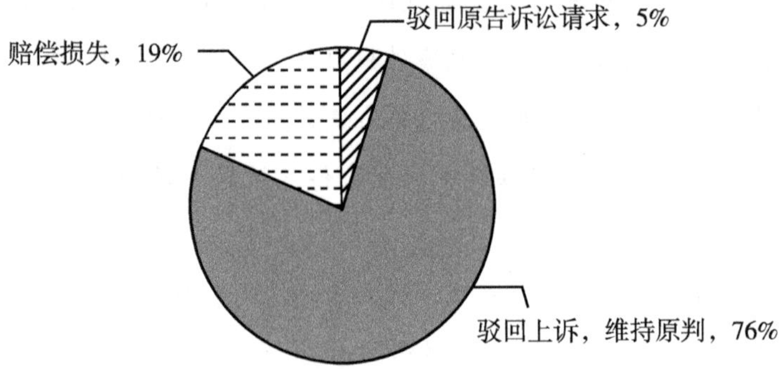

图 4 –9 裁判文书类型

结论：大气污染侵权案件上诉率高，裁定书结果主要是驳回起诉、准许撤诉。判决结果主要是维持原判。

二、辽宁省大气污染侵权纠纷案件中的焦点问题分析

如图 4 – 10 所示，大气污染侵权案件的争议焦点主要集中在举证责任和因果关系、责任承担和鉴定等几个方面，① 分别占比 15. 3%、38. 40%、35. 80%、10. 20%。

① 玉梅：《试论我国民事诉讼举证责任分配原则》，载《学术论坛》1998 年第 3 期。

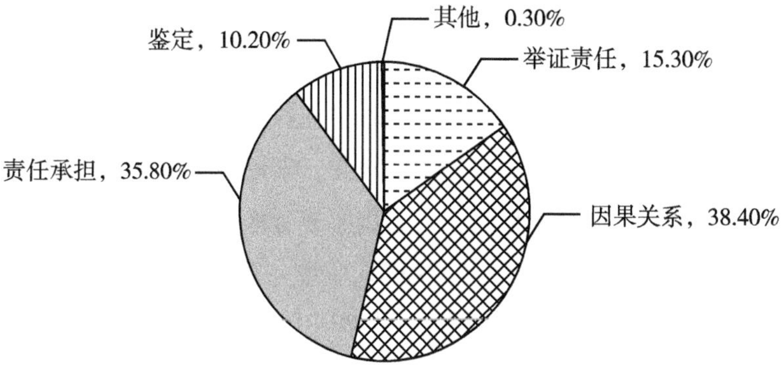

图4－10　争议焦点

（一）举证责任与因果关系

因果关系的争议是最常见的案件争议焦点问题。相关立法没有明确规定因果关系推定的方法，因此，司法实践中对于大气污染侵权案件中的因果关系证明方法并没有统一标准，有的采用举证责任倒置原则，有的采取因果关系推定原则。环境污染侵权属于特殊侵权，举证责任倒置这一方式原告只需要承担侵权行为和损害事实存在的举证责任即可，法律对举证责任的分配要求污染者需要证明自己的损害事实和损害后果之间没有因果关系以及自己的免责事由。辽宁省的27件侵权案件中，能够明确判断出的举证责任方式的案件为20件；运用举证责任倒置的为17件；直接采用因果关系推定的为3件。可以看出，运用举证责任倒置的方式要求承担举证责任的数量最多。

结论：在举证责任的方式上，辽宁省的大气污染侵权案件多采用举证责任倒置。

（二）侵权行为是否存在

侵权行为的存在与否是许多案件的争议焦点。有许多污染企业认为，他们属于达标排污，并且会出示相关的大气环境司法鉴定书来证明不存在对原告的侵权行为。但法律规定污染企业即使属于达标排污，如果并不能证明其自身排污行为与原告损害之间没有因果关系，也是不能免责的。大部分被告属于超标排污，存在给原告造成损害的侵权行为。

环境侵权行为不要求加害人具有违法性，已有明确的法律依据，2015年施行的最高人民法院《关于审理环境侵权责任纠纷案件适用法律若干问题的解释》第1条规定，“因污染环境造成损害，不论污染者有无过错，污染者应当承担侵权责任。污染者以排污符合国家或者地方污染物排放标准为由主张不承担责任的，人民法院不予支持”，所以，在造成污染的危害后果下，无论排污是否达标，排污企业都应该承担相应的责任。

结论：无论是超标排污行为还是达标排污行为都可能会造成侵权行为的发生。

（三）责任的承担

如表4－2所示，27起案件中，原告的诉讼请求为赔偿损失的案件数量为27件，一审支持的数量为25件，二审的数量为21件。可以看出财产赔偿是一种责任主体对权利主体进行的经济性补偿，是民事责任中最普遍适用的，该方式能直接填补受害人的损失。同时，通过对比发现，原告要求的诉讼请求的金额与判决结果相比往往差距较大，诉讼请求的金额是判决结果金额的2倍左右。诉讼请求为赔礼道歉的在一审中数量为2件，二审中为1件，这比其他方式数量要少很多。

表4－2　责任承担方式　　单位：件

诉讼请求	一审数量	一审支持数	二审数量	二审支持数
停止侵害	19	18	18	0
排除妨害	0	0	0	0
消除危险	1	1	0	0
返还财产	0	0	0	0
恢复原状	0	0	0	0
赔偿损失	27	25	21	0
赔礼道歉	2	1	1	0

续表

诉讼请求	一审数量	一审支持数	二审数量	二审支持数
消除影响	0	0	0	0
恢复名誉	0	0	0	0
总计	49	45	40	0

停止侵害的一审数量为19件，一审的支持数量为18件，二审数量为18件，在一审的诉讼请求中占38.7%，在二审的诉讼请求中占45%，可以看出所占比重很大。但在实践中，停止侵害往往难以执行。

在辽宁省的27件大气侵权案件中，法院判决被告恢复原状的数量是0件，说明恢复原状在环境侵权案件中是很难实现的。

通过上述数据发现，民事侵权的救济方式多为赔偿损失、停止侵害、消除危险。但是法院支持原告精神损害赔偿的请求的判决却未见到。可见，在大气污染侵权诉讼中，被告只能得到基本的财产损失赔偿。

结论：民事责任的承担方式多为赔偿损失、停止侵害、消除危险、赔礼道歉，其中赔偿损失的数量最多。①

（四）环境司法鉴定

我国目前的环境司法鉴定制度尚在起步阶段，有很多具体的规定并不完善。但是有许多案件的争议焦点却集中在了环境的司法鉴定上，异议多为司法鉴定机构有无资质等问题。同时，大气污染的司法鉴定并不是单一存在的，各个司法鉴定机构出具的司法鉴定书可能直接影响因果关系的断定、举证责任的承担等其他重要方面。

例如，周某诉益春釉彩加工厂排污对其农作物损害一案，一审判决益春釉彩加工厂败诉，益春加工厂上诉称鉴定机构出具的鉴定意见不具有证明力，不能作为定案依据，而此鉴定意见直接关系到因果关系的断定，决定了原告

① 张式军：《以环境公益诉讼破解环境行政执法难——首例大气污染环境公益诉讼案核心问题之法律分析》，载《环境保护》2015年第15期。

是否能胜诉。所以环境司法鉴定制度是影响大气污染案件处理的很重要的一个因素。

结论：在辽宁省的27件大气侵权案件中，就有4件案件争议焦点是司法鉴定环境，说明司法鉴定在处理大气污染侵权案件时是一个很重要的因素。

第四节　辽宁省大气污染诉讼实证分析（2018～2023年）

本节将以中国裁判文书网收集的裁判文书为样本，对2018～2023年辽宁省各级法院审结的全部大气污染侵权案件进行实证分析，研究审判实践中遇到的问题，通过相应的数据梳理，与2013～2017年的数据相比较，总结出辽宁省大气污染侵权诉讼的变化与特点。

一、辽宁省大气污染侵权诉讼案件基本情况分析

（一）案件数量与时间

1. 数量

中国裁判文书网数据显示，2018～2023年，辽宁省内法院共审结38件辽宁大气污染侵权案件。其中，2018年的案件数为4件，2019年为14件，2020年为8件，2021年为4件，2022年为2件，2023年为6件。与辽宁省每年数十万件的民事案件数量相比，大气污染侵权案件的数量明显较少。

2. 时间

从案件发生时间上看，2018年占全部案件总数的比为10.5%、2019年占比36.8%，2020年占比21%，2021年占比10.5%，2022年占比5.3%，2023年占比15.8%。可以看出，除2019年案件稍多外，其他年份的大气污染侵权案件趋于稳定。甚至可以说近五年来，大气环境侵权的案件数量都较为稳定。近十年内唯有2015年因开始实施新颁布的《环境保护法》，该法对雾霾等大气污染作出了更多有针对性的规定的缘由，案件数量猛增。而从

2018年至今，案件数量都较为平稳。（见表4－3）

表4－3 案件数量

项目	2018年	2019年	2020年	2021年	2022年	2023年
案件数量/件	4	14	8	4	2	6
案件占比/%	10.5	36.8	21	10.5	5.3	15.8

（二）案件发生地区

辽宁省2018～2023年的大气侵权案件发生的地区中，农村和城市地区污染大体占比例与之前数据大致相同。

从污染区域看，农村和城市地区的大气污染受害程度均为严重。

（三）原告

在38件案件中，原告为公民个人的案件数量为24个，占总量的63.1%，原告为企业的案件数量为12件，占总量的31.5%，原告为环保组织的案件数量为2件，占总量的5%。同时一个很明显的问题是，提起诉讼的大多是个人、企业这些私益的主体，公益主体提起诉讼的比例很小。在27起诉讼中只有2起公益诉讼。

与2013～2017年相比，辽宁省主要的大气污染侵权的案件的原告仍以个人居多，通过提起私益诉讼维护自己的合法权益。

（四）被告

在辽宁省的38件大气污染侵权案件中，被告为企业的案件数量为29件，占总量的76.3%，其余的为个人和居委会。可以看出，在大气污染侵权案件中，被告多为企业。

（五）大气污染物的类型

通过对样本的分析，辽宁省的大气污染的污染物种类大部分是由多种污染物构成，单一污染物造成的大气污染的数量较少。辽宁省的大气污染的类型中有10余种污染物，出现次数频繁的为氟化物、二氧化硫、烟尘、二氧化氮等。

与2013～2017年的数据相比，辽宁省的大气污染类型仍然以煤烟为主，但是逐渐向复合型大气污染转变。

（六）裁判文书种类

通过对辽宁省大气污染侵权案件近五年来的裁判文书种类进行分析，裁判文书种类分为判决书和裁定书。在38件大气污染侵权案件中，有29篇判决书、9篇裁定书，分别占到全部案件的约76%、24%。可以看出，有实体性结论的判决书数量是最多的，所占比例最大；裁定书中多为驳回起诉、驳回上诉，准许撤诉的裁定所占比例较小。但还可以发现的是，38篇法律文书中没有调解书这一类型。

与2013～2017年相比较，大气污染侵权案件的调解率仍然极低。

（七）裁判结果

如前所述，在结案方式上，一是初审：判决、裁定、驳回起诉和调解、准许撤诉；二是二审：改判、驳回上诉、调解、发回重审和撤销原判。在38件辽宁省的大气污染侵权案件中，二审案件为18件，比例为47.3%，上诉率很高。通过分析，法律文书的判决结果主要为两种（见表4－4），分别为：驳回起诉、驳回上诉。数量分别为14件、4件，而所有的案件均以驳回上诉维持原判结束。但值得一提的是，裁定书的判决类型具有一定的特殊性，因4篇二审裁定书的一审法院均认为应当驳回起诉，而二审维持原判的行为其本质上也是在认可驳回起诉的决定，但因审级不同，表述有所差异，因此将其归纳入驳回起诉的案件类型。

表4－4　裁判结果

文书类型	文书数量/件	驳回起诉数量/件	驳回上诉数量/件	驳回起诉占比/%	驳回上诉占比/%
判决书	14	0	14	0	100
裁定书	4	4	0	100	0

结论：大气污染侵权案件上诉率高，裁定书结果主要是驳回起诉、判决书结果主要是驳回上诉，且均维持原判。

二、辽宁省大气污染侵权纠纷案件中的焦点问题分析

如前所述，2013~2017年大气污染侵权案件的争议焦点主要集中在举证责任和因果关系、责任承担和司法鉴定等几个方面，[①] 2018~2023年的大多数案件仍围绕上述争议焦点。

（一）举证责任与因果关系

从表4-5中可知，举证责任承担问题的出现最为频繁，其次是责任承担问题以及侵权行为是否存在的问题，以及涉及诉讼主体的极个别因素。

表4-5 争议的焦点

争议焦点类型	提及次数/次	出现频率/%
举证责任与因果关系	30	78.9
侵权行为是否存在	24	63.1
侵权责任承担	27	71
其他	4	10.5

结论：在举证责任的方式上，辽宁省的大气污染侵权案件多采用举证责任倒置的方式，但司法实践中部分运用仍有待改善。

（二）责任的承担

因2018~2023年中的18篇二审法律文书均支持原判决，未有改判情况，因此本节主要针对一审判决中的侵权责任承担问题进行整理分析。（见表4-6）

表4-6 诉讼请求类型

诉讼请求	一审数量/件	一审支持数/件
停止侵害	5	2
排除妨害	3	2
恢复原状	2	2

① 玉梅：《试论我国民事诉讼举证责任分配原则》，载《学术论坛》2010年第3期。

续表

诉讼请求	一审数量/件	一审支持数/件
赔偿损失	13	8
赔礼道歉	2	1
总计	25	15

20 件案件中，原告的诉讼请求为赔偿损失的案件数量为 13 件，一审支持的案件数量为 8 件，原告要求的诉讼请求的金额与判决结果相比往往差距较大，诉讼请求的金额是判决结果金额的 2 倍左右。诉讼请求为赔礼道歉的在一审中数量为 2 件，这比其他方式数量要少很多。

停止侵害的一审案件数量为 5 件，一审的支持数量为 2 件，可以看出也占据一定的比例。

在辽宁省的 20 件大气侵权一审案件中，法院判决被告恢复原状的数量仅为 2 件，虽然比 2013 ~2017 年的统计增加了 2 件，还是说明了恢复原状在环境侵权案件中是很难实现的。

结论：民事责任的承担方式多为赔偿损失、停止侵害、赔礼道歉，其中赔偿损失的数量最多，恢复原状最少。

（三）环境司法鉴定

鉴定意见直接关系到因果关系的断定，决定了原告是否能胜诉。所以，环境司法鉴定制度是影响大气污染案件处理的一个重要因素。在大气污染环境损害鉴定中，大气环境污染损害的溯源一直是一个技术难点，大部分案件的争议焦点都集中在了鉴定上面。例如，在一起大气污染责任纠纷案中，首先被告在二审期间提出，虽然鉴定机构出具了鉴定意见，但是该鉴定意见无论是从程序上还是从实体上，都与实际情况明显不符。其次，原告申请的是价值评估，而鉴定人员持有的资质是价格评估司法鉴定，资质不符。最后，双方共同选定了新的鉴定机构重新进行鉴定，但因被告未缴纳鉴定费用，也未在规定期限内证明其行为与原告的损害后果之间不存在因果关系。最终法院依照有异议的鉴定意见判定原告胜诉。

综上，鉴定意见关乎赔偿数额和因果关系的断定，某些情况下决定了哪一方能够胜诉，是处理复合型大气污染侵权案件时的一个重要因素。

结论：在辽宁省的38件大气侵权案件中就有11件案件涉及司法鉴定问题，说明司法鉴定在处理大气污染侵权案件时是一个很重要的因素。

三、与2013~2017年案件数据对比

（一）时间层面对比

根据裁判文书网2013~2017年辽宁省的案件数据与现阶段案件数据对比可以看出：

首先，从案件数量上看，2013~2017年5年内共有大气污染侵权裁判文书27篇，而2018~2023年的6年内共有裁判文书38篇，可见近年来有关大气污染的侵权案件数量有所上升。

从时间分布上比较，2013~2017年，裁判文书主要分布在2015年，文书数量较为集中，但2018~2023年，法律文书的分布年份较为均匀。

（二）诉讼主体层面对比

从诉讼主体上看，2013~2017年5年内裁判文书中的原告为公民个人的案件数量为17件，占总量的62.9%，原告为企业的案件数量是4件，占总量的14.8%，公益组织占比为1个。这种情况与2018~2023年的数据相似，公民为诉讼原告的占比较大，且公益组织为原告的占比较小。

从被告方面看，两个时间段内的被告类型占比也大抵相似，均为企业占比数量大，个人占比数量小。究其原因，还要回到大气污染侵权的特殊性，企业作为排污行为的主要主体，其对环境造成的损害远高于公民个人，因此，被告以企业为主的情况也能够预料。

（三）污染类型对比

辽宁省作为东北老工业区的一部分，其内部存在大量的化工业、制造业、建筑业以及金属冶炼企业，由此产生的煤烟以及其他化合气体最终导致辽宁省大气污染环境现状。虽然属于两个不同时间段内的案件，污染类型却十分

相似。因此，除了在法律层面探讨辽宁省大气污染的问题外，辽宁省的产业转型与高质量绿色发展问题也值得引起各方的深刻思考。

（四）裁判结果对比

从裁判结果上来看，二审案件的驳回上诉率持续走高，在14篇二审判决书中，驳回上诉原判的比例达到了100%，且相较于2013～2017年的裁判文书，2018～2023年裁判文书没有出现准许撤诉的情况。且相较于前一时期，也没有出现调解的情况，充分体现出大气环境侵权案件的复杂性和利益冲突。在环境侵权案件中，往往容易出现侵权事实认定困难以及举证责任不明的情况，对于侵权企业的责任追究是非常困难的。

（五）案件焦点问题对比

从案件争议焦点之一的举证责任分配角度来看，2013～2017年的27篇法律文书中运用到举证责任倒置的文书有17篇，而2018～2023年，举证责任倒置规则在运用上仍旧不完善，部分案件因原告无法证明被告侵权行为以及因果关系而承担了不利后果。

从诉讼请求支持率上看，2013～2017年的法律文书，诉讼请求涉及停止侵害的有19篇，一审支持数量有18篇。涉及请求损害赔偿的一审数量有27篇，一审支持数量有25篇。而结合上文数据，2018～2023年的诉讼请求支持率明显有所下降。

综上，辽宁省大气污染主要为企业排污等原因造成等复合型大气污染，该类侵权诉讼具有案件数量少、上诉率高等特点，我国大气污染侵权诉讼中普遍存在原告启动诉讼程序和举证困难、环境损害司法鉴定机构准入制度不完善、司法救济不足、司法审判受行政干预力量过大的问题。且这些问题经过数年的发展尚未得到妥善解决。

四、辽宁省大气污染诉讼存在的问题

通过对辽宁省大气污染诉讼近十年裁判数据的分析，我们可以总结出辽宁省的大气污染侵权案件的一般规律。比如，大气污染问题严重但是案件数量却很少，从中得知原告启动诉讼程序、环境司法能动性低等规律，[①] 大气污染案件多存在于化学原料与化学制品制造业这种高税收、高污染行业，可以看出实务中存在审判没有完全独立于行政权、执法不严等现象。[②] 可以看出辽宁省大气污染诉讼中存在以下问题。

（一）原告启动诉讼程序和举证困难

通过对辽宁省的大气污染侵权案件的发生地区、污染物种类、污染物来源行业等方面的分析，可以看出大气污染侵权案件具有很强的复杂性，并且大气污染侵权案件的周期很长，从出现到实际造成损害，有一个很长的潜伏过程，受害人一般不会选择司法程序主张权益。[③] 同时，原告由于举证困难，有时很难找到到底是哪家排污企业对他们造成了损害，这种情况下造成受害主体不会首先选择司法诉讼这种方式来进行救济，所以，大气污染侵权案件的数量要比其他民事案件的数量少很多。

（二）环境司法能动性较低

目前，环境司法在处理大气环境问题中发挥着重要的功能，担负着实现环境正义的任务。通过调查发现，目前辽宁省的大气污染侵权事件的数量逐年增多，但是实际的情况是法院受理的环境侵权案件的数量并不是很多。可以看出目前环境司法能动性较低，并不能真正实现环境司法应该发挥的作用。

（三）环境损害司法鉴定机构准入制度不完善

通过分析可以发现，在辽宁省目前的大气污染侵权案件中，有一部分案件在环境司法鉴定中存在很大的争议，当事人在环境损害司法鉴定机构有无资质方面存在很大的异议，司法鉴定制度的完善与否直接关乎鉴定结论的准确与否。可能在很多案件中，鉴定结论关乎当事人的利益，关乎的受害方主张自

---

① 奉晓政：《资源利用冲突解决机制研究》，载《资源科学》2008 年第 4 期。

② 左秀宏、赵星、安然：《试论我国环境污损司法鉴定机构的建构——以完善环境犯罪的惩治为视角》，载《法学杂志》2010 年第 3 期。

③ 秦天宝、段帷帷：《中国环境侵权案件审理机制的新发展——基于最高人民法院公布的十起案例》，载《武汉大学学报（哲学社会科学版）》2016 年第 11 期。

己的权利能否实现，但是环境损害司法鉴定机构准入制度的不完善是可以直观感受到的一大问题，所以，应该对环境损害司法鉴定机构准入制度进行完善。

（四）司法审判受行政干预力量过大

通过上文对辽宁的大气污染侵权案件的分析发现，大气污染侵权案件数量少，主要集中在化学原料与化学制品制造业。化学原料与化学制品制造业的快速发展给各个地区带来高速经济增长的同时，也带来了严重的大气污染。但是因为高污染行业也带来了地方的高税收，所以在很多地方，为了促进地方发展，存在地方保护现象，使法院不能充分发挥其职能作用。

五、小结

综上，辽宁省大气污染主要为企业排污等原因造成等复合型大气污染，该类侵权诉讼具有案件数量少、上诉率高等特点。我国大气污染侵权诉讼中普遍存在原告启动诉讼程序和举证困难、环境损害司法鉴定机构准入制度不完善、司法救济不足、司法审判受行政干预力量过大的问题。

第五节　我国城市复合型大气污染诉讼的特点及问题

一、我国大气污染侵权诉讼类案件梳理

从最高人民法院发布的《中国环境司法发展报告（2021）》中可以看出，2021 年相较于 2020 年环境侵权案件在数量上明显增长，但是在地域分布、主体类型、污染行为等方面基本相同。环境侵权案件的污染类型呈现混合性特征，混合污染性案件数量最多，占比 29.55%，① 其中大气环境污染类型的

① 《最高人民法院发布〈中国环境司法发展报告〉》，载中华人民共和国最高人民法院网 2022 年 6 月 5 日，https：//www. court. gov. cn/xinshidai－xiangqing－361301. html。

混合型污染案件出现的频次最高，究其原因是大气环境污染具有复杂性、广泛性、间接性等特点，导致大气环境污染侵权的案件占比较多。在司法实践中，环境侵权诉讼案件的迅速增加，大气环境污染侵权作为环境侵权的一员，也逐渐引起了社会公众的广泛关注。本节以中国裁判文书网的数据作为研究对象，关键词为"大气污染责任"，节选了 2011～2021 年大气环境污染侵权纠纷产生的诉讼案例，为了确保案件数量统计的科学性，当一个案件同时存在一审、二审、再审等多种情况时，以案件审结年份的最终裁判结果为准进行统计。①

（一）大气环境污染侵权诉讼案件的诉讼主体

在 2013～2023 年这十年的大气环境污染侵权诉讼中，以公民个人为原告主体时，企业为被告时的案件数量为 89 件；公民个人为被告的案件数量为 12 件。当以企业为大气环境污染侵权纠纷的原告时，被告是企业的案件为 25 件，被告是公民个人的案件为 0 件。可以明显地看出，公民个人和企业是提起大气环境污染侵权私益诉讼的主体。其中，大气环境污染侵权诉讼以公民个人为原告、企业为被告的案件较多，当产生大气环境污染侵权的情况时，公民个人的健康权和生命权最先也最容易遭受侵害，而企业由于拥有较强的经济实力和科学技术，比较容易应对和预防大气环境污染侵权状况的发生。此外，在公民个人为原被告的 12 件大气环境污染侵权诉讼案件中，除 5 件撤回起诉和被驳回诉讼请求的案件以外，原告都以侵害其相邻关系为由进行起诉。例如，在 2018 年庞某某与俞某某大气污染责任纠纷一案中②，南京市中

① 晋海、赵思静：《大气污染环境侵权实证研究——以 142 个大气污染环境侵权案件为样本》，载《长白学刊》2016 年第 4 期。

② 2017 年 12 月，俞某某购买的小松鼠牌冷凝式燃气暖浴两用炉排放废气的管道位于庞某某房屋厨房窗户口的下方，长期排放的白色烟气系一氧化碳和氮氧化物有毒物质，对上诉人及其家人的人身和财产安全造成了安全隐患，南京市中级人民法院认为二人作为同一幢楼同一单元的上下层的邻居，应当按照有利生产、方便生活、团结互助、公平合理的精神，正确处理通行、通风、采光等方面的相邻关系。相邻当事人之间一方正当行使权利时，另一方负有一定程度的容忍义务，但是该容忍限度不能超过一般人可容忍的限度，如果超出可容忍的限度，则需要打破一般原则对受侵犯的利益给予必要的保护，最终作出了俞某某停止侵害、排除妨碍的裁定。

级人民法院对侵权人俞某某以侵害相邻关系为由作出了停止侵害、排除妨碍的裁定。

（二）大气环境污染侵权诉讼案件发生的时间和数量

中国裁判文书网的数据显示，2011～2021年，全国法院共受理了6353件环境污染侵权纠纷案件。其中排除相同案由、重复起诉的案件以后，以大气环境污染侵权纠纷为案由的有效案件是126件，年均审理大气环境污染侵权12.6件，所占环境污染侵权纠纷案件的比例约为1.9833%。从案件整体的审结年份上看，2015～2016年大气环境污染侵权案件呈上升趋势，但是从2016年以后审结案件的数量呈下降趋势。可以看出，2016年较其他年份的案件数量猛增，究其原因，应该是《环境保护法》《大气污染防治法》进行了修订，使大气环境污染侵权的有关规定有了较为明确的法律条文。例如，在大气环境污染侵权纠纷责任承担方式上规定了无过错责任。[①] 另外，各个省市都相继出台了有关大气污染防治的条例，以及实行跨区域的大气污染防治联合机制的政策。同时，我国在2016年实施了关于“大气污染十条”的政策，[②] 各省市都相继出台了关于大气污染防治实施计划的通知，这在一定程度上影响了案件审理的数量，使2016年出现了较多的大气环境污染侵权的案件。

（三）大气环境污染侵权诉讼案件的发生地区

近十年以来，我国各省市普遍出现了大气环境污染的现象，仅西藏、新疆等个别省份未受到大气环境污染的影响。在各省市审结的大气环境污染侵权诉讼案件中，江苏省审结的大气环境污染侵权纠纷案件占统计数据比重的25.20%，所占比例最大，安徽省、辽宁省次之。江苏省大气环境污染侵权审结案件最多的原因是，江苏省大气污染已经进入复合型污染阶段，并且其钢

① 崔金星、熊佳、吕美佳：《〈民法典〉视野下环境民事责任的体系化构建》，载《浙江海洋大学学报（人文科学版）》2021年第4期。

② 《〈大气污染防治行动计划〉实施情况中期报告》，载中华人民共和国生态环境部网，https：//www.mee.gov.cn/ywdt/hjywnews/201607/t20160706_357205.shtml。

铁等重点行业污染日益严重，城镇化水平发展迅速，这是大气环境遭受污染的根本原因，同时其出台的大气环境污染防治条例也最为严苛，这导致大量的大气环境污染侵权诉讼案件的发生。① 我国近十年来经济发展迅速，工业化水平逐渐提升，各个企业为了获取经济效益不得不向大气排放污染物，由于大气环境污染具有复杂性、间接性、潜伏期限长等特点，所以，各省市在追求经济发展的同时大气环境质量逐渐下降，将危害结果再次作用于人类。②

从大气环境污染的区域来看，各省市都相继出现了大气环境污染损害，经济发展水平高低与发生大气环境污染侵权纠纷案件数量成正比，经济发达城市发生大气环境污染侵权诉讼的案件较多，经济欠发达的省市发生的大气环境污染侵权纠纷案件的数量比较少。

（四）大气环境污染侵权诉讼案件的诉讼结果

1. 大气环境污染侵权诉讼案件裁判文书的种类

通过对近十年来调查的大气环境污染侵权纠纷案件的裁判文书种类进行分析，如图 4 - 11 所示，大气环境污染侵权诉讼的裁判文书种类分为判决书、裁定书和调解书。大气环境污染侵权诉讼一审的案件有 79 件，占总体调查大气环境污染侵权案件总数的 62.70%；二审案件有 47 件，占总体案件总数的 37.30%。大气环境污染侵权诉讼以调解的方式进行结案的仅有 1 件，为 2013 年某液压件制造有限公司诉湖南省某塑钢管有限公司大气污染纠纷案③。可见，因大气环境污染潜伏期间长，对于其因果关系的认定比较复杂，所以，其产生的矛盾纠纷比较尖锐，难以协调。此外，还可以看出，大气环境污染侵权诉讼多以判决和裁定进行结案。大气环境污染侵权上诉的案件的原因主

① 江苏省生态环境厅：《我省制定最严大气污染防治法规》，载江苏省生态环境厅网 2014 年 7 月 23 日，http：//sthjt. jiangsu. gov. cn/art/2014/7/23/art_84025_10208003. html。

② 胡杉杉、孙洪坤：《环境司法审判“特性”的实证研究——以 163 份裁判文书为分析样本》，载《中国环境管理干部学院学报》2018 年第 2 期。

③ 2011 年 12 月，因被告湖南省某塑钢管有限公司的生产车间对盐酸酸雾的排放处理不当，盐酸酸雾渗入原告某液压件制造有限公司的车间，对原告车间的成品、半成品及其他设施、设备产生了严重的腐蚀。双方达成和解，被告湖南省某塑钢管有限公司一次性赔偿原告某液压件制造有限公司环境污染损失 20 万元。

要有以下四种：一是举证责任分配不当；二是侵权行为与损害结果之间的因果关系认定错误；三是对于损害赔偿数额以及承担的比例计算错误；四是对于鉴定机构的资质和鉴定结论存在疑问。因大气环境污染侵权诉讼中对“大气污染侵权”的内涵理解不清晰、举证责任分配的特殊性以及因果关系认定复杂等原因，上诉案件也比较多。这样的现象不仅拖累司法审判的效率，浪费司法资源，给当事人带来诉累，还在一定程度上影响了大气环境污染侵权案件审判的公信力。①

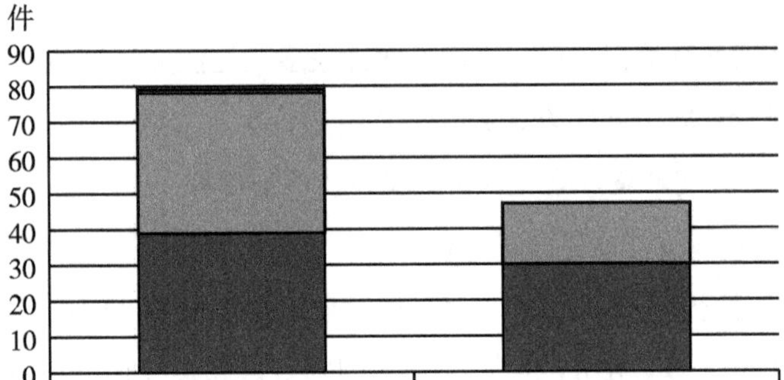

	民事诉讼一审	民事诉讼二审
□调解书	1	0
■裁定书	39	17
■判决书	39	30

图 4－11　裁判文书的种类

从全国范围来看，大气环境污染侵权诉讼的调解率比较低，由此可知，大气环境污染产生的矛盾比较尖锐。大气环境污染侵权诉讼调解非常困难，是大气环境污染侵权诉讼案件审判中的难点。以判决和裁定进行结案的方式是解决大气环境污染侵权纠纷的主要途径。大气环境污染侵权诉讼一般都会进行上诉，这显示出被侵权人关联性举证与因果关系存在混淆、鉴定

① 刘超、陈梓铭：《环境侵权司法裁判的实践、规律与展望——基于2021年环境侵权案例的统计分析》，载《湖湘法学评论》2022年第2期。

机构与司法认定标准不一致以及大气环境污染侵权责任的承担方式比较单一等问题，同时，这在一定程度上显示出我国环境司法审判的能动性比较低。

2. 大气环境污染侵权诉讼案件的裁判结果

一审裁判结果显示，大气环境污染侵权诉讼一审的裁判结果（见图4－12）有裁定撤回起诉、裁定不予受理、裁定驳回起诉、判决驳回诉讼请求、判决赔偿、调解、裁定管辖权异议；二审的裁判结果（见图4－13）有驳回上诉，维持原判决、裁定；撤销原判决、裁定，发回重审；用判决、裁定方式改判、撤销、变更。在调查的大气环境污染侵权诉讼的案件中，一审撤回起诉的案件所占比例最高，撤诉率较重，原因是被侵权人由于经济水平低和自身的法律意识不强导致出现撤诉。另外，从大气环境污染侵权诉讼一审裁判结果整体上来看，胜诉率不高，判决原告胜诉且能够获得赔偿比例为27%，所占比重较小。原告败诉的原因主要是不能证明大气环境污染与侵权事实之间具有因果关系。大气环境污染侵权纠纷案件中，确定因果关系十分复杂，是现实司法审判中的难点。大气环境污染潜伏期较长，对人类的身体健康的损害和财产损害往往经过一段时间以后才显现出来，原告仅能证实具有损害，而无法证实其与大气环境污染的相关性，最后面临败诉的结果。[①] 此外，在大气环境污染侵权诉讼的二审案件中，驳回上诉，维持原判决、裁定所占比例最大，从案件裁判结果整理出来的数据来看，提起上诉的情况大致分为两种：一是在一审中判决被告赔偿原告经济损失，被告因为赔偿经济损失数额较大因此提起上诉；二是一审裁定驳回原告的起诉和判决，驳回原告要求被告承担侵权责任的诉讼请求。这显示出我国目前审判机关在处理环境污染侵权的案件中消耗了很大的人力、物力和财力，影响了案件的审判效率。

① 叶锋：《新司法解释视域下环境侵权责任因果关系的反思与重构——以120份民事判决书为分析样本》，载《法律适用》2016年第4期。

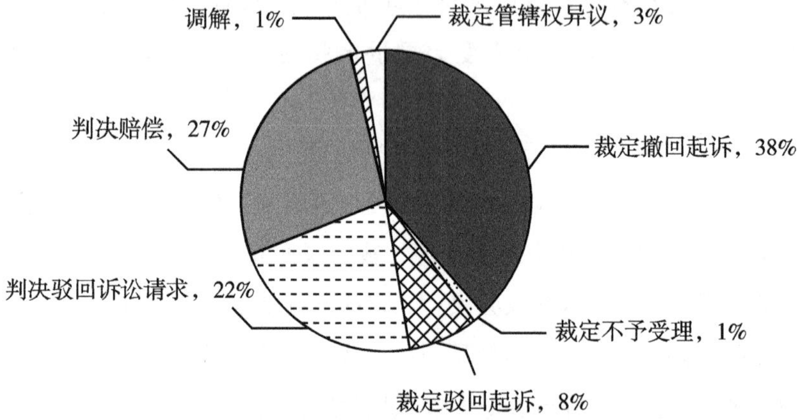

图4－12　一审裁判结果

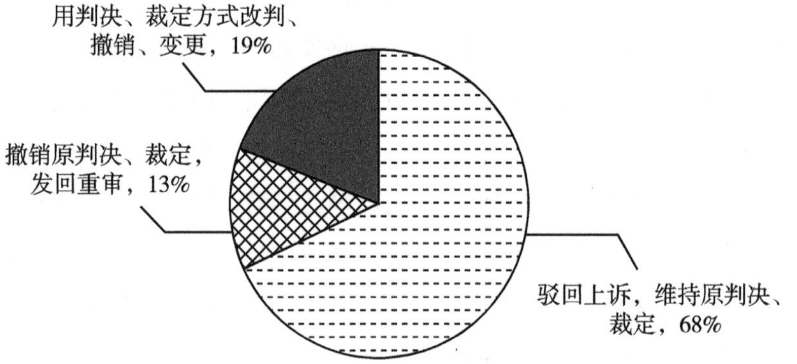

图4－13　二审裁判结果

按照上面的分析，可得出结论：大气环境污染侵权诉讼的案件的原告胜诉率较低，这显示出实际大气环境污染侵权诉讼的审判中，大气环境污染侵权行为与损害结果之间客观的因果联系认定不明确、比较复杂，存在一定的科学认定空白，被侵权人关联性举证与因果关系举证存在混淆。此外，侵权行为人进行上诉的案件也比较多，上诉率较高，但是上诉的结果大多是维持原判，驳回上诉。

（五）大气环境污染侵权诉讼案件的责任承担方式

通过整理大气环境污染侵权诉讼的一审判决被告承担责任和在二审中驳回上诉、维持一审判决被告承担责任的裁判结果可以分析出，在大气环境污染侵权诉讼案件中，法院判决被告承担经济损害赔偿的责任承担方式已经占据了很大的比重，呈现一种“重视金钱赔偿”的现象。（见图4-14）我国《民法典》第179条规定了11种民事责任承担方式①，但是这些民事责任承担的方式并不能全都适用于大气环境污染侵权纠纷案件，只有赔偿经济损失、停止排放污染物的侵害行为、排除妨害、清除大气环境污染物对身体健康和财产的潜在危险可被视为担负大气环境污染侵权责任的主要方式。例如，在吉林市李某2养蜂场与吉林市某石油化工有限公司环境污染责任纠纷案②、钟某某诉广西玉林市某建材厂等大气污染责任纠纷案等③5个案件中，法院在判决被告承担停止侵害、排除妨碍、消除危险的责任时，并不是单独适用的，而是与赔偿经济损失一并适用。此外，在赵某某诉毕节市某烟草公司威宁县分公司等大气污染责任纠纷案④，郑某与吉某某、李某大区污

① 《民法典》第179条规定：“承担民事责任的方式主要有：（一）停止侵害；（二）排除妨碍；（三）消除危险；（四）返还财产；（五）恢复原状；（六）修理、重作、更换；（七）继续履行；（八）赔偿损失；（九）支付违约金；（十）消除影响、恢复名誉；（十一）赔礼道歉。法律规定惩罚性赔偿的，依照其规定。本条规定的承担民事责任的方式，可以单独适用，也可以合并适用。”

② 2011~2012年，被告某石油化工有限公司在未采取任何环保措施的情况下，违法向空气中直接排放有毒有害气体，致使原告所饲养的蜜蜂全部死亡，侵害了原告的财产权益。最终吉林市船营区人民法院作出一审判决，判决被告某石油化工有限公司对原告李某的养蜂场环境采取消除危险措施；赔偿原告直接的经济损失262,200元。

③ 2013年，被告某建材厂筹建的红砖厂在没有办理营业执照的情况下投入生产，由于该砖厂燃烧大量煤炭，日夜生产，未建排气烟囱以及未配备相应的治污减排设备，排放了大量的含有二氧化硫等有毒成分的废气、粉尘，造成原告种植的剑麻出现死亡绝收、减产、缩短收割期等情形。最终玉林市中级人民法院作出一审判决，判决被告赔偿原告钟某某经济损失329,104.5元；被告广西玉林市某建材厂采取治理废气的排放措施，停止侵害。

④ 2015年，被告毕节市某烟草公司威宁县分公司在原告住所门前修建10所连体烤烟房供村民烤烟使用，由于该烤烟房距原告房屋太近，冒出的浓烟直接吹向原告房屋，导致原告家人呼吸困难，不能正常生活，牲畜也遭受污染，原告多次对被告的排污行为向县环保部门反映，一直未得到处理。最终贵州省普安县人民法院作出一审判决，判决停止对原告赵某某环境权利的侵害，排除侵害（禁止继续使用烤烟房进行烤烟生产）。

染责任纠纷案①等 3 个案件中，法院仅对被告人作出了停止侵害、排除妨害的决定。

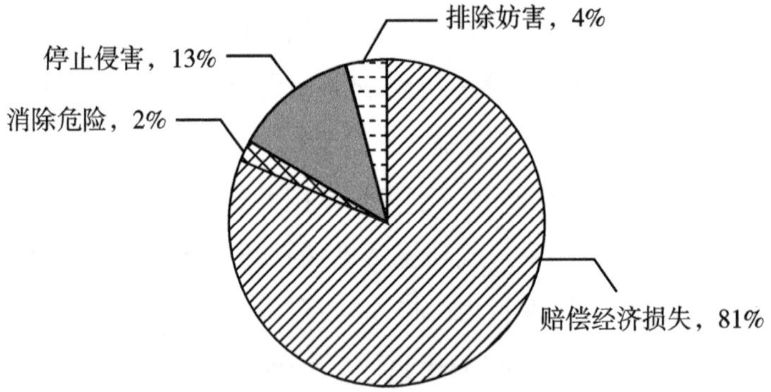

图 4 – 14　责任承担方式

二、我国城市复合型大气污染诉讼的特点

（一）诉讼时间的集中性

诉讼是解决冲突，维护当事人合法权益的一种有效途径。同时，大气质量的好坏与我们每个人的生活权益都有着密切的关系。所以，当人民赖以生存的大气受到污染时，就可以通过诉讼的方式来寻求法律的救济。此外，国家也通过立法的形式对大气污染侵权诉讼进行了进一步的规定。

通过检索中国裁判文书网，可以看出我国大气污染侵权诉讼案件数量于 2016 年激增。因为《环境保护法》和《大气污染防治法》在 2015 年进行了修正，因此，诉讼时间集中在这一时期。

（二）诉讼主体的普遍性

现阶段，我国仍然没有改变以煤为主的能源结构，燃烧产生的二氧化硫

① 2015 年，吉某某与李某某所经营的饭店向大气排放二氧化硫等有毒有害气体，并且向大气排放油烟，致使原告长期吸入有毒有害气体，身体受到损害。原告要求被告采取防治污染的措施，被告不予理睬。最终云南省永德县人民法院作出一审判决，判决被告吉某某所经营的饭店停止燃烧蜂窝煤，并保证今后不再以蜂窝煤作为燃料。

等污染物仍然是主要的污染物，臭氧和颗粒物细粒子等二次污染问题也接踵而至，生态污染严峻。[①] 此外，人们生活水平的提高，导致汽车尾气大量排放。大气污染物种类的复杂性、多种污染物的结合反应就形成了城市复合型大气污染。基于大气的流动性和跨区域性，我国城市复合型大气污染诉讼的主体就具有了普遍性。

（三）诉讼请求的单一性

根据最高人民法院《关于审理环境民事公益诉讼案件适用法律若干问题的解释》第 18 条[②]的规定，大气环境污染侵权责任承担的方式主要有 6 种。同时，通过检索中国裁判文书网，可以看出大气污染诉讼案件中，原告的诉讼请求多为请求被告赔偿其损失，占比 100%。

因此，金钱赔偿是弥补被侵权人损失的主要方式。与其他的方式相比，被侵权人直接取得金钱赔偿更利于修复或还原自己因被告的侵权行为所遭受的损失。同时，根据上文所述，大气环境污染的侵权人多为企业，企业作为社会物质财富的创造者，金钱赔偿的直接给付性相较于让其以消除危险、排除妨害、恢复原状等方式来承担民事责任更易于监督实施。在大气污染侵权诉讼案例中，原告的诉讼请求多为请求被告赔偿损失。

（四）案件上诉率较高

其他资料显示，全国的大气污染侵权案件的平均年上诉率为 59.4%，[③] 比例已超过半数。可以看出，在大气污染侵权案件中，大部分的当事人是不服一审判决的。大气污染侵权案件的上诉原因主要包括以下四种：（1）当事人对举证责任的分配方式存在异议；（2）侵权人认为其侵权行为与被侵权人

---

① 王爱群、陈子君：《城市复合型大气污染侵权责任初探》，载《大连大学学报》2016 年第 5 期。

② 最高人民法院《关于审理环境民事公益诉讼案件适用法律若干问题的解释》第 18 条规定：对环境污染、破坏生态，已经损坏社会公共利益或者具有损害社会公共利益重大风险的行为，原告可以请求被告承担停止侵害、排除妨碍、消除危险、恢复原状、赔偿损失、赔礼道歉等民事责任。

③ 晋海、赵思静：《大气污染环境侵权实证研究——以 142 个大气污染环境侵权案件为样本》，载《长白学刊》2016 年第 4 期。

所诉的损害后果之间没有因果关系，对其具有因果关系的认定存在异议；（3）对案件中鉴定机构的鉴定资质与鉴定结果有异议；（4）对于赔偿数额和计算赔偿数额的方式存在异议等。

通过检索中国裁判文书网数据可以看出，在大气污染侵权诉讼案件中，仅有1个案件当事人没有上诉，当事人不服一审判决提起上诉的比例较高。但是二审的改判率却很低，大多都是维持原判，驳回当事人的上诉。

（五）诉讼判决差距较大

财产赔偿是一种责任主体对权利主体进行的经济性补偿，是民事责任中最普遍适用的，该方式能直接填补受害人的损失。与其他的民事责任承担方式相比，财产性的赔偿是最为直接的。

通过检索中国裁判文书网可以看出，原告诉讼请求中的财产金额与法院的判决结果差距较大，一般是差2倍左右。仅有1个法院的判决数额超过了原告的诉讼请求。此外，原告要求被告停止其侵权行为，法院的判决结果均未予支持，原告的诉讼请求与法院的最终判决结果往往差距较大。①

（六）判决多调解少

通过检索中国裁判文书网可以看出，大气污染侵权诉讼案件中，法院的结案方式较为一致，大多都是以裁决书或判决书的方式来作出的。其中有实体性判决书的数量最多，所占比例最大；裁定书中也多为驳回起诉、驳回上诉。几乎没有以调解的方式来进行结案的。究其原因，可能是因为大气污染侵权案件具有复杂性，与其他的民事案件相比，大气污染侵权案件的矛盾更为尖锐，更加难以协调。

三、我国城市复合型大气污染诉讼存在的问题

（一）侵权主体的不确定性

由于复合型大气污染物的来源具有广泛性，可能是工厂的废气排放，也

① 王爱群、魏梦霞：《大气污染侵权诉讼的实证分析——以辽宁省为例》，载《大连大学报》2018年第4期。

可能是汽车尾气的排放，或者是酸雨、颗粒物等多种污染物结合在一起，共同排放到了大气当中，所以，我国城市复合型大气污染的侵权主体就具有了不确定性。这就导致在我国城市复合型大气污染诉讼的司法实践过程中，侵权人往往会以其行为与被侵权人的损害后果之间因果关系不明来进行质证。例如，侵权人为辽中县茨榆坨镇益春釉彩加工厂的诉讼案件中，被告就辩称原告所在的农地周围有工业区、周边存在较为密集的工厂，即使原告遭受了损失，也不能排除是其他企业排放污染物所致，不能只起诉益春釉彩加工厂一家。如果只起诉益春釉彩加工厂一家，也应举证周围其他加工厂均已被排除污染嫌疑。

（二）被侵权人或损害范围认定的复杂性

如前所述，复合型大气污染的侵权主体具有不确定性，可能不仅只有一个，并且环境的范围也没有明确的界限，这就使复合型大气污染的被侵权人或者被损害的范围认定具有了复杂性，可能涉及一整个区域内的环境。这种被侵权人或损害范围认定的复杂性，大大地增加了大气污染诉讼一系列问题的难度。例如，中国生物多样性与绿色发展基金会与浙江淘宝网络有限公司（以下简称浙江淘宝公司）、深圳市速美环保有限公司（以下简称深圳速美公司）大气污染责任纠纷案中，深圳速美公司在浙江淘宝公司的网站上售卖“年检神器”，帮助尾气不合格的车辆规避年度监测，用弄虚作假的方式实施了污染大气的行为，这严重地损害了大气环境和社会公众的合法利益。同时，网购的便捷性和车辆的流动性，也使该“年检神器”所污染的地点和范围难以最终确定，为审理该案件的法院在认定事实和计算赔偿数额等问题上增加了很多困难。

（三）侵权行为存在的争议性

在复合型大气污染诉讼的司法实践中，有很多企业认为只要自己能够出示相关的排污许可证或者其他能够证明自己是合法、合规经营的证件，而且能够达到所要求的排污标准，就不用对自己的侵权行为承担任何侵权责任。但法律规定即使企业的排污达标，但是如果企业不能证明原告的损害结果与自己的排污行为没有因果关系，也是不能免责的。例如，辽中县茨榆坨镇益春釉彩加工厂的诉讼案件中，益春釉彩加工厂在生产的过程中大量地排放了烟尘污染物，使多户农民的土地和庄稼受到了污染，给当事人造成了严重的损失。但益春釉彩加工厂辩称自己有合法的环境影响评价手续，并且有2014年和2015年的检测报告，均能证明自己不存在排污行为，是合法合规的经营。根据最高人民法院《关于审理环境侵权责任纠纷案件适用法律若干问题的解释》（已失效）第1条①的规定，企业在造成环境污染的情况下，无论其行为是否达标，排污企业都应该承担起相应的责任。

（四）侵权行为和结果关联的困难性

最高人民法院《关于审理环境侵权责任纠纷案件适用法律若干问题的解释》（已失效）第6条规定，对大气环境污染被侵权人请求赔偿时应当提供大气环境污染行为与造成人体健康或者财产损失的结果之间具有关联性的证据，这表明被侵权人需要承担初步的证明责任，但是该证明责任的证明标准需要达到什么程度，没有明确的规定。由于大气环境污染侵权纠纷案件适用的“举证责任倒置”的责任归属原则，由侵权人对侵权行为与损害后果之间不具有因果关系承担举证，但对于该因果关系应该达到何种证明标准并没有合理的规定。实践中对于因果关系认定标准适用不合理导致因果关系认定困难、原告胜诉率低、上诉的案件较多等难题。主要表现为以下两种情形：

一是被侵权人担负起初步的证明责任，但因其所提交的证据材料不符合法院判决标准的要求，而面临着败诉的结果。这样的案例有39件。例如，2015年的蔡某某与温岭市某鞋底厂大气污染纠纷一案中，二审法院认为被侵权人蔡某某应该对其身体健康的损害与侵权人某鞋底厂废气排放之间的因果

① 最高人民法院《关于审理环境侵权责任纠纷案件适用法律若干问题的解释》（已失效）第1条规定：因污染环境造成损害，不论污染者有无过错，污染者应当承担侵权责任。污染者以排污符合国家或者地方污染物排放标准为由主张不承担责任的，人民法院不予支持。

关系承担初步的举证责任。被侵权人蔡某生提供的现有证据，包括病例、检查报告等，都不能显示其身体健康的损害是由大气环境污染侵权引起的，其提供的证据没有达到让法官确信的标准，因此，二审法院维持了一审法院驳回被侵权人蔡某生诉讼请求的判决。

二是侵权人对侵权行为与损害后果之间不具有因果关系承担举证，但其提供的证据未达到法官认定的标准，承担了败诉的风险。这样的案例有 54 件。例如，2019 年的李某某与喀左某材料有限责任公司大气污染责任纠纷案件中，侵权人喀左某材料有限责任公司认为，李某某种植的果园由于位置和距离较远的，且本公司生产过程中的排放物符合国家规定的排放标准，对果树的质量和产量的影响有限，果树的产量下降与排放污染物行为之间不具有因果关系。虽提供了 2018 年和 2019 年废气检测报告，但是法院委托了相关的司法鉴定机构对被侵权人果园进行了实地勘验，结果表示出果树表面的粉尘元素与该公司排放粉尘的元素高度相似，故得出该公司排放的粉尘对果园地造成了污染，法官根据其委托的司法鉴定机构的标准来认定该公司提供的证据与司法鉴定意见不符，最终法院判决侵权人喀左某材料有限责任公司在 10 日内赔偿被侵权人李某某经济损失 68, 114 元。

（五）环境司法鉴定规定的不完善性

在司法实践中，各个鉴定机构出具的鉴定书都有可能直接影响整个案件的裁判结果。但是，由于目前我国的司法鉴定制度仍有许多具体的规定不够完善。所以，在复合型大气污染诉讼的案件中，大部分案件的争议焦点都集中在了鉴定上面。大气污染侵权纠纷案件中，因大气环境污染自身因果关系认定比较困难，所以对于各类大气环境污染损害，相应的鉴定标准、鉴定规则、财产损失范围和程度等，均缺乏相应的具体规范，因此导致各个鉴定机构对于大气环境污染侵权损害后果的认定标准不一致，出现了无法鉴定，或者鉴定损害后果按照一般的财产损失金额进行鉴定的情形。继而就会出现损失鉴定机构与司法认定标准不一致的问题，影响了大气环境污染侵权诉讼的公正结果。实践中有以下三种情形：

一是被侵权人委托的鉴定机构出具的鉴定意见与法院认定的损害标准不一致，依据法院的损失认定标准进行裁判，未能完成举证责任的被侵权人承担败诉的责任。①

二是侵权行为人委托的鉴定机构出具的鉴定意见与法院认定的损害标准不一致，依据法院的损失认定标准进行裁判，未能完成举证责任的侵权行为人承担败诉的责任。②

三是侵权行为人与被侵权行为人双方各自委托鉴定机构，但是双方对彼此的鉴定意见不认可，对法院再次委托的鉴定意见不予认同。③

（六）污染损失赔偿数额计算的困难性

根据《民法典》第1179条④及最高人民法院《关于审理人身损害赔偿案

① 这样的情形在56起案件中有所体现，如李某某诉湖南某矿业有限公司大气污染侵权纠纷一案中，原告即被侵权人委托了中南大学对某矿业有限公司的网岭选矿厂排出的粉尘中的含铁量进行鉴定，得出被告排出的粉尘中的含铁量远超过国家的标准。鉴定意见送到法院以后，因法院对于粉尘污染侵权损害的认定是按照法律规定进行的，其委托的鉴定机构认为中元矿业有限公司的网岭选矿厂排出的粉尘中的含铁量未达到损害标准，两者的鉴定认定标准和规则不同，最终法院根据其鉴定意见作出裁判，驳回了李某某的诉讼请求。

② 这样的情形在39起案件中有所体现，如李某某与喀左某新材料有限公司大气污染责任纠纷一审案件中，侵权行为人即喀左德隆某有限公司出具的两份检测报告法院不予认同，朝阳市中级人民法院司法技术处委托相关司法鉴定机构进行鉴定，得出结论为喀左某材料有限公司排放的粉尘对于原告李某某的果树地、庄稼地造成了污染，法院认为被告的鉴定意见仅限于某一时间段的检测结果，不能证明全部的生产状况符合污染气体排放标准，最终法院判决被告赔偿原告李某某经济损失68,114元。

③ 这样的情形在31起案件中有所体现，如在钟某某诉广西玉林市某建材厂等大气污染责任纠纷一案中，侵权行为人对于钟某某出具的广西壮族自治区分析测试研究中心的鉴定意见不认同，所以法院另行委托广西亚热带作物研究所对原告的剑麻受损程度及与被告的红砖厂排放的废气是否存在因果关系进行鉴定，结果是受到损害的剑麻叶片氟的含量大于对照叶片氟的含量，损失结果比较严重。同时，根据原被告双方共同选定的专家的意见，结果也是损失结果比较严重。法院在判决时是根据自己委托的广西亚热带作物研究所的鉴定意见判决侵权人应承担经济赔偿、消除危险的责任，同时对于被侵权人钟某某的财产损失计算标准与钟某某自行委托的广西壮族自治区分析测试研究中心的计算的财产损失标准也不一致，最终的裁判结果都没有达到被侵权人和侵权行为人的心理预期。

④《民法典》第1179条规定：人身损害赔偿范围：侵害他人造成人身损害的，应当赔偿医疗费、护理费、交通费、营养费、住院伙食补助费等为治疗和康复支出的合理费用，以及因误工减少的收入。造成残疾的，还应当赔偿辅助具和残疾赔偿金；造成死亡的，还应当赔偿丧葬费和死亡赔偿金。

件适用法律若干问题的解释》第 8 条①等的规定，对于普通的人身和财产的侵权，我国有一个基本确定的赔偿数额计算标准。但是对于复合型大气污染，其本身的特点加上其造成的损害往往是一些非财产性的损失，所以在诉讼中，损失赔偿数额往往成为当事人主要的争议焦点之一。例如，北京朝阳区自然之友环境研究所与江苏大吉发电有限公司大气污染责任纠纷案中，被告如何承担环境损害治理成本问题，是本案的争议焦点。法院依法两次委托鉴定机构进行鉴定评估。根据《环境空气质量标准》《环境损害鉴定评估推荐方法（第Ⅱ版）》《生态环境损害鉴定评估技术指南总纲》等规定，利用虚拟治理成本法计算得到的环境损害可以作为生态环境损害赔偿的依据。被告所在区域执行的虚拟治理成本为 3 ~5 倍，所以，南京环境科学研究所就低选取虚拟治理成本的 3 倍认定被告应当承担的赔偿数额。

四、完善大气污染侵权诉讼的建议

（一）简化大气污染诉讼的启动和举证程序

大气污染案件程序的复杂性与立案的严要求性，使原告在很大的程度上被挡在了诉讼的大门外，其诉讼权益得不到有效的保障。为了保障原告的诉讼权益、保护大气环境，司法机关有必要简化相关的诉讼程序，降低举证责任的门槛要求。

（二）提高环境司法功能的发挥

随着工业化水平的提高，我国的大气污染侵权案件数量是不断增长的，但是法院受理的案件却极少，这反映出很大的问题是环境司法的功能没有真

① 最高人民法院《关于审理人身损害赔偿案件适用法律若干问题的解释》第 8 条规定：护理费根据护理人员的收入状况和护理人数、护理期限确定。护理人员有收入的，参照误工费的规定计算；护理人员没有收入或者雇佣护工的，参照当地护工从事同等级护理的劳务报酬标准计算。护理人员原则上为一人，但医疗机构或者鉴定机构有明确的意见的，可以参照确定护理人员人数。护理期限应计算至受害人恢复生活自理能力时止。受害人因残疾不能恢复生活自理能力的，可以根据其年龄、健康状况等因素确定合理的护理期限，但最长不超过二十年。受害人定残后的护理，应当根据其护理依赖程度并结合配置残疾辅助器具的情况确定护理级别。

正发挥。如果环境司法功能发挥的空间增大，侵害者的代价可能会大得多，在提醒其保护环境、阻止相关情况的再次发生方面会有很大的作用。所以，应该提高环境司法功能的发挥。

（三）建立健全环境损害司法鉴定机构准入制度

我国目前的环境损害的司法鉴定机构准入制度刚刚建立，环境损害的司法鉴定工作仍处于初步阶段，尚需要不断完善。环境损害司法鉴定机构是否专业，关系到鉴定结论的准确与否。大量环境污染案件的争议焦点是关于司法鉴定的，同时，在大气污染侵权案件中涉及专业领域的相关鉴定有很多种，其鉴定所需监测、检测、检验、实验设备和实验室条件多种多样，具有很强的复杂性，鉴定机构对专业性的鉴定所得出的结论正确与否很难查证。

2016 年 1 月，最高人民法院和最高人民检察院、司法部联合印发《关于将环境损害司法鉴定纳入统一登记管理范围的通知》，司法部、环境保护部又共同发布《关于规范环境损害司法鉴定管理工作的通知》《环境损害司法鉴定机构登记评审办法》等文件，正式将环境损害鉴定纳入司法鉴定的范畴。截至 2018 年 9 月，经省级司法行政机关登记的司法鉴定机构中专门从事环境损害司法鉴定业务的司法鉴定机构共有 78 家。这些机构集中分布在 17 个省（区、市），还有近半数省份没有专门鉴定机构，尚不能满足包括环境公益诉讼在内的各类环境损害司法鉴定需求。同时，由于科学技术本身的限制，特定类型的环境损害无法鉴定、鉴定周期长、鉴定费用高的问题在今后很长一段时期内难以有效解决。这就要求人民法院一方面合理选择适当的鉴定机构；另一方面还要拓宽证据形式，特别是对于环境资源行政主管部门出具的相关行政文书，国务院环境资源行政主管部门推荐的机构出具的检验报告、检测报告、评估报告、监测数据，经当事人质证，可以作为认定环境侵权案件事实的根据。

第五章

城市复合型大气污染环境公益诉讼

人们片面追求经济的发展而忽视生态环境保护进而带来了环境污染与生态破坏。急迫的环境问题增强了人们的环保意识，然而，传统的诉讼方式及相关法律规定无法应对环境侵权纠纷，此时环境侵权民事公益诉讼制度应运而生。环境公益诉讼起源于美国，其后纷纷被各西方国家所借鉴。本章将对我国城市复合型大气污染环境公益诉讼制度的立法以及司法现状进行分析，从维护公共环境利益的角度对如何完善我国环境侵权民事公益诉讼制度展开思考。

第一节　环境侵权公益诉讼制度概述

环境侵权公益诉讼制度的核心是环境公共利益，且环境侵权公益诉讼有着不同于其他诉讼制度的鲜明特征。

一、环境侵权公益诉讼的内涵

（一）何为环境公共利益

环境公共利益，指的是在环境领域内的不特定的多数人，所享有的与环境相关的公共需求，并通过相关公共程序所实现的公共价值，以及具有公共的、非排他性与非竞争性的公共消费。在保证合法性和正当性的前提下，通过扩张和强化司法权来解决环境公共利益保护问题，就必须将命题从作为事实前提的环境公共利益保护问题转换到作为法律前提的环境公共利益的法律治理问题。① 公共利益可分为三个层次，即国家、不特定多数人以及需特殊保护群体。② 这三个层次的利益其实质是不同主体的利益。③ 只有妥善处理好国家利益、公共利益、私人利益之间的关系，才能从解释论上利用现有的法律规范构建符合基本原理且行之有效的环境公益诉讼制度。④

（二）何为环境公益诉讼

环境侵权公益诉讼，指为维护环境公共利益，特定的主体就破坏环境或者可能破坏环境的行为向法院提起诉讼，要求施害者承担相应责任的诉讼审判活动。因环境公共利益的特殊性，环境公益诉讼制度必然会遭遇诸多潜在的挑战。⑤

二、环境侵权公益诉讼的特征

环境侵权公益诉讼制度是一种新型的诉讼制度，因而具有明显的特征：

（一）环境侵权公益诉讼的目的具有公益性

环境侵权公益诉讼是在公众环境利益受到损害时提起的，起诉者出于维护公共利益的目的而向法院提起诉讼。环境侵权民事公益诉讼指向的是公共环境利益，而非个别群体的环境利益。

（二）环境公益诉讼的原告资格具有广泛性

只要环境侵权公益诉讼的提起者认为行为人的行为已经对社会公众的环境利益造成损害或者有损害公共环境利益的可能，就可以向法院提起诉讼。突破了《民事诉讼法》“原告是与本案有直接利害关系的公民、法人和其他组织”的限制，从而使原告资格具有广泛性。

---

① 王明远：《论我国环境公益诉讼的发展方向：基于行政权与司法权关系理论的分析》，载《中国法学》2016 年第 1 期。

② 韩波：《公益诉讼制度的力量组合》，载《当代法学》2013 年第 1 期。

③ 张卫平：《民事公益诉讼原则的制度化及实施研究》，载《清华法学》2013 年第 4 期。

④ 肖建国：《利益交错中的环境公益诉讼原理》，载《中国人民大学学报》2016 年第 2 期。

⑤ 张卫平：《民事公益诉讼原则的制度化及实施研究》，载《清华法学》2013 年第 4 期。

（三）环境公益诉讼的功能具有预防性和补救性

环境侵害一经发生，且其危害是潜移默化的，环境侵权公益诉讼的提起，并不一定需要具有切实发生的损害。此时由环境侵权施害者承担相应的赔偿责任，体现了环境侵权公益诉讼的预防性。环境侵权公益诉讼制度会通过诉讼的方式，获得环境恢复基金。

三、我国环境侵权公益诉讼制度的现状

我国环境侵权公益诉讼制度发展至今，已渐趋完善，我国环境侵权公益诉讼制度的立法现状如下：

（一）《宪法》的规定

我国的《宪法》并没有将环境权归入公民的基本权利的范围，同样也没有引入这一概念，但是我国《宪法》仍然在某些条款里间接表述有关环境保护的内容。比如，《宪法》第26条规定，“国家保护和改善生活环境和生态环境，防治污染和其他公害”，明确了环境保护的基本国策。

（二）《民事诉讼法》的规定

《民事诉讼法》第58条第1款规定：“对污染环境、侵害众多消费者合法权益等损害社会公共利益的行为，法律规定的机关和有关组织可以向人民法院提起诉讼。”该规定意味着环境侵权民事公益诉讼制度的确立，为环境侵权民事公益诉讼制度奠定了基础。然而，该条文较为笼统，为“公益诉讼原则”，[①]《环境保护法》第58条的规定，落实了环境侵权民事公益诉讼的主体资格。

（三）《环境保护法》的规定

《环境保护法》第6条规定了公民保护环境的义务，第58条规定了环境公益诉讼的主体，对污染环境、破坏生态，损害社会公共利益的行为，依法在设区的市级以上人民政府民政部门登记的、专门从事环境保护公益活动连

① 张卫平：《民事公益诉讼原则的制度化及实施研究》，载《清华法学》2013年第7期。

续5年以上且无违法记录的社会组织可以向人民法院提起诉讼。

（四）《民法典》的规定

《民法典》第7编第7章中规定了环境污染和生态破坏侵权责任，直接涉及“国家规定的机关或者法律规定的组织”的条文是第1234条和第1235条。《民法典》第1234条规定：“违反国家规定造成生态环境损害，生态环境能够修复的，国家规定的机关或者法律规定的组织有权请求侵权人在合理期限内承担修复责任。侵权人在期限内未修复的，国家规定的机关或者法律规定的组织可以自行或者委托他人进行修复，所需费用由侵权人负担。”这是《民法典》针对生态环境损害修复责任规定的公益诉讼。

《民法典》第1235条规定，违反国家规定造成生态环境损害的，国家规定的机关或者法律规定的组织有权请求侵权人赔偿损失和费用，范围包括：一是生态环境受到损害至修复完成期间服务功能丧失导致的损失；二是生态环境功能永久性损害造成的损失；三是生态环境损害调查、鉴定评估等费用；四是清除污染、修复生态环境费用；五是防止损害的发生和扩大所支出的合理费用。这一规定在法典层面明确了环境公益案件的赔偿范围。

（五）司法解释的规定

最高人民法院《关于审理环境民事公益诉讼案件适用法律若干问题的解释》第4条第1款规定，社会组织章程确定的宗旨和主要业务范围是维护社会公共利益，且从事环境保护公益活动的，可以认定为环境保护法第58条规定的“专门从事环境保护公益活动”。该司法解释扩大了环境侵权民事公益诉讼主体资格。

为加强对检察机关提起公益诉讼、法院审理公益诉讼案件工作的指导和规范，最高人民法院、最高人民检察院修订了《关于检察公益诉讼案件适用法律若干问题的解释》，该解释第13条第1~2款规定：“人民检察院在履行职责中发现破坏生态环境和资源保护，食品药品安全领域侵害众多消费者合法权益，侵害英雄烈士等的姓名、肖像、名誉、荣誉等损害社会公共利益的行为，拟提起公益诉讼的，应当依法公告，公告期间为三十日。公告期满，法律规定的机关和有关组织不提起诉讼的，人民检察院可以向人民法院提起诉讼。”强调了检察机关履行公共利益代表的职责使命。

第二节　大气污染环境公益诉讼实证分析

本节从中国裁判文书网检索到的2015年至2022年法院的裁判文书中，以“大气污染”“公益诉讼”作为关键词共检索出案例166篇。经筛选，与大气污染环境公益诉讼具有较强关联性的裁判文书共90篇，其中民事公益诉讼裁判文书49篇，行政公益诉讼裁判文书35篇，刑事附带民事公益诉讼裁判文书6篇。本节分别从大气污染民事公益诉讼、大气污染行政公益诉讼和刑事附带民事公益诉讼三个部分展开讨论。

在49篇民事公益诉讼裁判文书中，法院持明确支持公益诉讼人态度的文书为26篇，法院支持率为53%；35篇行政公益诉讼裁判文书中，法院持明确支持公益诉讼人的文书为30篇，法院支持率为86%；6篇刑事附带民事公益诉讼裁判文书中，法院持明确支持公益诉讼人的文书为6篇，法院支持率为100%，如表5－1所示。

表5－1　民事公益诉讼支持率

案件类型	文书数量/篇	法院支持数量/篇	法院支持率/%
民事公益诉讼	49	26	53
行政公益诉讼	35	30	86
刑事附带民事公益诉讼	6	6	100

下文将基于中国裁判文书网中收录的90篇判决书，分别研究不同类型的大气污染公益诉讼在我国法律实务中的开展现状。

一、大气污染环境民事公益诉讼案件分析

通过中国裁判文书网检索到的2015年至2022年法院作出的49份大气污染环境公益诉讼裁判文书中，包含一审40篇，二审8篇及再审1篇，按照“一审、二审、再审的裁判文书针对同一案件事实的视作一个案件”的标准，49篇裁判文书对应43件涉及大气污染民事公益诉讼案件。

43件案件中有4件案件因原告不具有提起公益诉讼的主体资格，法院作出了驳回起诉（上诉）和不予受理的裁定，其余39件案件的原告均为主体适格的公益诉讼人。在39件案件中还包括14件因诉讼目的实质上已实现而由法院裁定准许撤诉或因管辖异议而被驳回的案件，剩余25件案件的判决，法院全部或部分支持了原告的诉讼请求。综上所述，在43件案件中，法院基本满足了原告诉讼请求的案件有25件，另外18件案件因诉讼主体资格和管辖权等诉讼程序障碍，原告的诉求被驳回，如表5－2所示。

表5－2　判决文书类型

案件总数/件	支持数量/件	因不具备主体资格被驳回或不予受理/件	诉讼目的实现撤诉或驳回/件	因管辖异议而被驳回/件	重复起诉/件	其他原因/件	支持率/%
4	2	4	7	4	1	2	58

（一）诉讼主体及涉案行为分析

从诉讼主体的原告方来看，43件案件中，32件案件是由中国生物多样性保护与绿色发展基金会、北京市朝阳区自然之友环境研究所、中华环境保护基金会等非政府环保组织提起的，8件为检察机关作为公益诉讼人提起，且该8件案件均为2017年后提起，因2017年6月27日第十二届全国人民代表

大会常务委员会第二十八次会议对于《民事诉讼法》进行了修改,[①] 检察机关才正式获得了环境污染公益诉讼的主体资格。由此可见在《民事诉讼法》第三次修订前，除2015年7月1日第十二届全国人民代表大会常务委员会第十五次会议通过的《关于授权最高人民检察院在部分地区开展公益诉讼试点工作的决定》中确定的北京等13个省、自治区、直辖市，检察院想要作为公益诉讼的主体缺乏法律依据。尽管在后续民事公益诉讼制度不断建设推进的过程中，全国各地各级检察机关提起环境民事公益诉讼案件日益增多,[②] 但在这个时期内，多为非政府环保组织弥补司法实践中的空白。例如，被最高人民法院列为第131号指导性案例的中华环保联合会诉德州晶华集团振华有限公司大气污染责任民事公益诉讼案，就是在2015年这个法律空白时期由非政府环保组织提起的大气污染环境公益诉讼。

从被告方面来看，43件案件中，仅有4件案件的被告为自然人，其余39件案件的被告均为企业，且该企业主要为石油化工企业、金属冶炼企业及建材加工企业等。与自然人为被告的案件不同，企业作为被告的案件具有以下特点。首先是对环境的污染程度高，相较于4件以自然人作为被告的案件，企业一次性排放的废气污染物远高于自然人的废气排放量。其次是案件处罚金额大，以自然人为被告的4件案件，处罚金额为8万~50万元，而以企业为被告的案件处罚金额大多在千万元以上。最后是作为被告的企业大多都受到过数次的行政处罚且拒不整改或整改后仍不达标。可见在司法实践中，不仅企业被起诉大气污染的案件数量远超自然人，其对于环境的危害以及环境修复的代价及难度都是以自然人为被告的案件无法比较的。

从涉案的污染行为来看，以自然人为被告的案件其涉案行为都较为单一，

---

① 《关于修改〈中华人民共和国民事诉讼法〉和〈中华人民共和国行政诉讼法〉的决定》:《中华人民共和国民事诉讼法》第55条增加一款，作为第2款:“人民检察院在履行职责中发现破坏生态环境和资源保护、食品药品安全领域侵害众多消费者合法权益等损害社会公共利益的行为，在没有前款规定的机关和组织或者前款规定的机关和组织不提起诉讼的情况下，可以向人民法院提起诉讼。前款规定的机关或者组织提起诉讼的，人民检察院可以支持起诉。”

② 巩固:《2015年中国环境民事公益诉讼的实证分析》，载《法学》2016年第9期。

4件以自然人为被告的案件中涉案污染行为均为焚烧危险废物，如燃烧废气电池、电路板等。以企业为被告的案件，其涉案行为则根据企业经营范围的不同而有所区别，并且以企业为被告的案件，污染气体成分复杂，对于环境修复工作也造成了一定的阻碍。例如，建材加工企业主要的污染行为是建材粉尘超标污染大气；化工企业与金属冶炼企业主要的污染行为是排放不符合环保标准的污染气体。

（二）举证责任分析

在大气污染民事公益诉讼中，案件证据证明的焦点在于被告的污染行为与污染结果是否具有因果关系。从被告方面而言，根据《侵权责任法》的相关规定，污染者应当依据法律规定的不承担责任或减轻责任情形履行举证责任。结合《最高人民法院关于审理环境侵权责任纠纷案件适用法律若干问题的解释》第7条的相关规定，[①] 污染者可以根据环境侵权司法解释中的情形，有针对性地出示证据以切断因果关系。上述两条法规中均规定了在大气污染民事公益诉讼中由污染者举证证明其污染行为与污染结果不具有因果关系，也就是司法实践中常说的“举证责任倒置”规则。例如，在张某波环境污染责任纠纷案[②]中法官就适用了“举证责任倒置”规则，张某波主张“被告用的是环保炉进行焚烧，没有烟没有污水排放，没有对周边花草树木造成损坏，厂房周边也没有气味，不存在大气污染”。但因为其主张的证据并不符合环境侵权司法解释中所规定的情形，因此法院认定其证据并没有阻断污染行为与污染结果之间的因果关系，最终判决被告张某波赔偿大气环境损失费用442, 891元，并支付评估费60, 000元，合计502, 891元。

就原告方面而言，在大气污染环境公益诉讼中，对于原告的举证责任也

① 最高人民法院《关于审理环境侵权责任纠纷案件适用法律若干问题的解释》（已失效）第7条规定：“污染者举证证明下列情形之一的，人民法院应当认定其污染行为与损害之间不存在因果关系：（一）排放的污染物没有造成该损害可能的；（二）排放的可造成该损害的污染物未到达该损害发生地的；（三）该损害于排放污染物之前已发生的；（四）其他可以认定污染行为与损害之间不存在因果关系的情形。”

② 张某波环境污染责任纠纷案，衢州市中级人民法院一审民事判决书（2019）浙08民初546号。

有着明显的减轻。首先，最高人民法院《关于审理环境侵权责任纠纷案件适用法律若干问题的解释》第 1 条第 1 款规定[①]，对于环境侵权案件适用无过错责任原则，因此，公益诉讼人无须证明被告对于环境侵权行为具有过错。其次，公益诉讼与私益诉讼不同，私益诉讼中，被侵权人除了需要证明侵权人有污染行为外还需要证明自己受到的认识损失或财产损失。例如，在邵某双、杨某香等与天津市南洋胡氏家具制造有限公司环境污染责任纠纷案[②]中，原告邵某双除证明被告家具甲醛超标外，还需要证明其切实受到的人身损害以及财产损失。但在公益诉讼中，公益诉讼人仅需证明被告存在违法排放的行为即可。

另外，损害事实的证明标准因具体情况而异，以过量排放污染废气为损害行为的情况，往往将排放量超过相关环境标准视作被告造成损害的前提；而在以未经许可排放为损害行为的情形下，原告仅需要证明被告擅自排放污染废气的情况缺少必要环保审批手续，法院即认定社会公共利益受损或有受损的重大风险。最后，在大气污染民事公益诉讼中，原告承担的举证责任大大减轻还有两个因素：其一，被告有按照原告请求提供排放信息的义务；其二，原告作为公益组织或者检察机关，往往能够得到环境监测机构的数据报告，因此，对于被告的环境污染行为能够得到有力的证据支持[③]。

（三）救济方式分析

司法实践中最常见的救济方式往往是停止侵害、赔偿损失、恢复原状以及赔礼道歉，这几种判决结果依照民法上的请求权基础体系又可以分为必须由被告亲自实施的不可替代履行和可替代履行、金钱给付义务和非金钱给付

---

① 最高人民法院《关于审理环境侵权责任纠纷案件适用法律若干问题的解释》（已失效）第 1 条规定：“因污染环境造成损害，不论污染者有无过错，污染者应当承担侵权责任。污染者以排污符合国家或者地方污染物排放标准为由主张不承担责任的，人民法院不予支持。”

② 邵某双、杨某香等与天津市南洋胡氏家具制造有限公司环境污染责任纠纷案，青岛市城阳区人民法院（2013）城环民初字第 1 号民事判决书。

③ 赵悦：《气候变化诉讼在中国的路径探究——基于 41 个大气污染公益诉讼案件的实证分析》，载《山东大学学报》2019 年第 6 期。

义务①，分类繁多。下文将根据不同的救济方式进行分析。

停止侵害的具体表现形式包括要求涉及违法排污行为的工厂完全停产，涉及产生严重污染物的生产装置关停。以自然人为被告的环境公益诉讼案件中则为停止焚烧危险废物。

赔偿损失的具体范围包括因环境污染行为直接造成的财产损失，以及清除污染物、控制污染扩散、恢复生态环境等工作的必要成本。除此之外可能需要负担的费用还包括对于环境损害程度的鉴定费用，以及一旦败诉需承担的原告支付的律师费、差旅费、相关工作人员必要开支等。

恢复原状往往出现在以自然人为被告的案件中，自然人的污染行为相较于以企业为被告的案件，污染结果相对较轻，环境仍有恢复可能。例如，江西省吉水县人民检察院与陈某、黄某军环境侵权案②中，法院则判令被告人委托有资质的单位对因其违法焚烧废物而污染的土壤进行修复。无法完全修复的，法院也可以准许采用“代替性修复方式”。再如，在时某、黄某生环境侵权案③中法院则判令两被告人除一次性支付环境修复费用 8 万元外，在判决生效后 6 个月内对本案焚烧危险废物的现场及周边 40 余亩土地上进行植树造林，恢复植被，并养护 3 年，以达到植树造林的要求，植树造林期限届满后法院将会同相关部门对所植树木进行验收，如未达到植树造林的要求，则再缴纳 8 万元生态环境修复费用。从一定程度上来说，这种“代替性修复方式”也顶替了部分环境损害赔偿。

赔礼道歉则常见于以企业为被告的案件中，因其损害范围广，损害结果严重，原告往往都会要求被告在有关媒体上向公众进行赔礼道歉，而以自然人为被告的案件有时因其造成的损害结果尚不严重，因此也就未要求其赔礼

① 张陈果：《环境民事公益诉讼损害赔偿金去向的经验归纳与制度构建》，载《暨南学报（哲学社会科学版）》2022 年第 9 期。

② 江西省吉水县人民检察院与陈某、黄某军案，江西省吉水县人民法院（2021）赣 0822 民初 1454 号民事判决书。

③ 时某、黄某生案，江西省抚州地区（市）中级人民法院民事判决书，（2017）赣 10 民初 142 号。

道歉。例如，在以自然人为被告的4件案件中仅有2件案件的被告人被要求通过媒体向公众道歉，而这2件案件也恰是4件案件中损害最严重、赔偿金额最高的2件。

综上，环境民事公益诉讼既然称为公益诉讼，顾名思义，其目的就在于保护公共利益。从司法实践的审判结果来看，该种利益更倾向于实体利益，注重于财产的赔偿与环境的修复。

二、大气污染环境行政公益诉讼案件分析

与大气污染民事公益诉讼相比，行政公益诉讼抛开了由环境污染者证明其与污染结果有无因果关系的环节，又或者说在环境污染的行政公益诉讼中并没有直接的环境污染者，检察机关作为公益诉讼人直接追诉政府对于当地企业污染行为的不作为。2018年，最高人民法院、最高人民检察院颁布《关于检察公益诉讼案件适用法律若干问题的解释》对于行政公益诉讼的程序进行了进一步确认。[①] 检察机关应当首先对行政机关提出整改建议，如行政机关在收到检察机关整改建议后，能够对于环境污染行为进行积极的整改，则无须提起行政公益诉讼。唯有行政机关经建议后仍然怠于行使职责，才会进一步进行到行政公益诉讼环节。

通过中国裁判文书网的检索，2015～2022年共有裁判文书35篇，其中一审33篇、二审2篇。同样按照上文标准进行分析，35篇文书对应行政公益案件33件，其中法院明确支持了公益诉讼人诉求的案件30件，主体不符合公益诉讼资格的案件2件，因诉讼目的已实现法院认为已无审理必要的案件1件，见表5－3。

---

① 《关于检察公益诉讼案件适用法律若干问题的解释》第21条规定，人民检察院在履行职责中发现生态环境和资源保护、食品药品安全、国有财产保护、国有土地使用权出让等领域负有监督管理职责的行政机关违法行使职权或者不作为，致使国家利益或者社会公共利益受到侵害的，应当向行政机关提出检察建议，督促其依法履行职责。行政机关应当在收到检察建议书之日起两个月内依法履行职责，并书面回复人民检察院。出现国家利益或者社会公共利益损害继续扩大等紧急情形的，行政机关应当在十五日内书面回复。行政机关不依法履行职责的，人民检察院依法向人民法院提起诉讼。

表 5-3　行政公益诉讼支持率

案件总数/件	支持数量/件	不符合主体资格/件	诉讼目的已实现/件	支持率/%
33	30	2	1	90

从数据中也能够看出，行政公益诉讼案件的支持率要远高于民事公益诉讼案件，一方面，检察公益诉讼司法解释规定的诉讼前置程序已经将一大部分的行政不作为行为进行了纠正，因此，真正进入行政公益诉讼环节的案件均是可能导致国家利益或者社会公共利益损害继续扩大等紧急情形的案件。另一方面，原因可能在于行政公益诉讼中检察机关仅需要证明行政机关存在怠于行使职权的行为，具体可能表现为企业生产中持续产生污染而未得到有效监管的情形，因此，举证难度相较于民事公益诉讼也有一定程度上的减轻。

（一）诉讼主体及涉案行为

从原告方面来看，大气污染行政公益诉讼案件的原告仅是检察机关，因此除 2015 年发生的 2 件主体不适格案件以外，自 2017 年《行政诉讼法》修改后再没有出现原告主体不适格的案件。

从被告方面来看，大气污染行政公益诉讼案件的被告大多为地方环保局以及乡镇人民政府，在 33 件案件中仅有 5 件案件被告为乡镇人民政府，其余 28 件案件的被告均为环保局、国土资源局、林业局等对环境负有监管职责的机关。从对于不同被告的诉由角度分析，乡镇人民政府与地区环保局的诉由完全不同，5 件被告为乡镇人民政府的案件，其诉由都在于乡镇垃圾的随意倾倒、处理不妥善以及垃圾场运营的问题。例如，贵阳市白云区艳山红镇人民政府乡政府环境公益诉讼案中，① 贵阳市白云区艳山红镇人民政府虽采取一定措施对涉案的刘庄村、曹关村露天垃圾堆放场进行整治，但这些措施并没有完全消除露天垃圾堆放场垃圾乱堆乱放的情况。在公益诉讼人白云区人

① 贵阳市白云区艳山红镇人民政府乡政府案，贵州省清镇市人民法院（2016）黔 0181 行初 34 号一审行政判决书。

民检察院提起公益诉讼后，被告才完成对刘庄村、曹关村露天垃圾堆放场的整治。而28件以环保局等机关为被告的诉由则主要为未履行环保监管职责以及未采取有效措施整治产生污染物的企业。例如，白城市洮北区人民检察院诉白城市洮北区环境保护局不履行法定职责一案中①，被告区环保局作为监管机关，应当依法履行责令产生污染气体的企业拆除新建锅炉的监督管理职责，以防治大气污染，其怠于依法履行监督管理职责的行为违法。被告在接到检察建议后，仍未采取有效措施责令企业拆除新建锅炉。从而认定被告行为违法。

（二）不依法履行职责的认定

在大气污染环境行政公益诉讼的司法实践中，法院的认定焦点往往在于行政机关怠于履行职责的行为是否违法，因此，《行政诉讼法》第25条第4款②中行政机关“不依法履行职责”的认定被视作此类案件中的焦点问题。笔者通过对于案例的整理分析后得出，司法实践中“不依法履行职责”并非指单一的行为，行政公益诉讼对“不依法履行职责”的审查并非单纯的行政不作为行为合法性审查，而是对行为要件、结果要件、因果关系等多构成要件进行以复合的标准进行审查。③ 之所以采用行为标准与结果标准的复合标准，主要理由包括以下三点：（1）行为标准本身较为死板，在行政机关实践中难以灵活运用。所谓行为标准主要依赖于立法者对于相关法律条文的规定，重视行政机关的执法行为是否与法律条文的规定一致，因此，如果一味地采取行为标准来判断行政机关是否依法履行了职责，可能适得其反，不利于保护公共利益。（2）单纯的结果标准也无法完全实现公平与正义，只论结果可

① 白城市洮北区人民检察院诉白城市洮北区环境保护局不履行法定职责案，白城市洮北区法院（2017）吉0802行初51号行政判决书。

② 《行政诉讼法》第25条第4款规定：“人民检察院在履行职责中发现生态环境和资源保护、食品药品安全、国有财产保护、国有土地使用权出让等领域负有监督管理职责的行政机关违法行使职权或者不作为，致使国家利益或者社会公共利益受到侵害的，应当向行政机关提出检察建议，督促其依法履行职责。行政机关不依法履行职责的，人民检察院依法向人民法院提起诉讼。”

③ 段厚省：《环境民事公益诉讼基本理论思考》，载《中外法学》2016年第4期。

能会导致忽略行政机关在实际履职中面临的抗辩事由与因果关系。[①] （3）行政公益诉讼具有一定的特殊性，在诉讼前检察机关就已经对于案件事实进行过调查，因此，司法实践中对于行政机关依法履职的评判标准应当相较于一般的行政诉讼采取更高的评判标准。

关于不依法履行职责的问题，除认定标准外还包括“不履行”问题，实际案件中，许多环保机关的行为符合最高人民法院《关于适用〈中华人民共和国行政诉讼法〉的解释》第 91 条[②]规定的“违法拒绝履行或者无正当理由逾期不予答复”两种情形。例如，常州市金坛区环境保护局不履行法定职责一案[③]中，被告已经对违法排污企业进行了行政处罚，但因企业长时间未履行行政处罚决定，被告应当自期限届满之日起 3 个月内向人民法院申请强制执行。但是被告却“怠于强制执行或怠于申请强制执行”。2020 年 9 月 28 日最高人民检察院第十三届检察委员会第五十二次会议通过了《人民检察院公益诉讼办案规则》，其进一步在第 82 条将未依法履行职责的行为细化成了七种情形。[④] 结合该规则第 68 条[⑤]关于立案情形的规定，几乎可以适用于司法

---

① 伍华军、荣锦坤：《论行政公益诉讼中“不履行法定职责”判定标准的构建》，载《重庆社会科学》2023 年第 3 期。

② 最高人民法院《关于适用〈中华人民共和国行政诉讼法〉的解释》第 91 条规定：“原告请求被告履行法定职责的理由成立，被告违法拒绝履行或者无正当理由逾期不予答复的，人民法院可以根据行政诉讼法第七十二条的规定，判决被告在一定期限内依法履行原告请求的法定职责；尚需被告调查或者裁量的，应当判决被告针对原告的请求重新作出处理。”

③ 常州市金坛区环境保护局不履行法定职责案，常州市金坛区人民法院（2017）苏 0481 行初 76 号行政判决书。

④ 《人民检察院公益诉讼办案规则》第 82 条规定：“有下列情形之一的，人民检察院可以认定行政机关未依法履行职责：（一）逾期不回复检察建议，也没有采取有效整改措施的；（二）已经制定整改措施，但没有实质性执行的；（三）虽按期回复，但未采取整改措施或者仅采取部分整改措施的；（四）违法行为人已经被追究刑事责任或者案件已经移送刑事司法机关处理，但行政机关仍应当继续依法履行职责的；（五）因客观障碍导致整改方案难以按期执行，但客观障碍消除后未及时恢复整改的；（六）整改措施违反法律法规规定的；（七）其他没有依法履行职责的情形。”

⑤ 《人民检察院公益诉讼办案规则》第 68 条规定：“人民检察院对于符合本规则第六十七条规定的下列情形，应当立案：（一）对于行政机关作出的行政决定，行政机关有强制执行权而怠于强制执行，或者没有强制执行权而怠于申请人民法院强制执行的；（二）在人民法院强制执行过程中，行政机关违法处分执行标的的；（三）根据地方裁执分离规定，人民法院将行政强制执行案件交由有强制执行权的行政机关执行，行政机关不依法履职的；（四）其他行政强制执行中行政机关违法行使职权或者不作为的情形。”

实践中的全部情形。如上文提到的“怠于强制执行或怠于申请强制执行”的行为，应当对应第68条第1款“对于行政机关作出的行政决定，行政机关有强制执行权而怠于强制执行，或者没有强制执行权而怠于申请人民法院强制执行的”情形，属于“未及时履行职责”的行为。又如公益诉讼人靖边县人民检察院诉被告靖边县环境保护局不依法履行环境监管法定职责一案①中，被告采取了一定的监管措施，但仍未对违法企业的相关环境违法行为作出进一步处理，且根据公益诉讼人向法庭提供的第五组证据，违法企业仍存在间断性违法状态。应当视作“未有效采取整改措施”的情形，属于第82条第3款“虽按期回复，未采取整改措施或者仅采取部分整改措施的”情形。

（三）处罚方式

关于大气污染行政公益诉讼的法院处罚方式一般分为两种：（1）确认被告未依法履行大气污染防治监督管理职责的行为违法。（2）继续履行对排污企业的法定监管职责。该两种处罚方式分属于不同的案件情况。例如，公益诉讼起诉人达州市达川区人民检察院与被告达州市达川区住房和城乡建设局不履行城乡建设行政管理法定职责一案中，法院判决为确认被告达州市达川区住房和城乡建设局对达川区三里坪人文生态区“铁路广场”项目未依法履行大气污染防治监督管理职责的行为违法。属于第一种确认行为违法型判决，适用情形为：在检察机关提起大气行政公益诉讼后排污企业的排污行为已得到有效监管，因此无须在案件判决中判令被告履行法定职责，但被告仍需依法对案涉项目新出现的违法行为积极主动履行监督管理职责，起到一种警示作用，以监督被告在此后的履行职责过程中，坚持依法行政、严格执法，维护法律权威，维护国家和社会公共利益。

第二种判决适用情形为：在检察机关依法提起大气污染行政公益诉讼后，

① 公益诉讼人靖边县人民检察院诉被告靖边县环境保护局不依法履行环境监管法定职责案，靖边县人民法院（2018）陕0824行初1号行政判决书。

被告仍未积极履行法定职责，此时则需要法院判决被告继续履行职责。例如，抚顺市生态环境局未依法履行法定职责一案中，[①]被告抚顺市生态环境局虽对案涉违法行为给予一定重视，向抚顺小满商砼有限公司下达责令改正违法行为决定，但抚顺市新抚区人民检察院检察人员对环境污染现场进行跟踪监督时发现，该公司上述违法行为并未整改，仍在生产作业，持续对生态环境造成污染。法院认定被告抚顺市生态环境局客观上未能全面依法履行监管职责，并导致国家和社会公共利益仍处于受侵害状态。因此法院最终判决，责令被告抚顺市生态环境局继续依法履行对抚顺小满商砼有限公司环境污染予以监管的法定职责。

三、大气污染环境刑事附带民事公益诉讼案件分析

通过中国裁判文书网检索到的6篇刑事附带民事公益诉讼判决书均为一审判决书，因此，其对应的是6件不同的刑事附带民事公益诉讼案件，且在判决中法官均支持了原告的民事请求，支持率达100%。

（一）诉讼主体及涉案行为

从原告方面来看，刑事案件提起公诉的主体都应当是检察院，因此，6件案件的原告均为对应地区的基层人民检察院。

从被告方面来看，6件案件中的被告人均为自然人，且6件案件的被告均以污染环境罪被起诉，并要求附带民事赔偿。因构成本罪客观行为上要求违反国家规定，向土地、水体和大气排放危险废物，造成环境污染，致使公私财产遭受重大损失或者有人身伤亡的严重后果。作为自然人一般难以达到构成本罪的标准，因此本罪包含单位犯罪。

从涉案行为上来看，该6件案件中被告人大多都是通过工厂进行排污从而构成本罪，6件案件中有5件均是通过冶炼工厂非法冶炼铅锭或铝锭。但

---

① 抚顺市生态环境局案，抚顺市新抚区人民法院（2021）辽0402行初33号行政判决书。

附带民事公益诉讼被告朱某洪、附带民事公益诉讼被告奚某虎污染环境[①]一案中，被告人奚某虎因在未取得危险废物经营许可证的情况下，非法收购废柴油十余吨，后卖给了同样无危险废物经营证的被告人朱某洪的餐馆作为燃料使用，被告朱某洪燃烧后的废烟气通过抽油烟机直排到大气中，造成了大气污染。奚某虎也是6起案件中唯一没有直接实行污染行为，而是因非法买卖废柴油的行为而构成了污染环境罪的被告。

（二）量刑幅度及处罚方式

在刑事附带民事公益诉讼案件中，对于被告人的处罚方式分为两部分：一部分是刑事处罚，从6件刑事附带民事公益诉讼案件的判决结果上看，现阶段司法实践中对于污染环境罪的刑事处罚普遍较轻，根据《刑法修正案（八）》第46条的规定[②]，构成严重污染环境的处3年以下有期徒刑或拘役，并处罚金，后果特别严重的处3年以上7年以下有期徒刑，并处罚金。有明确定罪量刑标准的情况下，对污染环境的行为进行处罚，不应脱离本罪的法定性设置。2016年，最高人民法院、最高人民检察院《关于办理环境污染刑事案件适用法律若干问题的解释》（以下简称《环境污染刑事司法解释》）细化了“严重污染环境”及“后果特别严重”的具体情形。因此，在现阶段司法实践中常根据《环境污染刑事司法解释》以非法排放、倾倒、处置危险废物的重量作为法定情形的衡量标准。但在徐某1、曾某1污染环境一案[③]及刑事附带民事公益诉讼被告巢某平、刑事附带民事公益诉讼被告乐某一案[④]中，第一案中，被告人徐某1与曾某1非法处置危险废物高达640余吨，徐某1

① 附带民事公益诉讼被告朱某洪、附带民事公益诉讼被告奚某虎污染环境案，江西省九江市浔阳区人民法院（2020）赣0403刑初49号刑事判决书。

② 《刑法修正案（八）》第46条规定：“将刑法第三百三十八条修改为：‘违反国家规定，排放、倾倒或者处置有放射性的废物、含传染病病原体的废物、有毒物质或者其他有害物质，严重污染环境的，处三年以下有期徒刑或者拘役，并处或者单处罚金；后果特别严重的，处三年以上七年以下有期徒刑，并处罚金。’”

③ 徐某1、曾某1污染环境案，江西省峡江县人民法院（2019）赣0823刑初58号刑事判决书。

④ 刑事附带民事公益诉讼被告巢某平、刑事附带民事公益诉讼被告乐某案，江西省萍乡市上栗县人民法院（2018）赣0322刑初199号刑事判决书。

被判处有期徒刑3年，缓期5年执行，曾某1被判处有期徒刑2年，缓期2年6个月执行。第二案中，巢某平与乐某非法处置危险废物500余吨，巢江平被判处有期徒刑2年，缓期3年执行，乐某被判处有期徒刑2年，缓期3年执行。两案被告人非法处置危险废物的数量均远超100吨，均构成了污染环境“后果特别严重”的情形，应当被判处3年以上7年以下有期徒刑，但在实际处罚时却适用的是“严重污染环境”的量刑标准。

从民事处罚方面来看，刑事附带民事公益诉讼的案件相较于单纯的民事公益诉讼案件，处罚方式大同小异。刑事附带民事公益诉讼案件的民事处罚同样主要包括赔偿损失、恢复原状、赔礼道歉三种，但刑事附带民事公益诉讼案件涉及刑事犯罪，因此补充了《刑法》中“没收违法所得”的处罚方式。该类案件中的违法所得一般分为金钱违法所得以及实物违法所得：金钱违法所得经退缴后上缴国库；实物违法所得一般为通过非法冶炼出的尚未出售的金属锭，部分案件中还包括冶炼金属的原材料及其他与犯罪有关的物品。例如，“南剑文污染环境一案”中即没收了扣押在案的已拆解极板34.22吨、拆解包装壳3.115吨、未拆解铅蓄电池2.14吨、成型铅块27.98吨，除尘设备、煤粉破碎机、鼓风机、叉车2辆、小货车1辆等与犯罪有关的物品，均交由扣押机关依法处置。

以刑事附带民事公益诉讼来看，在司法实践中存在对于“严重污染环境”及“后果特别严重”定罪量刑标准存在模糊、量刑幅度不足等问题，可能导致处罚力度不够，无法起到应有的惩戒作用。

四、我国首例公益诉讼执行案件

关于大气污染环境的公益诉讼案件，无论是民事公益诉讼还是行政公益诉讼，最终的目的都是阻止污染继续扩大，并及时修复受损的生态环境。因此，法院判决被告人赔偿损失、恢复原状后面临的是环境的具体修复工作如何开展，修复的成果由什么机关负责验收评估。北京市朝阳区绿家园环境科学研究中心与江西某能源公司、丰城某焦化公司大气污染民事公益诉讼执行案①为我国首例公益诉讼执行案，该案是最高人民法院 2021 年发布的 15 个环境资源审判典型案例之一，具有指导意义。

（一）基本案情

本案是北京市朝阳区绿家园环境科学研究中心对江西某能源公司、丰城某焦化公司超标排放二氧化硫、氨氮等废气的行为提起民事公益诉讼案件后的执行案件，原一审判决生效后被告不服并提起上诉，江西省高级人民法院作为二审法院组织双方进行了调解并达成协议，两被告承诺立即停止排放大气污染物，并自愿分别支付 40 万元替代性修复资金用于该地区的大气污染防治工作。调解协议公告期届满后移送至原审法院执行。

（二）执行情况

因本案采取的是代替性修复措施，代表原先污染排放的行为已导致生态环境无法修复到损害发生之前的状态和功能，鉴于两被告在执行立案后均已停止了污染排放行为，并缴纳了合计 80 万元的代替性修复资金，案件面临该资金如何使用以及什么机关或组织能够承担修复环境的工作。本案中，法院引导两被告与江西思华生态环境保护基金会签订公益信托合同，由该基金会代为完成代替性修复事项，并由当地生态环境局作为监察人，审核环境修复方案并监督修复进程。最终，基金会与国有企业宜春城通城市产业运营管理有限公司签订合作共建协议，将受托的替代性修复资金用于该公司已经政府立项的宜春市北湖公园充电场站基地公益项目。该项目主要内容是修建新能源汽车充电桩，以达到推广新能源汽车、节约减排的目的。修复工作执行过程中除受两当事人及当地生态环境局监督外，还额外邀请了当地人民代表大会代表、政治协商会议委员进行协助监督，修复进程及资金使用情况实时公布，保证了社会公众的知情权。

---

① 《最高人民法院发布 15 个 2021 年度人民法院环境资源审判典型案例》，北京市朝阳区绿家园环境科学研究中心与江西某能源公司、丰城某焦化公司大气污染民事公益诉讼执行案，载北大法宝网 2022 年 6 月 5 日，https：//www. pkulaw. com/pfnl/95b2ca8d4055fce1aadd57a16390f85460eaf86c122a88c8bdfb. html。

（三）典型意义分析

环境民事公益诉讼中被告缴纳的生态修复赔偿金如何使用，以及用于修复环境的结果如何监督评估，一直是司法实践中的重要问题。因民事公益诉讼的赔偿金通常高达上百万元，因此，早期案件审理中面临巨额赔偿金无人接收，以及当被告没有能力完成生态修复工作时由什么组织接管的问题。本案中，江西省宜春市中级人民法院大胆创新，以公益信托方式，委托公益性基金会监管并使用生态环境修复资金，促进公益诉讼与生态环境修复有效衔接，弥补了法律制度的空白，拓宽了民事公益诉讼案件中修复资金使用与监管问题的破解渠道。同时，因环境公益诉讼案件涉及公益，因此，对于社会公众的知情权问题也是环境修复工作中的重点。本案中，受托基金会选择地方政府已立项的项目进行公开合作，积极邀请地方人民代表大会代表与政治协商会议委员监督，并实时在官网上更新修复项目工程施工、验收结算等环节的信息，保证了环境修复的真实性与透明度。因此，本案的执行方式在促进当地环保公益项目建设的同时也取得了良好的法律效果与社会反响，具有典型指导意义。

第三节　我国大气污染公益诉讼现存的问题与完善

通过上述案例及数据，可以看出，我国大气污染公益诉讼仍然存在诸多问题，现存的诉讼机制与法律体系并不能切实保障公民环境公共利益。

一、我国大气污染公益诉讼现存的问题

（一）诉讼主体资格过于严格

《环境保护法》虽然规定了诉讼的主体类型，却将原告的起诉资格限于环保组织，甚至对环保组织的类型进行了严格限制，而相关《民事诉讼法》以及其他相关司法解释中，适格原告都没有包含公民个人，制约了环境侵权

公益诉讼制度的发展。

在本书整理的样本中，争议较大的问题还有原告主体是否适格，占到总样本的40%以上。《环境保护法》第58条规定了可以向人民法院提起民事公益诉讼的社会组织所需具备的要件，其目的在于充分筛选出有能力与经验的环保组织投身于民事环境公益诉讼。为了保障社会组织能够充分行使其参与环境公益诉讼的权利，《环境民事公益诉讼司法解释》规定了环保组织提起环境公益诉讼时应向审判机关提交能够证明其起诉主体资格的材料。但在实践中仍存在原告主体适格的争议，如对“专门从事环境保护公益活动”的认定、对“连续五年以上”的认定等。

前者，法官在审理大气污染公益诉讼案件中只审查与判断原告主体在公司章程和经营宗旨中是否明显包含从事环境保护这样的字眼，作为原告主体适格的条件，机械地应用法律，并未深刻理解法律的内涵，从而导致适用法律错误，环境公益得不到保护，增加了原告上诉率。后者，对于从事环境保护公益活动连续5年以上该如何理解：一是从该组织登记之日起算；二是未登记以前从事与环境保护相关活动时起算。对于原告主体的宽泛认定能够扩大提起公益诉讼的主体范围，对于环境保护的意义是不言自明的。

（二）案件数量少、诉讼主体集中

样本数据显示，近年来大气污染公益诉讼案件数量总体呈上涨趋势，但始终维持较低的水平，大气污染民事公益诉讼案件主要集中在安徽省、湖北省、江西省、浙江省等省份。个别省份只象征性出现一两件，未达到理想状态。大气污染案件数量受地区、风俗等因素的影响，导致在地域分布上不均衡。主要原因在于不同地域、群众、政府和司法机关对于环境保护这一理念的理解及自身文化属性均有较大差异，对于爱护环境的意识与行为的融入有一定的距离。在我国，东南沿海经济发达省份对于大气污染公益诉讼在理论上和实践中的社会融合度较高，环保理念相对于中西部省份更能被快速吸收与接受，所以，大气污染公益诉讼案件相对较多。中西部地区环境事件多，但环境案件相对较少。

（三）环保组织积极性和诉讼能力不足

其他相关资料表明，目前我国范围内具有提起大气污染民事公益诉讼的社会组织已经有700余家，但是主动参与大气污染民事公益诉讼的社会组织却并不多，且往往集中于有较高声望与知名度、实力较强的官方组织或半官方组织。大部分环保组织对于提起大气污染公益诉讼的愿望不高与情感较弱。其他资料显示，国内大部分环保组织成员构成基本上是兼职人员和志愿者，在组织中缺乏具有专业技能的工作人员，专业的法律人员更少，甚至没有。成员一般都是利用空闲时间参与环境保护活动，所以很难持续投入足够的时间和精力到环境公益诉讼案件中来。另有数据表明，我国有76.1%的环保组织没有持续稳定的经费，接近50%的环保组织年度预估经费不超过50万元。而有很大部分大气污染民事公益诉讼案件的经费预算动辄上10万元，对大多数环保组织来说是一笔不小的费用。因此，环保组织面对诉讼巨大的财务压力，往往有心无力，想诉而无法诉。①

（四）大气污染公益诉讼举证难与鉴定难

1. 举证难

公益诉讼案件与私益诉讼案件在归责原则、举证责任等方面应存在一定差异，环境民事公益诉讼与私益诉讼完全趋同的举证责任配置过于简单，应区别对待，适时地予以调整以适应环境侵权民事公益诉讼制度的发展需要。②

在本书选取的文书样本中，双方当事人经常围绕因果关系证明问题产生争议，绝大部分判决最终都适用了因果关系证明责任倒置，但仍有少部分案件适用因果关系推定。可以看出，单纯的举证责任倒置并不能满足大气污染公益诉讼在举证方面的需求，在某些情况下，仍需要采取因果关系推定或其他途径来解决大气污染公益诉讼举证问题。

---

① 马荣真：《环境公益诉讼的损害救济：以大气污染类公益诉讼为分析对象》，载《社会治理》2018年第2期。

② 徐淑琳、冷罗生：《反思环境公益诉讼中的举证责任倒置——以法定原告资格为视角》，载《中国地质大学学报》2015年第1期。

2. 鉴定难

大气污染公益诉讼案件所包含的专业难题诸多，每一项对最终的审判都具有很大的影响力，如何认定这些难题是重中之重，如损害的认定、赔偿或修复数额的计算，必须依托专业鉴定机构加以认定。这些都离不开具有先进仪器和系统知识的专业鉴定机构，而在实践中，具有环境损害司法鉴定资质的机构数量并不多，且水平不一。具有环境污染鉴定资质的鉴定机构在东部地区较为集中，也往往具有国内较为先进的鉴定设备与技术；而在中西部地区，具有环境污染鉴定资质的鉴定机构较少，一些机构还存在设施不完善、设施老化、技术落后等问题，严重影响环境公益的有效救济。[①]

（五）大气污染民事公益诉讼支持率低

通过上文数据分析与总结可以看出，现阶段我国在司法实践中对于大气污染行政公益诉讼案件的支持率要远高于大气污染民事公益诉讼案件的支持率。究其原因，首先是因为诉讼主体不同，收集证据的能力也有所差异。其次是因为行政公益诉讼的诉前程序要求检察机关先给出整改建议，因此当案件进行到行政公益诉讼阶段，就代表行政机关因未积极进行整改已经出现了“怠于履行权利”的情况，案件事实认定相较于民事公益诉讼更加清晰。最后归结于民事公益诉讼的复杂性。从上文数据中可以看出，民事公益诉讼未被支持的原因多样，许多案件因主体不适格或管辖权问题即被驳回起诉，而行政公益诉讼则相较而言比较单一。因此，如何规范民事公益诉讼，减少因程序问题导致诉讼请求未被支持的情况，最大限度地保护环境公共利益是眼下亟待解决的问题。

（六）大气污染公益诉讼案件执行疏于形式

一些大气污染公益诉讼在经过较长的过程胜诉以后，却存在执法不严、疏于形式的情况。法律的尊严在于执行，否则再科学合理的法律都不能维护公平与正义，为使法律更有尊严、司法公信力更有保障、避免环境公益

① 肖建国：《利益交错中的环境公益诉讼原理》，载《中国人民大学学报》2016 年第 2 期。

遭受侵害，笔者认为，应加强大气污染公益诉讼的司法执法力度，将责权明确到各具体部门，对相关部门进行定期考评，提高执法透明度。大气污染类案件对于周围群众的影响最为直接，可以借助群众的力量。《环境保护法》第5条规定："环境保护坚持保护优先、预防为主、综合治理、公众参与、损害担责的原则。"其中强调了群众的重要性，充分发挥基层群众的作用，能够夯实法律监督的基层基础，及时敦促部门执法，有利于环境公益有效救济。①

（七）修复资金的管理和使用制度未能有效建立

近年来，生态环境修复资金的管理和使用日益成为司法实践中面临的突出问题。虽然一些地区设立了专门的环境修复资金账户，集中管理、使用当事人缴纳的生态环境修复资金。但在全国大多数地区，修复资金的管理制度仍未有效建立。此外，修复资金的使用制度尚未建立，污染者承担的服务功能损失费、替代性修复赔偿资金没有合适的使用渠道，也在一定程度上制约了环境公益诉讼功能的有效发挥。②

二、我国环境侵权公益诉讼制度的完善

我国环境侵权公益诉讼发展至今，已形成相对完善的制度体系，但仍然无法满足层出不穷的环境问题的需求。为适应时代发展的要求，在此提出完善我国环境侵权民事公益诉讼制度的构想。

（一）健全我国环境侵权民事公益诉讼体系

我国环境侵权民事公益诉讼相关法律法规遍布环境保护相关领域，但在环境侵权民事公益诉讼法律制度中，法律规定原则性过强，缺乏实践的可操作性，难以适应层出不穷的环境问题。完善环境侵权民事公益诉讼制度，就要增强相关法律规定的可操作性，使法律规定更易于实践操作，保护公共环

① 王明远：《论我国环境公益诉讼的发展方向：基于行政权与司法权关系理论的分析》，载《中国法学》2016年第1期。

② 江必新：《中国环境公益诉讼的实践发展及制度完善》，载《法律适用》2019年第1期。

境利益。

（二）完善刑事附带民事公益诉讼程序规则

要明确刑事附带民事公益诉讼的功能主要是节约查明专业事实等司法资源，平衡因同一环境违法行为引发的民事和刑事责任，督促行为人自觉修复环境。首先，刑事附带民事公益诉讼制度构建不能舍本逐末，特别是不能弱化或减轻当事人环境修复、赔偿等民事责任的承担。其次，要遵循诉讼的客观规律，依法审查民事公益诉讼是否符合附带提起的条件，如果存在公益诉讼案件被告与刑事案件被告人范围不一致等不符合附带审理条件的，人民法院可以释明检察机关单独提起民事公益诉讼。再次，要依法保障社会组织的诉权，经公告后由符合条件的社会组织提起民事公益诉讼的，检察机关诉讼地位应当依法变更为支持起诉人，并将民事公益诉讼案件交由中级人民法院审理，不能以附带诉讼为由损害社会组织的在先诉权。最后，刑事附带民事公益诉讼原则上应当在一份裁判文书中同时确定刑事责任和民事责任。

（三）原告资格范围的适当扩大

《环境保护法》和相关司法解释明确了环境侵权民事公益诉讼主体资格，但这些远远不够。公民既然身为环境的保护者和享有者，其提起环境侵权民事公益诉讼的主体资格应该予以认可，以助于生态环境的保护。

（四）举证责任的合理配置

我国虽然在环境侵权民事公益诉讼中规定了被告举证制，却没有规定其举证的具体范围，也没有提及原告的举证责任。对于此，明确规定原、被告举证责任负担的范围尤为重要。例如，应当让被告对是否排污、能否造成污染、排污与损害之间是否有因果关系、能否依法免责提供证据，原告则应当对损害事实和损失大小负举证责任。①

（五）加快推进环境资源审判专门化建设

环境公益诉讼案件具有较强的专业性和复杂性，必须组成专门的审判队

① 刘海洋：《论我国民事公益诉讼之举证责任分配》，载《湖南社会科学》2015 年第 3 期。

伍依法审理。近年来，最高人民法院指导全国各级法院大力推进环境资源审判专门化建设，为环境公益诉讼制度的发展提供了有力的组织保障。截至2023年1月，最高法介绍，全国法院共设立环境资源审判专门机构或组织2426个，我国成为全球唯一建成覆盖全国各层级法院环境资源审判体系的国家。下一步，已经设立专门机构的高级法院，要认真推动机构建设新发展。尚未设立专门机构的高级法院，应把环境资源审判专门机构的设立纳入重要议事日程。中基层法院的机构设置应当坚持“按需设立”的原则，在重点区域、流域，如京津冀、长三角、汾渭平原、粤港澳大湾区以及福建、贵州、江西、海南等国家生态文明试验区，设立专门机构负责环境资源案件的审理。以专门机构为依托，组建既精通法律又熟悉环境专业知识、既能审理案件又能开展理论研究的环境资源审判专业团队，制定精品化审判战略，提升环境公益诉讼案件理论研究和实践水平。

（六）健全修复资金使用管理制度

关于修复资金的管理，一方面要着眼长远，继续推动在全国范围内建立统一环境修复资金的管理制度；另一方面又要立足现实，可以考虑依据《生态环境损害赔偿制度改革方案》的规定，探索将环境修复资金交由土壤污染防治基金管理或纳入生态环境损害赔偿资金的管理体系。关于修复资金的使用，现阶段可以考虑与发展改革部门、财政部门、生态环境保护部门加强沟通协调，将修复资金与政府生态与环境保护、修复和改善资金共同纳入财政预算，让修复资金真正用于环境的修复。①

① 江必新：《中国环境公益诉讼的实践发展及制度完善》，载《法律适用》2019年第1期。

第六章

英国、美国和欧盟的城市复合型大气污染侵权救济

西方发达国家在率先完成工业化的同时，也曾产生严重的环境污染问题，对市民的身心健康造成了极大的损害，并引发了严重的社会危机。为解决环境问题，西方国家先后采取了经济、行政、法律、技术等各种手段进行治理，经过长期努力，这些国家的生态环境发生了巨大转变，基本实现了“天蓝、水清、地绿”的环境目标，其中尤以英国、美国等国在治理大气污染方面的成绩最为显著。在过去的两个多世纪里，英国、美国、欧洲诸国、日本等国通过加强环境立法、改变能源结构、疏散人口和工业企业、加强对机动车尾气排放的综合治理、建立大气监测网、建立专门的管理咨询机构和科研机构参与治理大气污染、加强绿化建设等多方面的综合治理，大气污染得到了有效控制，这些成功范例，无疑对我国的环境治理具有十分重要的借鉴意义。①

第一节　英国的城市复合型大气污染侵权法律救济

在人类历史相当漫长的岁月中，这种对自然资源肆无忌惮的攫取和挥霍并未引起丝毫重视，直至近代人类饱受前人所埋下的苦果，才真正意识到空气环境保护的必要性。18 世纪到 19 世纪，英国工业发展迅速，煤炭逐步成

① 叶琪：《全球环境治理体系：发展演变、困境及未来走向》，载《生态经济》2016 年第 9 期。

为主要的燃料，随之而来的环境问题也愈加突出，尤其是空气污染严重。在工业革命这100年的时间里，英国凭借先进的工业技术以及国内外丰富的能源，创造了巨额的经济利润，迅速成为世界上最富有的资本主义工业强国。工业革命为英国经济发展提供了历史机遇和强大动力。然而，这种没有约束的纯粹逐利的目标驱动下的经济增长，也让英国付出了沉重的环境代价，“伦敦大雾”事件的爆发、泰晤士河的污染等生态危机不仅严重威胁英国居民的生命健康，也抑制了英国的工业化进程。

一、英国城市针对复合型大气污染的立法发展历程

（一）立法起源阶段

英国是工业革命的发源地，而英国工业快速发展的一个重要基础就是英国丰富的煤炭资源，但煤炭的大量使用引发了越来越严重的空气污染。面对污染，1273年英国政府颁布了相关命令，在伦敦市内限制使用煤炭燃料；1306年，国王爱德华一世颁布诏书，禁止伦敦工匠和制造商在议会开会期间用煤，违者第一次罚款，第二次捣毁炉灶，第三次处以极刑。在英国的城市中，以伦敦的大气污染最为典型。早在17世纪，伦敦“雾都”的名声就已经传扬四海了。到19世纪末，英国的大气污染状况进一步恶化。1881～1885年的大气污染记录显示，伦敦中心地区在冬季的12月和1月中，拥有明媚阳光的天数只有其他4个城市（牛津、剑桥、马尔伯和吉尔的斯敦）的1/6。在之后的40年里，通过持续的治理，尽管伦敦的天空慢慢变得明朗起来，但其冬季日照也从没有超过上述4个地方所享受的一半，甚至在夏天人们也难以享受到充足的阳光。

工业革命后，伴随城市大气污染状况日益加重，英国大气污染防治措施也发生阶段性转变。19世纪，英国官方将大气污染列为国家重大问题来处理，消烟除尘思想盛行。然而很长一段时期以来，除烟倡导者却因为不清楚污染机理而几乎没有进行技术发展，多数人把希望放在了立法的变革之上。因而，以立法的形式，或限制燃料使用地区、使用时间，或限制污染物排放

数量等，就成为英国治理大气污染的主要举措。其中，国家立法处于支配地位。

1.《烟尘禁止法案》

人们对空气污染的抗议与不满虽然由来已久，但政府在很长时间内并没有采取实质性行动。直到1821年，在公众不满情绪的压力下，政府第一次通过法令来治理工业烟尘。政府在该年颁布了《烟尘禁止法案》（the Smoke Prohibition Act），鼓励在合理的条件下对烟尘造成的公害予以起诉。然而，这一法案仅表明了议会对烟尘的反对态度，由于对燃煤机车、锅炉等污染源没有涉及，因此并没有产生任何实质性的效果。在此之后，又陆续出现了一些规范烟尘排放的地方法案，但内容泛泛、成效甚微。例如，《德比法案》（the Derby Act）规定，对排烟一周的烟囱将处以罚款。但因为烟囱每次排烟的时间很少超过半小时，而且通常在夜间熄火，很难遵守。又如，根据《利兹改善法案》（the Leeds Improvement Act），只要企业将“最可行的方法”用于防止烟尘，就可以免予起诉。但实际上，在科学的减排方法没有充分建立起来之前，所谓“最可行的方法”就成了企业逃避惩罚的法宝。更有甚者，利兹与德比地方部门承担了针对“每周减排”的惩罚，结果是烟尘照排不误。克拉普对此颇有感慨地评论道：“依据这样的法律，起诉如能成功，那才怪呢！”①

2.《制碱法案》

在治理酸性物质、尘埃和难闻的气味方面，法律起到了重要作用。1863年专门针对制碱行业的《制碱法案》（the Alkali Act）出台，标志着英国开始对大气污染源进行有效控制。在起草该法案之前，成立了一个委员会来调查毒气泄漏事件。政府依据调查委员会的报告起草的一份提案很快被议会通过。《制碱法案》有两项主要条款：其一，碱业制造商必须将其盐酸气体的浓度至少压缩5%；其二，必须任命制碱业的巡视员。巡视员由商会从不同

① ［英］布莱恩·威廉·克拉普：《工业革命以来的英国环境史》，王黎译，中国环境科学出版社2011年版，第29页。

级别的英国科学家中任命，第一位首席巡视员是著名的苏格兰化学家罗伯特·安格斯·史密斯（Robert Angus Smith），他主张通过说服而非强制来减少烟尘排放。在他看来，如果制造商听取国家巡视员的建议并安装价值（假设）2000 英镑的设备，实际上就等于制造商接受了一笔严厉的罚款。早期的《制碱法案》在一定程度上缓解了大气污染，但它仅限于对制碱行业的管理，而对其他行业则采取了自由放任的政策。该法案虽然规定了一些排放的限制指标，但如何解读这些标准却取决于巡视员的专业知识、判断能力和工作经验。技术上循序渐进的改进，既保证了劳资双方能够从不断增长的经济中获得利益，又使制碱业的单位排放逐渐降低，在一定程度上使空气质量缓慢好转。

《制碱法案》虽然对制碱业的废气排放作了具体而详细的规定，但随着工业的发展，此后又有许多行业成为废气排放大户，《制碱法案》对节制这些行业的排放显得力不从心。因此，1881 年，在《制碱法案》基础上，英国又制定并通过了《制碱业及其他工业管理法案》。“其他工业”主要是指新被列入重点管制监控的化工厂，它们是由英国皇家委员会根据其有毒气体的排放量来决定的。除第一次对工业进行如此大规模的管制之外，巡视员还对盐厂、水泥厂进行登记，并随着技术的发展不断扩大污染企业的登记范围，到 1996 年，碱渣厂、焦油厂、炼油厂、锡铁厂和碳化厂等都已纳入登记范围。1881 年法案的另一个变化是巡检机构从以前的英国贸易部门转为地方政府部门。

尽管颁布了很多关于大气污染治理的法律，但其作用并没有想象得那么大。1840～1950 年，英国空气污染的缓解应该更多地归功于经济与技术的进步。早在 1843 年，伦敦的一个律师就提出要在英国强制推广使用威尔士出产的无烟煤作为燃料。但此建议不仅面临要求公众改变其早已习以为常的家庭取暖方式的挑战，还面临无烟煤的供应难题。1880 年，一位制碱质量检查员又提出了通过改变加热和烹饪方式来消除煤烟的可能性。用焦炭代替普通煤，既能够省钱又能消除煤烟，但却又面临焦炭供应不足的难题，而且那些硬质冶金用焦炭也不适合家庭使用。直到第二次世界大战结束，尽管人们已经认识到家庭用煤产生的污染也是大气中烟尘的重要来源，但仍然没有有效的解决办法。

虽然制定了很多法案，采取了很多措施，政府管制的范围也一再扩大，但英国大气污染的情况却没有从根本上好转。在第一次尝试减轻烟雾后的100年，问题仍然严重。尤其是英国北部的几个大城市，世人目睹的是被黑雾笼罩的市政厅教堂和铁路站台。由于各类烟尘伴随雨水不断地从天而降，以致没有人认为应该去清理它们。在大工业城市中，人们的衣服变脏了，家具沾满了灰尘，支气管炎患者增多，人们的脸色日渐苍白。面对旷日持久的烟雾和不见成效的治理，人们已经习惯了、麻木了。他们虽然认为大气污染需要治理，但也强调面临的实际困难。面对困难，他们似乎陷入了宿命论。只有一场剧烈的冲击才能够使公众和政府官员摆脱他们处理大气污染这一恶果时所持有的宿命论，而这一时刻的到来已为时不远。①

（二）立法发展阶段

20世纪20～60年代，随着现代工业的发展，特别是电力和汽车工业的发展，英国的电力和油料使用渐广，因而，包括大气污染在内的环境污染和破坏加剧，从局部地区问题发展成社会性公害。为此，英国加强了环境立法。

1. 防治烟害的专门法

1926年颁布的预防和治理烟害专门法——《公共卫生（烟害防治）法》被认为是治理现代公害立法中具有代表意义的法律。1930年还颁布了《道路交通法》，其中载有防止道路运输车辆尾气排放的规定。交通部主管本法施行依据该法案发布的政令，对于汽车和其他交通工具排气问题进行了细致的规定。汽车尾气中有政令禁止使用的烟尘和肉眼可见的蒸气、煤烟、火花和油性物质的，可禁止使用汽车。另外还有许多按地方法向地方公共团体授权

---

① 孙法柏：《英国环境法律政策整合的机制与实践》，载《山东科技大学学报（社会科学版）》2012年第1期。

制定大气污染防治规则。从1946年的《曼彻斯特法》开始，到1956年为止，约有50个地方公共团体被承认拥有指定无烟区和限制使用燃料的权限，可以通过条例实施对大气污染进行控制，防止侵害。

空气质量下降一开始并未引起英国政府的足够重视，环境退化为迅速增长的经济效益所掩盖。直至1952年，才因燃煤产生的粉尘和有毒气体长期凝结于城市空气之中，加之连续数日寂静无风导致当时正举行牛展时350头奶牛中有52头奶牛中毒死亡。随后人也开始出现不适反应，许多人出现哮喘、咳嗽等呼吸系统疾病，仅4天时间里，4000名呼吸系统病患无法救治，大约10万名居民呼吸系统出现问题。在随后的2个月里，心脏病、肺炎等疾病的发病率显著上升。①

2.《清洁空气法案》

1952年伦敦烟雾惨案引起公众的极大愤慨，迫使政府进一步加强立法工作。1953年，政府专门委派比佛委员会（the Beaver Committee）调查这一事件。翌年，该委员会提交了著名的“比佛报告”（the Beaver Report）。认为酿成这一事件的罪魁祸首是某些气态的和特别的排放物，建议政府立即立法，以减少烟柱、硬渣和灰尘。比佛委员会还采纳了“国民除烟协会”（the National Smoke Abatement Society）在第二次世界大战爆发前夕就开始大力倡导的“无烟区”的思想。比佛委员会的调查取证工作促成了1956年《清洁空气法案》的出台。

1956年《清洁空气法案》，是继《公共卫生法》和比佛报告之后治理空气污染的重要举措，它是世界上第一部由国家颁布的清洁空气法案。法案共分为7个部分，37个条款，是一部比较复杂的环境法案。法案有3个主要目标：一是建立无烟区，控制黑烟排放；二是调节中央和地方治理烟雾的权限，授予地方当局一部分权力治理空气污染；三是关于特殊情况的规定以及杂项条款。

---

① 张彩玲、裴秋月：《英国环境治理的经验及其借鉴》，载《沈阳师范大学学报（社会科学版）》2015年第3期。

对于建立无烟区，控制黑烟排放。《清洁空气法案》在第 1 条第 1 款就规定了任何建筑物的烟囱不得排放黑烟，如果在任何一天排放黑烟，该建筑物的占用者即构成犯罪。但在第 1 条第 3 款中提出了在诉讼中证明以下两种情况之一的，可以作为辩护理由。（1）被投诉的违规行为完全是由于点燃了一个寒冷的炉子，并且已经采取了所有切实可行的步骤来防止或尽量减少黑烟的排放。（2）所投诉的违法行为完全是由于熔炉或与熔炉有关的器具的某些故障造成的，该故障不能合理地预见，或即使预见也不能合理地加以防范，而且该违法行为不能通过在故障发生后采取的行动加以合理的防治。第 3 条中规定，要求新炉子应尽可能做到无烟，任何炉子都不得安装在建筑物内，或安装在附属于建筑物的任何锅炉或工业厂房内，或在安装时固定在任何土地上，除非该炉子在切实可行的情况下能够在燃烧该炉子所设计的燃料类型时连续运行而不排放烟雾，任何人在违反本节规定的情况下安装炉子，或按其指示安装炉子，均属犯罪。但该条第 4 款中规定了完全或主要为家庭使用而设计的炉子除外。法案中也有对烟囱的高度及壁炉烟尘以及固体燃烧的速度均有明确的规定。

对于烟雾控制区，中央给予地方权限。《清洁空气法案》第 11 条规定了任何地方当局可通过部长确认的命令，宣布该地方当局的整个地区或其任何部分为烟雾控制区。除根据本条当时有效的任何豁免和限制外，如果在任何一天，烟雾从烟雾控制区内的任何建筑物的烟囱排放出来，该建筑物的占用者即构成犯罪。第 12 条规定了私人住宅壁炉改造的费用等问题。在第 13 条中也提出了财政部的帮助，部长可以从议会提供的资金中，为任何地方当局的开支提供帮助。在第 15 条中规定，如果在地方当局根据本法第 11 条发布的命令得到确认后，本条适用的任何房舍或房舍的一部分的所有者或占用者，由于该命令的结果处于烟雾控制区内，为避免违反上述第 11 条的规定，在该房舍或该部分的改造上发生了支出，地方当局如果认为合适，可以将该支出的全部或任何部分退还给他。关于烟雾排放量，如果有问题可以向地方当局提出申请，地方当局根据实际情况，对满足条件的工厂可以豁免烟雾排放量。

如果申请人对地方当局的结果不满意，可以上诉部长，部长根据实际情况可以对地方当局的豁免进行更正。

对于特殊情况的规定以及杂项条款，《清洁空气法案》也作出了相关规定。对于王室烟雾排放，第 22 条规定：由政府控制的房地，并且为公众服务的场所或者部门应遵循以下要求：其一，烟雾排放是否在可控范围之内；其二，烟雾的排放是否对邻里造成滋扰；其三，为女王陛下或政府工作的船只，可以获得豁免。在收到投诉后，部长应该调查是否存在上述情况。如果确实存在上述情况，应该尽可能减少烟雾，并且采取可行的措施防止此类烟尘的增多。任何所属的利益事实属于女王或者为政府服务的人，享有排放污染的豁免权。①

法案规定成立清洁空气委员会，它的主要责任为：不断审查空气治理情况，减少英格兰和威尔士的空气污染；听取专家人士的意见，住房和地方政府部长任命一名委员，被称为清洁空气委员会主席。住房和地方政府部长可以在宪法的程序内作出规定，清洁空气委员会也有这样的权力；这项法令也适用于苏格兰，成立相应的清洁空气委员会。清洁空气委员会是治理空气污染的专门机构，法案规定了该机构的权限以及主要职责。

《清洁空气法案》是英国第一部控制大气污染的基本法，其控制范围十分广泛，包括《制碱法案》控制对象以外的企事业单位、商店、汽车、汽艇排出黑烟，煤烟、灰尘。采取的控制措施有以下 4 个方面：

（1）禁冒黑烟：主要管制对象为从房屋及其他设备中排出之黑烟，色度按林格曼级二级计算，高于此浓度标准之黑烟，则全面禁止。为此，法令中对火炉结构及所用燃料作了详细规定。

（2）规定无烟区：这里所说的无烟区，是指完全禁止释放任何烟尘。指定无烟区域是地方公共团体按照主管大臣核准的指令负责安排。在无烟区，居民申请无烟煤或必须用电、煤气，因此旧炉灶必须进行改造。炉灶改造费

① 陆伟芳：《英国 20 世纪中叶清洁空气立法的进程与启示》，载《历史教学问题》2022 年第 2 期。

3/10应由居民自己承担，其余7/10应由国家及地方公共团体按3∶4的比例给予补助。地方公共团体应该对炉灶及燃料进行调查，为居民推荐有效的新设备及燃料，鼓励他们使用、推广。

（3）预防煤烟：该法案指出，为了预防煤烟，应该采用一些办法，对于超过一定尺寸的装置，应该设置除尘装置。另外对排烟量的确定也作了规定。

（4）规定烟囱高度：该法案使地方公共团体能够制定建筑条例，以预防烟害为出发点，对建筑进行管制。地方公共团体对某项工程之建筑申请进行审查后，若发现该建筑高而无法清除煤烟及有毒物质而不得不拒批工程。在烟囱高度方面，要考虑到其与周围地区环境之间的联系，通过法规的形式制定标准。

1956年《大气清洁法》就是一部把伦敦烟雾事件教训具体化的法律，不仅条款具体，执行方法也十分简单。[①] 例如，在炉灶改造方面，为了保证法律的贯彻执行，除了给予地方代为实施的权力之外，该法还规定对违法者处以罚款：每个案件每天课以10～100英镑；地方官员如泄露职务中知悉的机密，将被科以罚款或监禁。该法案一经出台，便获得良好执行。大气污染防治协会年度报告及地方行政官厅白皮书显示，到1962年年底，英格兰及威尔士已颁布了多达1300项指定无烟区指令，根据这些指令规定的无烟区域占到了英国总面积的11.66%。苏格兰亦有12条相似指令规定区域内，以格拉斯哥为最。经过强化相关立法和落实，英国各大城市大气污染已得到有效治理，空气质量显著改善。譬如，伦敦经多年管理，至20世纪70年代中期已经基本上摘掉"雾都"之帽。据测算，1976年冬季，伦敦能见度是1958年的3倍，城区冬季日照时间较1958年前延长70%。昔日因污染而销声匿迹的100余只小鸟又飞回伦敦上空，为昔日"雾都"注入了勃勃生机。但仍然存在很多问题，因为造成污染后再治理，毕竟是被动的，可以说是"头痛医头，脚痛医脚"。通常采用的单项治理技术也仅能以解决部门性污染源为重点，无

---

① 赵承杰：《英国对大气污染的法律调整》，载《国外环境科学技术》1989年第1期。

法在整体与防治相结合中切实解决环境问题。1979 年经济合作与发展组织（OECD）第 2 次环境部长会议纪要中提出：国家环境政策应以防重于治为中心。这一建议已被工业发达国家广泛接受。就英国而言，自 20 世纪 80 年代后期开始，逐步破除先污染后治理和对某一环境问题进行立法的旧传统，实行预防为主、综合防治的方针，其主要举措是：

①实施城市和乡镇的综合规划，充分解决布局合理的问题，努力防患于未然；②环境影响评价制度的推行，使有害的环境工程能够在建设之前就经过评估并得到有效的治理；③改变“单打一”治污的心态，采用综合治污措施，综合考虑工业生产过程至所有媒介排放物质的环境效应；④使用最有效和不需要太多成本的技术预防污染物排放或者尽量减少污染物排放量或者对所排放物质进行无害化处理。

《清洁空气法案》对违法者规定了不同数额的罚款。该法典在覆盖范围、详细度和执行力度等方面均可视为环境保护法案之楷模。除《清洁空气法案》外，英国政府于 1906 年修正了《制碱业及其他工业管理法案》。由于各种治理措施的实施，英国大部分城市大气污染在 20 世纪 60 年代以后得以有效治理。在伦敦，其中心城区空气烟尘含量 1973 年降至 20 年前的一半，伦敦冬季的日照感觉如同海滨城市。由于大气污染治理成效显著，1982 年英国政府停止了全国性空气污染调查。随着烟雾污染程度有所降低，又开始注意对二氧化硫、二氧化碳及其他不明显污染物的治理。环境保护的举措逐渐落到实处，对控制大气污染、环境保护等方面都具有积极有效意义，污染治理取得了新进展。譬如，建立了环境影响评价制度，在重大工程或者开发项目上马前需要进行论证，专门评估并核算该工程可能产生的环境影响，并在评估与核算中充分考虑民意和专家建议，从而使重大工程建设透明、公开，有利于激励企业积极承担环境保护责任。此外，还实施了综合污染治理措施，将固态、液态以及气态废弃物进行全面处理，尽量减少其对环境造成的危害，从而保证形成一个避免破坏环境的污染治理体系，人们对环境保护的态度发生了剧烈转变，也为今后环境立法提供了范例。[1]

（三）公众参与阶段

英国民间很早就开始关注大气污染。早在1873年，医学栏目记者欧尼斯特·哈特（Ernest Hart）就创立了全国健康协会；1877年，米兰达·希尔和奥克塔威尔姐妹创办了“克尔协会”。在此基础上，又在伦敦成立了治理烟雾委员会，哈特担任新一届委员会的主席，其成员包括推动公共卫生事业的先驱者、积极奉献的公众人物以及著名的科学家、实业家和相关的政府人士。19世纪80年代初，该委员会在伦敦、曼彻斯特等地举办的“减少烟雾展览”，吸引了很多观众参观，其中很多观众来自工人阶层。这表明，“公众对于净化空气是还有某种兴趣的”。此后，各种治理烟雾的社团组织一直存在，但其目标主要都局限于“烟尘治理”。直到1957年“全国烟尘治理协会”（NASA）才下决心改名为“全国空气净化协会”，这表明该组织有了更加雄心勃勃的奋斗目标。在19世纪60年代，人们对环境问题的认识并没有引起真正意义上的社会普遍关注，污染和自然资源保护问题也没有真的被提上议事日程。直到20世纪60年代末，人们才开始对环境问题产生明显而持续的强烈关注。

在公民的环境意识觉醒之后，政府还应该提供充分的环境参与渠道。在英国，公民的环境权是法律赋予的，是公民权利的重要组成部分，环境权具体包括3个方面。一是环境知情权。英国政府颁布的《环境信息条例》（1992年）规定，拥有环境信息的公共机构均有义务向公民提供环境信息。同时，英国公民还可以根据《自由信息法》（1999年）直接向政府环保机构索取相关数据，公共机关不得拒绝民众要求。二是参与环境决策权。《地方政府法》（1985年）和《城镇和乡村规划法》（1990年）规定，对那些有可能造成环境伤害的项目必须引入公众参与，公众有咨询和参与政府决策的法定权利。公众参与环境事务的讨论使那些没有被充分代表的弱势群体也能加

① 李景光：《英国的环境保护政策及措施》，载《国际科技交流》1992年第4期。

入决策过程，提高了公众对环境决策的监督水平。三是环境公益诉讼权。《最高法院法》（1981 年）规定，申请人在表现出对申诉案件“足够利益和兴趣”的情况下可以对可能侵害环境的政府决策提出诉讼。

二、英国城市针对复合型大气污染的法律手段绩效分析

在现代政治文明的话语中，关于人治与法治优劣的争论已经有了明确的答案，那就是国家治理要坚持法治思维。英国作为现代法治文明的发祥地，在大气污染治理上坚定地贯彻了法治思维。亚里士多德曾经指出：“法治应该包含两重意义：已成立的法律获得普遍的服从，而大家所服从的法律又应该本身是制订得良好的法律。”① 无论是在立法上还是执法上，英国都较好地贯彻了亚氏的标准。法律至上是法治最明显的特征，也是英国人的传统观念。立法是法治的前提。从英国治理大气污染的历史可以看出，英国自始至终都非常重视对大气污染治理的立法。尽管早期的一些法律比较简单，属于被动的应对式立法，但是，立法的传统却很早就形成了。通过立法，规范了治理行为，尤其是将一些环境标准通过法律的形式规定下来，可以有效避免环境治理的随意性，有利于避免寻租和利益的偏私。为了使法律更加切合实际，英国很注意根据污染形势的变化制定新的法律，或对原有的法律进行修订。比如，《制碱工厂法》曾经经过多次修订，不断扩大管制范围，细化管制标准。又如，1955 年制定的《清洁空气法案》是以治理煤烟为主的法律，到 20 世纪八九十年代，当煤烟污染基本消除而机动车尾气成为主要大气污染物时，英国政府又颁布了《环境保护条例》《环境法》《汽车使用条例》等法律，紧密结合实际。完备规范的环境法律体系更加注重对公共利益的保护，这为法律的有效实施打下了良好的基础。

虽然在早期环境立法阶段有一些地方性法律执行得并不是太好，但那只

① ［古希腊］亚里士多德：《政治学》，吴寿彭译，商务印书馆 1965 年版，第 199 页。

是局部的暂时性现象。英国深厚的法治传统使英国人很早就学会了利用法律来维护自己的权益。比如班福德诉特纳利案就是因为原告维护空气质量权益而发起的诉讼。在1952年伦敦严重的雾霾天气之后，英国上下为清洁空气共同努力。需要指出的是，坚持法治思维是贯穿大气污染治理始终的。前文已经具体分析了法律手段、行政手段和经济手段，但是无论何种手段，都是在法治的轨道上来运行，法治是统领一切手段的。

虽然英国政府一直重视法律在大气污染治理中的作用，但是法律的作用并不是一开始就显现出来的。在早期环境立法阶段，虽然也制定了一些法律，但法律的执行效果却并不明显。比如《烟尘禁止法案》，虽然警察在执法上尽职尽责，但是各地方对防治烟尘态度不一。利物浦对防治烟尘非常积极，伯明翰和谢菲尔德也做出了一定的努力，但在曼彻斯特、莱斯特、利兹等城市，法案收效甚微，在这些城市，“法律”是公认的无效词汇，在陶器厂里“感觉不到任何（法律的）效果”斯旺西甚至压根儿就没有回应相应的通告。在伦丹，执法力度虽然一直保持，但是罚款力度很低，经常低于议会限定的底线，因此对污染者的生意影响不大。1875年的《公共卫生法案》给予了所有地方政府必要时惩治工业烟尘危害的权利。但是当20世纪初的环境调查开始时，被熏黑的楼房、雾气以及依然在英国城镇上空飘下的尘埃说明，中央、地方的种种法案都没有起什么作用。①

在20世纪50年代之后，随着公众和政府对大气污染防治的重视，法律的作用才更加明显地展现。在现代环境法律体系下，英国将大气污染治理放在整体环境治理中来统筹考虑，综合治理，取得了明显的成绩。作为一个具有深厚法治传统的国家，法律在英国大气污染治理中的作用不言而喻。可以说，法律是英国政府治理大气污染的第一利器。

---

① ［英］布莱恩·威廉·克拉普：《工业革命以来的英国环境史》，王黎译，中国环境科学出版社2011年版，第29页。

三、英国城市针对复合型大气污染的立法特点

通观英国大气污染治理的历程，可以发现最明显、最典型的工具就是法律。英国作为具有悠久法治传统的国家，非常注重通过制定法律来治理污染。在大气污染治理中，英国政府逐渐建立了完备的防治大气污染的法律法规，并通过高效的法治实施体系、严密的法治监督体系来保证法律的有效实施。英国立法控制大气污染的进程，以 20 世纪 70 年代为界，大致可以分为早期环境立法和现代环境立法两个阶段。①

（一）英国早期环境立法的特点

英国早期环境立法主要是从保障公民健康的角度出发，立法控制单一污染，表现出 3 个特点。

1. 地方立法先行，国家立法滞后

正如前面所描述的，《烟尘禁止法案》《制碱法案》等都是由于烟尘和酸气对人们的生活和健康造成了严重影响，才开始制定法律限制烟尘和酸气的排放。其主要目的并不是保护环境，而是改善人们的健康，提高环境质量仅是为达到该目标而采取的一个手段而已。由于大气污染首先发生在大城市，所以总是一些地方率先立法，当污染成为普遍问题后，才开始国家立法。比如，《德比法案》、《利兹改善法案》、《伦敦公共卫生法》（1891 年）和《伦敦地区烟害控制规定》（1891 年）都是地方政府制定的地方性法律。

2. 被动反应立法，立法孤立分散

英国早期环境立法基本都是在一种环境问题出现后的被动反应，这从这一时期环境法律的名称就可以看出来。比如，《烟尘禁止法案》主要着眼于控制烟尘，《制碱法案》主要着眼于控制碱业排放的酸气。这种被动式的应

---

① 关于英国环境法律的阶段划分，有不同观点。有观点认为应以 1952 年为界，参见许建飞：《20 世纪英国大气环境保护立法研究——以治理伦敦烟雾污染为例》，载《财经政法资讯》2014 年第 1 期；也有观点认为应以 20 世纪 70 年代为界，参见孙法柏：《现代环境法的运行机制》，吉林大学 2010 年博士学位论文，第 10 页。

对，使法律制定者缺乏对环境的整体性考虑，国家法律、地方法律和治理各种污染源的单项法律相互分割又相互交织，显现错综复杂的局面。法律缺乏整合，使法律漏洞突出，企业也得以钻法律的空子。比如，工厂为规避早期的《制碱法案》有关气体排放的控制，选择以液体的方式排放废物，导致水质严重恶化。

3. 行政命令法律化、法律为行政服务

英国早期的环境法律大都比较简单，主要是通过行政命令法律化的方式来制定法律。为了治理大气污染，政府会通过发布命令、颁布标准的方式来控制企业、居民的排放行为，这就是“命令—控制”的环境治理模式。行政机关为了增强相关命令、标准的效力，通常会借助立法程序将相关的命令、标准法律化。因此，这一时期的法律通常都直接体现了政府的意志，法律直接为政府的治理行动服务。

（二）英国现代环境立法的特点

在早期环境立法的基础上，从20世纪70年代开始，英国环境立法发生重大改变。1970年英国环境部成立，这是环境管理模式的一大转变。在此之后，英国环境保护法数量激增，其中又以国家立法为主。[①] 英国环境立法进入现代时期，主要有3个特点。

1. 环境事务的管理从分散走向统一

随着大气污染治理的深入，人们逐渐认识到了各种环境要素之间的关联性，同时，环境的好坏也与生产力发展水平有着直接的关系。这要求从整体上来看待环境，用系统论的方法来治理环境。反映到立法上，就是法律的整合和综合化。英国1990年通过了《环境保护法》，该法第一部分关于综合污染控制（integrated pollution control，IPC）的措施，把环境作为一个整体看待，把多种类型的污染统一于一个法律控制之下，避免了污染物排放时的多

① 许建飞：《20世纪英国大气环境保护立法研究——以治理伦敦烟雾污染为例》，载《财经政法资讯》2014年第1期。

部门管理导致的漏洞，也整合了管理部门，由皇家污染检察官统管多种类型的污染。环境法的这种发展，源于法学理论的深入研究和国家及其政治层面的推动。人们逐渐认识到私法不能反映污染的外部成本，不能节约资源以保护后代人的利益；英国作为欧盟的成员国需要履行欧盟的环境指令或制度，其他发达国家环境法规的不断发展，也需要英国作出积极的反应。所有这些因素都在一定程度上推动了英国环境法在 20 世纪 70 年代后获得了快速的发展。这种发展，以环境法律的颁布或一些保护环境的法令框架实施为标志，代表了现代环境法制的开始。①

2. 国家层面战略性立法增强，立法规划性增强

20 世纪 70 年代之后不再是由个体的环保运动或事件推动立法，而是有计划地推动系列环境立法，环境法律数量大幅增加。20 世纪 70 年代出台了 15 部法律，80 年代出台了 24 部法律，90 年代出台了 31 部法律。颁布的这些法律中，很多都是有关治理大气污染的法律。

3. 环境保护的技术性立法得到增强

随着科学技术的进步，英国政府不断增强对空气质量标准和大气污染的检测方法的立法，其要求也越来越严格。例如，《机动车辆（制造和使用）规则》（1973 年）规定禁止使用尾气不达标的车辆，并积极引导用新技术来处理汽车尾气和耗油量的问题；《烟雾探测器法》（1991 年）就新建住房中安装烟雾探测器的事项作了详细的规定。

概言之，纵观英国环境治理过程，我们不难看出，完整而系统的法律体系是环境治理工作得以开展的重要前提和根本保证。一是英国立法部门能针对环境治理状况制定符合新形势的新法律法规，并对原法律法规作出相应修改，使之适应新变化。以此来达到法律法规涵盖各个领域的目的，保证环保工作能够有法可依。二是英国各环境法律法规相互衔接，有序补充，充分体现了英国环境治理计划性。英国在控制水污染、空气污染等环境问题时，相

① 孙法柏：《现代环境法的运行机制——对英国环境法的研究》，吉林大学 2010 年博士学位论文，第 10 页。

关法律并不单独存在，而是制定了多种配套法律法规来保障环境立法得到有效执行。三是英国环境治理相关法律法规已由原来旨在惩治实然严重污染的立法向预防型立法转变，从而减轻环境污染带来的危害和环境治理成本。另外，英国有关环保的法规不仅齐全而且可操作性强，通过法律条文明确了各个部门的责权利和义务，惩罚时也采用了节约、惩役和其他各种手段保证法律法规能发挥其应有的功能。①

四、英国城市复合型大气污染侵权法律与实践

（一）英国城市复合型大气污染侵权的救济机制

自伦敦烟雾事件后，英国政府非常重视大气污染问题。经过英国政府的不断探索和努力，目前已经形成了较为完备的法律体系。同时，英国城市复合型大气污染侵权责任的法律依据主要是《英国侵权法》和《环境侵权法》。此外，在实践中，英国法院对于城市复合型大气污染侵权责任的判定标准主要是看侵权人的侵权行为是否对被侵权人造成了损害。为了更好地保护公民的合法权益，英国逐渐探索并建立了环境公共侵扰诉讼制度及惩罚性赔偿制度。

1. 环境公共侵扰诉讼制度

（1）环境公共侵扰制度概述

侵扰是英美普通法系中的一种侵权形式。伴随工业革命和经济的发展，原有的环境私人侵扰已不能完全适应社会发展的需要，这迫切需要寻找新的机制来解决问题。因此，英国在进行诉讼救济的过程中逐步探索出了环境公共侵扰诉讼制度。

环境公共侵扰是对自然环境实施了超出必要社会活动范围的干扰或妨碍。具有以下特点：第一，行为特定。行为应是发生在非相邻土地之间公共环境

① Ducan Depledge, *Emerging UK Arctic policy*, International Affairs, Vol. 89: 6, p. 1445 - 1457 (2013).

的损害。第二，范围广泛。受损失的范围大、遭受损失的人数多。第三，诉讼主体特殊。可以提起环境公共侵权诉讼的人具体包括总检察长、民间环保组织和遭受特别损害的一般大众成员。

（2）环境公共侵扰诉讼的救济方式

根据环境公共侵扰行为的程度不同，承担责任的方式主要包括被告承诺、赔偿损失和颁布禁止令三种。

首先，被告承诺。如果被告所实施的侵权行为轻微，法院将判决被告向法庭承诺不再实施该行为，如果被告违背该承诺，等同于藐视法庭，将进一步追究其刑事责任。其次，赔偿损失。在原告即使没有遭受实质性的人身或财产损害的情况下，只要原告证明公众受到了侵扰，法院就可以根据自由裁量权，决定环境公共侵扰的原告资格以及是否可以获得赔偿。最后，颁布禁止令。禁止令是一种重要的救济方式，即原告除了可以得到损失赔偿外，还可以提起对被告颁布禁止令的诉讼，禁止侵扰人的继续侵扰行为。

2. 惩罚性赔偿制度

（1）惩罚性赔偿制度概述

英国是世界上最早实行惩罚性赔偿制度的国家。随着社会的发展，惩罚性赔偿制度适用的诉讼类型也在逐步拓宽。若案件类型能够归入“国家公务人员不公正、专横或违宪的行为案件，被告之行为为蓄意策划企图牟取超过原告可获得的赔偿利益的案件，制定法授权进行惩罚性赔偿的案件”中三类的任意一种，原告可以请求惩罚性赔偿。

惩罚性赔偿的适用条件具有严格的限制，具体表现在：第一，行为人客观上实施了违法行为；第二，行为人主观上具有严重的过错；第三，造成了损害后果，既可以是人身、财产的损害，也可以是精神上的损害。

（2）惩罚性赔偿制度的救济方式

惩罚性赔偿制度的救济方式主要是给予惩罚性赔偿金。所以在司法实践中，如何确定惩罚性赔偿金的数额就尤为重要。在英国，陪审团发挥着重要的作用，所以在确定惩罚性赔偿金数额时，陪审团会结合具体案件中被告的主观恶性、可能存在的免责事由以及经济状况等方面确定出合理的数额。此外，为了保障该数额的合理性，英国法院通过监督改判的方式对其进行监督。比如，1963 年 Rookes v. Barnard 一案①，被告因不服陪审团所作出的裁定提起了上诉，上议院就认为该案不能适用惩罚性赔偿而推翻了原审判决。再如，Thompsm v. Commissioner of Police of the Metropoils 一案，该案的法官认为，陪审团所确定的惩罚性赔偿数额过高，于是上级法院综合考量各种因素，最终否定了陪审团所确定的数额，并确定了合理的惩罚性赔偿数额。②

（二）英国城市复合型大气污染侵权的司法实践

1. 肉制品加工企业臭气污染案

肉制品加工企业臭气污染案的被告是一家肉制品加工企业，被告在从事加工肉制品的过程中，会产生一种叫硫化氢的臭味气体，长期吸入硫化氢气体会引发很多健康问题，附近居民对被告提出诉讼。本案的主审法官认为硫化氢这种臭气气体是一种公共侵扰。他所给出的理由是：该地是一个工业区，在居民买房之前就已经做好了要忍受污染所带来的负面影响。但是在本案中，当地居民所受到的影响已经远远超出了他们的预期。综上，法官认为加工企业排放硫化氢气体的行为构成公共侵扰，令被告承担赔偿责任。③

2. 兰花案

兰花案的原告是一家种植兰花的公司，被告是一家工厂。被告在从事生产作业的过程中，会产生一种主要成分为二氧化硫的废气，具有很强的毒性。原告的兰花因此枯萎，即对被告提出诉讼。被告则主张兰花对空气的要求比其他植物要高，排污行为与兰花枯萎没有因果关系。法院经审理认为，尽管兰花对环境的要求要比一般植物要高很多，但是二氧化硫气体的排放不仅对兰花造成威胁，对普通植物也会造成威胁。因此，法院判决了被告的环境侵

① 黄雅琴：《惩罚性赔偿研究——国家制定法和民族习惯法双重视角下的考察》，法律出版社 2016 年版，第 66 页。

② 叶雪影：《生态侵权惩罚性赔偿适用问题及对策研究》，西北民族大学 2021 年硕士学位论文，第 29 页。

③ Shoreham - by - sea UDC v. Dolphin Canadian Proteins Ltd. （1973） 71 L. G. R. 261.

扰行为成立。[①]

3. 伯恩养殖场案

伯恩养殖场案的被告是一家养牛场。被告在从事养殖活动的过程中，产生了大量的臭气，使附近居民每天都受到侵扰。附近居民因此对被告提起诉讼，请求养牛场赔偿损失。法院经过审理认为，虽然没有直接证据证明原告因养殖场产生的臭气受到的损失，但臭气实际上会造成人身损害，最终法官行使了自由裁量权，判令被告赔偿了原告1000英镑。[②]

（三）英国城市复合型大气污染侵权案件的主要特征

1. 主体之间的差异性

在城市复合型大气污染的诉讼案件中，公司、企业这种拥有资金和技术优势的组织往往会成为侵权行为人。而普通民众往往是受害者，而且呈现受害范围广、受害人员众多的特点。原被告的诉讼位置相对固定，即被告通常是具有资金和能力的企业，原告则为处于弱势地位的普通民众。

2. 起因行为的复杂性

在城市复合型大气污染的诉讼案件中，起因行为不单单是指侵权行为人直接向大气排放污染物的活动，更包括社会上普遍存在的日常人为影响大气环境的活动。例如，在国家和政府的许可下从事特定的生产作业，此类行为合法合规，但是在这个过程中，所产生的污染物如果造成了被侵权人人身或财产的损害，也要受到相应的处罚。

3. 因果关系的不确定性

在城市复合型大气污染的诉讼案件中，侵权的整个过程是以空气作为传播污染的中间环节。因此，城市复合型大气污染的因果关系具有不确定性。加之，如前所述，造成大气污染的起因都具有复杂性，那么在认定侵权行为与损害后果之间的因果关系时就更加困难了。另外，污染可能是一个长期的

---

① Mckinnon Industrices Ltd. v. Walker.

② Bone v. Seal [1975] 1 All ER 787.

过程，也可能是多种污染物混合后的结果，所以损害后果的出现也难以判断究竟是哪一因素造成的。

4. 损害后果的复杂性

在城市复合型大气污染的诉讼案件中，由于大气具有流通性，所以所造成的损害后果也具有复杂性。一方面，大气污染会导致空气质量下降、农作物减产等一系列现象的出现，这种后果的损害程度并没有一个具体的标准可以衡量；另一方面，污染可能直接作用的是人的身体健康，也可能是动植物，进而影响到人的身体或者财产，导致人身、财产的损失。综上，城市复合型大气污染的损害后果具有复杂性。

（四）英国城市复合型大气污染侵权责任的承担

1. 侵权归责原则

城市复合型大气污染侵权的归责原则是责任承担方式中最重要的一种，也是区别于其他类型环境侵权的重要标志。根据英国《环境保护法》第 73 条的规定[①]，英国主要适用的是过错责任原则。但是在司法实践中，适用无过错责任原则的案件数量居多。例如，在司法实践中常常会出现的情形，被告客观上已经违反了相关的法律规定，但主观上并没有过错，也需要承担相应责任。究其根本原因，主要是如果完全适用过错责任原则必然导致被侵权人所获得的救济程度不够。因此，在英国城市复合型大气污染侵权案件中，并不完全适用过错责任原则。

2. 因果关系认定

因果关系问题是城市复合型大气污染侵权诉讼中的一个重要问题，它不仅决定了责任的承担，还决定了责任的范围。根据英国《大气污染防治法》的相关规定可以看出，在城市复合型大气污染侵权案件中，确定环境污染侵权行为和损害后果之间的因果关系需要考虑以下几个方面：第一，侵权行为

---

① 英国《环境保护法》第 73 条规定：“有下列情形之一者，为违反环境保护义务而发生环境损害时，行为人应负责赔偿：（1）违反有关保护环境、防止污染的法律或行政法规，或以其他方式造成污染；（2）未经有关当局同意，排放污染物；（3）向大气排放污染物，或以其他方式污染大气。”

与损害后果之间是否存在因果关系；第二，侵权行为与损害后果之间是否存在时间上的先后顺序；第三，是否存在“共同因果关系”。同时，在英国的司法实践中，英国法院在处理此类案件时，往往会从侵权人的侵权行为是否存在因果关系以及行为与结果的原因力大小这两方面再结合具体的案件事实来判断。对于因果关系的确定，英国采用的是“概率适当性”，即当某一污染行为在一定概率上导致损害结果的发生，即成立因果关系。因果关系的判断很大程度上依赖于事实的查明，而事实的查明很大程度上又依赖于法官的经验判断。此外，一般英国法院认为：“如果没有充分证据证明行为人实施了污染行为，并且该行为与损害之间存在因果关系，则行为人就不需要承担责任。”

3. 证明责任分配

根据英国《环境损害赔偿法》的相关规定，在证明责任分配方面，其基本思路是首先根据因果关系进行初步判断，如果存在因果关系则推定存在；如果不存在因果关系，则证明责任由侵权人承担。而对于城市复合型大气污染侵权案件来说，最难处理的是“具体的行为方式”和“行为时间”这两个要件。上文所述的大气污染侵权的主要特征使举证责任的分配难度相较于一般侵权案件的分配难度要大。鉴于此，英国《环境损害赔偿法》第 18 条规定，如果侵权人能够证明其行为与被侵权人所受的损害之间没有因果关系，则侵权人就不需要对其行为所造成的损害后果承担相应的赔偿责任。但是在司法实践中，由于大气污染案件存在污染种类多、行为方式多样和时间具有持续的特点，即使侵权人能够证明其行为与损害后果之间不存在因果关系，也不一定能够完全免除其责任。

4. 责任承担方式

根据英国《空气污染法》的规定可以看出，英国对于城市复合型大气污染侵权责任承担方式有四种：一是排除妨害；二是损害赔偿；三是损害补偿；四是排除妨害和损害赔偿的竞合。其中排除妨害和损害赔偿是英国在司法实践中最常见的责任承担方式。比如，根据上文所述，在肉制品加工企业臭气污染案中，合议庭经过审理后，让被告人作出承诺，承诺9个月内消除侵扰，停止硫化氢气体的排放；在伯恩养殖场案一案中，法院判处被告赔偿原告损失1000英镑；等等。

第二节 美国城市复合型大气污染侵权法律救济

美国的大气污染问题随着资本主义工业革命的深入发展，呈现越来越严重的趋势。工业化的发展不仅带来了快速的经济进步、人口的大规模扩张，整个国家的城市化也越来越明显，机器所带来的大规模生产和现代交通工具的不断更新进步在给国家的现代化助力的同时，不可避免地导致了空气质量越来越差。从工业化开始之初到20世纪40年代，美国的大气污染主要经历了两种类型：煤烟型大气污染和光化学烟雾污染，而这两种空气污染的产生与能源的使用存在非常密切的联系。①

一、美国城市复合型大气污染概述

自19世纪以来，美国的工业革命在本国丰富的矿产资源带动下得到迅猛发展，美国拥有世界上丰富的煤炭资源，而煤炭作为重要的能源，对美国工业的发展起到了至关重要的作用。美国独立战争后，东北部的13个州在阿巴拉契亚煤田的带动下，迅速发展成为重要的工业基地，钢铁厂、硫酸厂、炼锌厂等众多工厂纷纷建立，机器声轰鸣，烟囱拔地而起，之后这些工厂的烟囱不断向空中喷云吐雾，美国整个东北部城市上空都飘着黑黑的浓烟，很多工业城市即使在白天也被浓烟笼罩，能见度极差，需要一天24小时打开街灯和车灯才能安全通行。煤炭作为一种廉价能源，被广泛应用于生产、生活中，由此，出现了美国早期的大气污染问题——煤烟型大气污染。煤烟型大气污

---

① 赵彩霞：《美国大气污染治理的经验与启示》，载《决策与信息（下旬刊）》2016年第6期。

染的产生主要是以煤炭作为生产和生活能源，在其燃烧的过程中，排放出大量的烟气、粉尘以及二氧化硫等污染物，这些污染物排放到空中又与空气中其他物质发生化学作用，产生其他二次污染物。这种煤烟型大气污染的发生以 1948 年多诺拉小镇的大气污染事件为典型，多诺拉所处的地理位置比较特殊，位于两边是山丘的河谷内侧，空气流动本来就差，再加上工业的发展使多诺拉众多的硫酸厂、钢铁厂等排放的废烟废气直接释放到空中，多日沉积不散，特殊的地形加上 10 月气候的异常，导致工厂排放出的大量废气和金属颗粒物悬浮在城市上空，严重污染大气环境，造成小镇中 6000 人突然发病，症状为咽喉痛、流鼻涕、咳嗽、四肢乏力等，其中有 20 人很快死亡。煤炭能源的大量使用在给美国经济带来强大发展动力的同时，也对城市空气造成了不可挽救的损失。

20 世纪初，石油在美国得到了开发和利用，由于石油更易于运输、价格便宜且更具有优势，美国的煤炭逐渐让位于石油，石油在美国的能源消费市场中所占比例不断上升。当然，美国汽车行业的蓬勃发展也对石油资源的开发利用起到了重要的推动作用。自以汽油为动力的汽车问世并进入市场以来，汽车的产量每年直线上升，汽车已逐渐成为美国人生活不可或缺的重要部分，石油的开发利用更是成为美国能源市场的主力军。然而，在汽车的大量使用过程中，所消耗的汽油每日剧增，据资料统计，20 世纪 40 年代，洛杉矶市就拥有大概 250 万辆汽车，每天大约消耗 1100 吨汽油，排出 1000 万吨碳氢化合物，700 多吨一氧化碳和 300 多吨氮氧化物，石油作为新的能源对城市大气也造成了新的污染。汽车排放出的大量尾气加上每天炼油厂、石油化工等工厂排放出的碳氢化合物、二氧化硫等空气污染物与空气中其他成分发生化学作用后，再次加重了城市的空气污染问题。整个城市被阴霾笼罩，暗无天日，这种状况引发了城市居民咽喉疼痛、呼吸困难或头昏、头痛等众多身体上的不适或疾病。此后，美国光化学烟雾的出现更加频繁，不仅严重损害了洛杉矶市民的健康，给农业带来严重损失，还导致交通事故频发。

美国洛杉矶光化学烟雾事件是世界有名的公害事件之一。光化学烟雾是大量碳氢化合物在阳光作用下，与空气中其他成分起化学作用而产生的。这种烟雾中含有臭氧、氧化氮、乙醛和其他氧化剂，滞留市区久久不散。在1952年12月的一次光化学烟雾事件中，美国洛杉矶市65岁以上的老人死亡400多人。1955年9月，由于大气污染和高温，短短两天之内，65岁以上的老人又死亡400余人，许多人出现眼睛痛、头痛、呼吸困难等症状。洛杉矶市在20世纪中期被称为“美国的烟雾城”。越来越多的大气污染事件使美国全社会开始主动关注空气污染问题，大气污染的治理也成为政府工作的焦点。

二、美国大气污染防治法的产生与发展

（一）美国大气污染防治法的产生

美国早期的空气污染防治立法是从各个城市开始的。19世纪末，在工业革命的推动下，美国的城市化迅速扩大，城市人口迅速增多，煤炭在工业生产和日常生活中的大量使用，使各大城市出现日益严重的空气污染问题。一些城市率先开始制定一些法律来减轻控制煤烟污染。

早期美国地方空气污染防治法律主要是针对煤烟型空气污染产生的能见度差和影响人们健康而制定的。1815年，匹兹堡市率先制定了防治煤烟空气污染的立法，这是美国最早的关于空气污染治理的地方立法，到1869年，匹兹堡市宣布火车头使用烟煤作为燃料的行为非法。但由于烟煤使用总是和工业繁荣联系在一起，当时的生产力水平只能使用烟煤作为主要能源，烟煤控制很难有效实施。严重的空气污染迫使民众不断联合起来发动群众性的保护运动。1880～1890年，天然气作为清洁能源的使用，使城市空气质量有所改善，由此引发了一场群众性烟尘控制运动。1895年和1906年，匹兹堡市先后通过两部《烟尘控制法令》来解决城市烟尘问题。①

虽然美国大部分城市都已制定法律来解决空气污染问题，但遗憾的是，

① 高国荣：《激进环保运动在美国的兴起及其影响——以地球优先组织为例》，载《求是学刊》2012年第4期。

早期的这些立法均未能有效地控制空气污染。随着经济的发展，美国汽车私人拥有量增长迅速，炼油厂、加油站、钢铁厂等企业迅速发展，移动源和固定源排放的烯烃类碳氢化合物、氮氧化物等空气污染物聚集在一起，在太阳光的强烈作用下，吸收太阳能量并发生化学反应，形成剧毒的光化学烟雾。以酸雨和洛杉矶光化学烟雾为标志，美国空气污染从煤烟型污染转化成以光化学烟雾和酸雨为代表的区域性、复杂性污染。

在这样严重的空气污染危害下，美国掀起了日益强烈的环境保护群众运动。民选政府在这种情况下，为选举获胜考虑，不可能置选民的生命安全于不顾。多诺拉烟雾事件和日益严重的光化学烟雾事件迫使联邦政府迅速出台了第一部联邦空气污染治理法，即《1955 年空气污染研究和技术援助法》。该法把空气污染作为一个国家问题，主要内容是为空气污染研究控制提供联邦资助，它授权卫生部长调查州和地方政府对污染问题的投诉名单，然而并没有对空气污染提出任何具体可行的控制措施。尽管如此，该法毕竟是美国联邦政府第一部专门处理空气污染问题的国家法律，该法的出台使人们更加认识到空气污染的危害，并开始了联邦政府长达半个世纪的空气污染治理。①

从城市烟尘控制法到州政府的空气污染控制法，最终发展到联邦政府制定的法律，美国的空气污染防治法经历了一个由单个城市到少数州，再到联邦政府立法的逐渐产生、发展和不断完善的曲折过程。导致美国空气污染防治法迅速发展为清洁空气法是复杂的多个因素的综合作用：首先也是最重要的因素是，空气污染已经开始严重地损害人类身体健康和生命安全。美国在 19 世纪的空气污染主要来自制造业的燃煤使用、家庭的取暖和交通领域，由此产生的空气污染物在大气中的浓度已经足以影响到人们的生命安全。经济发展的初衷是要改善和提高人类的生活质量，相反，如果因为经济的发展而导致对生存环境的威胁，这是任何人都不愿看到的结果。然而，从 19 世纪开始到 20 世纪上半叶，飞速的经济发展伴随产生的空气污染不仅对大气环境无

① 金海：《20 世纪 70 年代尼克松政府的环保政策》，载《世界历史》2006 年第 3 期。

利，反而因此引发非自然死亡率迅速上升，多人罹患呼吸系统疾病。严重的空气污染迫使人们不得不慎重对待、认真思考空气污染的治理问题，在这种情况下，从分散的地方烟尘控制法，发展到州范围内的控制空气污染法，再到联邦层次上的清洁空气法，是有其必然性的。其次，此起彼伏的群众运动对于控制空气污染立法的出台起到了推动作用。从多诺拉烟雾事件开始，到洛杉矶光化学烟雾事件，美国接连发生的多起严重空气污染事件不仅震惊全美，而且点燃了人们心中对政府治理空气污染不力的愤恨。1970 年 4 月 22 日，美国终于爆发了大规模的首次地球日纪念活动。据不完全统计，当日全国共有 2000 所大学、1 万多所中学、几百个社区和许多州的立法机关举行了地球日纪念活动，参加者的人数至少有 2000 万人。如此大规模的群众性环境保护运动给国会带来了巨大的压力，而且许多组织者和参与者本身就是国会议员。[①] 空气污染面前人人平等，这种全社会各个阶层都参与的环保运动，促进了社会各阶层在空气污染问题上达成空前一致。最后，清洁空气法的产生，除了大规模的群众运动之外，司法的推动力量也功不可没。在司法实践中，美国的各级法院的环境判例也对立法的发展和完善起到重要作用，1864 年圣路易斯市的一名男子鉴于其邻居家烟囱排放的烟尘严重影响其生活，以致他无法出租自己的房屋，对邻居起诉要求赔偿损害，密苏里最高法院裁定被告赔偿原告 50 美元。该判例催生出圣路易斯市的第一个空气污染控制法令。司法还通过公民诉讼条款，大大促进公众参与空气污染治理。[②]

（二）美国大气污染防治法的发展

美国的大气污染防治立法主要经历了 3 个阶段的发展变化。

1. 第一阶段：20 世纪 50 年代之前

1955 年之前，美国虽然大部分地区已经颁布烟尘控制条例来治理当地的

---

① 《世界地球日简介》，载中华人民共和国自然资源部网，https://www.mnr.gov.cn/zt/hd/dqr/41earthday/dqrhg/201807/t20180709_2055713.html。

② 刘向阳：《20 世纪 70—90 年代美国环境管制的路径转向及其深层背景分析》，载《河北师范大学学报（哲学社会科学版）》2023 年第 3 期。

空气污染问题，但是这种立法比较分散，以地方政府的单行法为主，且立法层次较低，主要针对的是煤烟型空气污染，所采取的措施主要是改造锅炉、减少烟尘排放量、禁止使用高硫煤，并对非法行为处以罚款。然而，由于空气污染会从一个地区扩散到另一地区，单靠各个地方政府的力量无法有效解决空气污染扩散的难题。因此，在应对美国日益严重的空气污染问题上特别需要联邦政府的出面，来统筹规划治理美国日益严重的空气污染问题。

2. 第二阶段：20 世纪 50 ~90 年代

（1）《1955 年空气污染研究和技术援助法》等空气污染治理法

20 世纪 50 年代开始，美国政府在空气污染问题上开始准备立法，制定了联邦政府层面的空气污染治理法，即《1955 年空气污染研究和技术援助法》。从直接效果上看，《1995 年空气污染研究和技术援助法》所起的作用十分有限，对治理空气污染问题、改善空气质量影响甚微，空气污染状况并没有本质变化，而且越来越糟。1958 年的一项研究证实，洛杉矶光化学烟雾事件的主要元凶是汽车排放的污染物，国会由此认识到汽车产生的空气污染非常严重，机动车在行驶的过程中会排放出大量的一氧化碳、氮氧化物以及碳氢化合物，汽车尾气所排放的污染物占空气中污染物总量的 60%。由此，国会在 1960 年针对此问题制定了《1960 年机动车排放污染物研究和报告法》，虽然该法在内容上非常简单，但也说明了联邦政府对空气污染治理的一份决心。①

（2）《清洁空气法案》的立法

1963 年，美国开始了首次清洁空气的立法，由此颁布了全国统一清洁空气法案。在立法思路上，清洁空气法不再单纯以追求经济利益价值为中心，而更注重兼顾经济和环境的协调发展，确立了尊重和保护自然的立法理念，追求人类和生态共同的利益。制定法律的重心从污染防治开始向预防优先、

① 徐再荣：《20 世纪美国环保运动与环境政策研究》，中国社会科学出版社 2013 年版，第 59 页。

保护环境转变，特别强调从源头消减向大气中排放的污染物，注重清洁生产和能源利用转变。

1970 年，国会通过一部力度更大的《清洁空气法案》后，联邦政府才开始全面应对空气污染问题。同年，国会成立了环保局，并要求环保局承担执行该法律的主要职责。自 1970 年以来，为减少全国范围内的空气污染，环保局始终致力于制定各种《清洁空气法案》计划。

另外，由于 20 世纪 60 年代美苏两国冷战进入高峰期，这种紧张气氛使美国国内所存在的公民权利、社会福利、公共设施等方面的问题尤为突出。在这种背景下，美国国会不得不对直接影响民众健康的空气污染等问题采取更有效的措施。

1990 年，国会对《清洁空气法案》进行了大幅修订并扩大了其适用范围，进而赋予环保局更广泛的权力，以便其实施和执行旨在减少空气污染物排放的法规。1990 年的修正案也更加强调采用更具成本效益的方法来减少空气污染。

美国是一个普通法系国家，法院的判例与成文法具有相同的法律效力。但是就环境保护法律而言，成文法则是主要的组成部分。美国现行的环保法律主要是由国会通过立法作出原则性的规定，然后由环保管理机构在授权范围内制定相关法规，进而贯彻实施。1990 年《清洁空气法》法律体系涉及的范围相当广泛，涵盖了全美地区的生产和各种活动，可以称为影响最大的环境保护法律。[①] 1990 年《清洁空气法》奠定了美国清洁空气法比较完整的法律框架，其主要肩负着 3 项任务，即国家环境空气质量标准的达标和保持、机动车污染源控制、空气污染物排放许可证的实施。

(3)《清洁空气法》的主要内容

《清洁空气法》第 101 条规定了该法的立法目的：①保护并提升国家的空气质量，以改善公众健康和公共福利，并且维护国民的生产力。②建立一

---

① 梁睿:《美国清洁空气法研究》，中国海洋大学 2010 年博士学位论文，第 54 页。

项国家研究与开发机制，以实现空气污染的预防与控制的目标。③由联邦政府向州政府和地方政府提供资金和技术支持，保证州政府和地方政府针对本辖区内的空气质量改善项目落到实处。④鼓励并且协助建立跨区域的联合空气质量改善项目。把改善公众健康和公共福利放在首位，反映了美国人的核心价值观。

美国联邦政府在1970年修订了《清洁空气法》，建立了法定的国家环境空气质量标准，当时已有微粒物、一氧化碳、硫氧化物、氧化剂、碳氢化合物等5种空气污染物的质量准则文件，联邦环保局发布了相应的空气质量标准。1971年4月30日，发布了最终的6种空气污染物国家环境空气质量标准，包括总悬浮微粒物、二氧化硫、一氧化碳、臭氧、碳氢化合物、二氧化氮。

并非所有的空气污染物质都有国家空气质量标准，根据授权，联邦环境保护总署只对《清洁空气法》第112条所规定的“危险空气污染物质”设立国家空气质量标准。《清洁空气法》第108条规定，联邦环境保护总署必须发布一份空气污染物质列表，将已经或者极有可能危害公众健康和公共福利的空气污染物质陈列其中，而该系列污染物质必须具有以下特性：而该系列污染物质必须具有以下特性：①该污染物质应当符合《清洁空气法》第302条的规定；②该污染物质应当来源于多数或者不同的污染源排放；③该污染物质必须已经或者极有可能危害公众健康和公共福利。

针对不同污染问题的政府权责分配，在常见污染物治理方面，美国政府建立州政府—环保局合作模式的权责分配，在环保局的国家环境质量标准的指导下，各州政府负责开发其自身的实施计划，使本州空气质量符合国家标准。环保局为州政府提供指导和技术支持，并审核判定各州的计划是否符合国家标准的要求。在对有毒污染物方面，美国政府建立国家规则主导—州政府配合的权责分配模式，针对有毒污染物，国会要求环保局出台一个有明确污染源分类的国家排放标准，并要求各州执行。各州如自行再设立排放标准，则不得低于国家要求。在酸雨方面，美国国会通过了一个联邦的项目来减少会引发酸雨的污染物的排放，法案在此基础上要求环保局来推动该项目的实施，并对污染排放活动及其交易活动进行监管。在臭氧层保护方面，美国政府设定国家级要求，国会要求环保局制定和推行一个制度，以逐步淘汰危害臭氧层的化学产品，并注重这些化学品的回收、标记和处置。在区域性雾霾方面，美国政府建立环保局指导—州政府制订计划的权责分配的模式，国会要求各州制订并实施工作计划，减少国家公园和其他保护区域的可见性雾霾。环保局对该计划进行指导，并审查该计划以确保其符合法案的要求。①

对于机动车污染源控制制度，《清洁空气法》针对汽车产业迅猛发展带来的空气污染，制定了一系列措施。首先，从控制空气污染的角度出发，对任何新型机动车或发动机规定了污染物排放的标准。对于符合法规要求的新机动车或发动机颁发至少 1 年的合格证，这是美国关于机动车排污许可证的根本法律依据。另外，赋予各州制定本州的机动车或发动机污染物排放标准的权力，但州所制定的标准必须比联邦的机动车和发动机污染物排放标准更严格，相关的实施程序也必须符合法规规定。其次，对于机动车的燃料问题也作出了相应的规定，任何机动车燃料制造商或处理商必须按照卫生教育福利部长的要求提供法律规定的信息，且燃料中包含的任何添加剂已经按照法律的规定注册，否则该燃料不得进行交易。

对于空气污染物排放许可证制度，《清洁空气法》在第 5 部分专门对许可证进行了法律规定。根据该规定，许可证管理对象在其成为管制对象之后 12 个月内提出许可证申请，申请书应附有一份该管理对象的守法计划，许可证审批机关应在收到申请后 18 个月内对申请作出决定。在许可证申请和批准的整个过程中，公众都有权参加并发表评价。许可证的主要内容包括对污染源运行污染控制设备、监测和限制污染排放、报告违法情况的具体要求。若违背许可证的要求则要承担相应的后果，一个污染排放源如果违

① 黄衔鸣、蓝志勇：《美国清洁空气法案：历史回顾与经验借鉴》，载《中国行政管理》2015 年第 10 期。

背了一条或多条许可证包含的条款，则会受到强制执行，包括但不限于罚款、纠正措施。强制执行行为可由地方许可证主管机构、联邦环保局或公民申请发起。

(4)《清洁空气法案》的意义

自1970年至2012年，6种主要污染物的排放量降低了72%，而国内生产总值则增长了219%。自1980年至2012年，全美铅排放减少了91%、一氧化碳减少了83%、二氧化氨减少了55%。这次空气质量的改善成果使许多地区的空气质量开始符合国家空气质量标准，并开始探索建立其自身的空气质量标准。自从美国环保局在《清洁空气法》的授权下，逐渐要求停止生产和使用含铅汽油后，原有的因空气中铅含量超标的地区的污染状况都有了显著好转。此外，由于该法案的施行，美国呼吸系统疾病以及其他人民健康问题所面临的风险也显著地降低，并将随着时间推移而继续好转。《清洁空气法》的出台降低了机动车和其他交通工具的污染排放量。

在治理空气污染之外，《清洁空气法》也对经济发展做出了很大贡献。保证了美国居民的身体健康，也进而提高了美国劳动力的生产能力。《清洁空气法》通过对许多空气污染防治的项目支持，鼓励了技术开发，直接推动了这个行业的快速发展。

(5)《清洁空气法》的修订

1965年，国会对《清洁空气法》进行了修订，《1965年清洁空气法修正案》增加了两部分，并授权卫生教育福利部长制定机动车污染物排放标准和管制规章。在机动车对空气污染的控制上，联邦政府综合了立法、行政、司法的力量进行治理，并授权地区法院在审理违法案件上的权利，实施积极的管制措施。这些都表明联邦政府干预空气污染控制立法的趋势。

1967年，《清洁空气法》在控制大气污染方面制定了更加全面、严格的法律规定，开始了综合性的联邦空气污染控制计划，首次启动了各州采用和达到环境质量标准的法定程序。

1970年，美国联邦政府又花了大力气制定了《1970年清洁空气法修正案》，这次的修订在美国治理空气污染的发展中实现了飞跃。该法建立了国家环境空气质量标准，要求各州制订达标的实施计划，对新建和改建的固定污染源建立了新源运行标准，对有害空气污染物质建立了国家排放标准，增加了执行机构的权力，授权联邦环保局对机动车污染物排放进行控制。该修正案还首次在《清洁空气法》中确立了公民诉讼条款，从而形成空气污染治理上的公众参与机制。

《1977 年清洁空气法修正案》要比以前所有的立法更加完备，规定更为详细，也更具有可操作性，该法具有里程碑式的创新主要有两个：一是对达标区域的空气质量要求；二是确认了空气污染的流动性，因而需要州际合作解决。

《1990 年清洁空气法修正案》奠定了美国清洁空气法比较完整的框架，该法不仅在改善美国空气质量方面取得了显著的进步，而且促进了美国经济的发展。1990 年以来，虽然美国的经济持续发展，能源消耗不断上升，但是环境问题却得到了一定程度的改善。这不得不说不断修订和改进的《清洁空气法》为美国空气污染的治理提供了坚实的法律保障。

3. 第三阶段：20 世纪 90 年代至今

1990 年之后，美国又颁布了几项与《清洁空气法》实施效果有关的法律，如 1999 年国会颁布的《燃料管制救济法》、2005 年颁布的《2005 年国家能源政策法》、2007 年颁布的《2007 年国家能源独立和安全法》等。自《1990 年清洁空气法修正案》之后的 20 余年，美国清洁空气立法思路和基本框架没有发生显著变化，美国环保部遵循 1990 年修正案的要求不断制定、施行并执行新的规定，但都没有对 1990 年《清洁空气法》作出实质性改动。可以说，美国在 1990 年之后所构建的法律体系和实施的管理措施对于空气污染治理是相当有效的。①

① Cass R. Sunstein, *Congress, Constitutional Moments, and the Cost - Benefit State.* Stanford Law Review, Vol. 48: 2, p. 249 - 260 (1996).

三、美国大气污染防治法律制度主要内容

(一) 国家环境空气质量标准（national ambient air quality standards, NAAQS）

当美国国会创建控制空气污染的全国性监管程序时，它力求达到保护公众健康和福利的全国统一的空气质量标准。这个目标是美国《清洁空气法》(CAA) 的核心。因此，法案授权美国环保局建立基于健康和福利的环境空气质量标准。它的基本思想看起来很简单，即由联邦政府来决定最常用的污染物的环境空气质量标准，其中包括保护健康的国家环境空气质量标准水平（一级环境空气质量标准）和保护福利的国家环境空气质量标准水平（二级环境空气质量标准），然后由各州自己决定如何控制本地的污染源，以满足这些标准。①

美国《清洁空气法》第 108 条规定，环保局行政官首先需要建立一个污染物清单。清单中的污染物均是由无数各种移动或固定污染源所排放，可能“导致或加剧空气污染，且能够合理预见其将危害公众健康或福利”。迄今为止，环保局已经将下列空气污染物列入清单：可吸入颗粒物质、二氧化硫、一氧化碳、氮氧化物、臭氧和铅。对于这些污染物，环保局已经设立它们各自的空气质量标准，并定期根据最新的科学知识进行调整。这些科学知识主要用来确定这些污染物将会对公众健康和福利造成何种类型和程度的可识别的损害。《清洁空气法》第 109 条规定，环保局须建立一级环境空气质量标准，即根据行政官的判断，基于环境空气质量指南准则和足够的安全边际而设立的保护公众健康的最低标准。二级环境空气质量标准则为保护公众福利的最低标准，需要考虑任何已知的或预测到的不利影响，如经济损失。

---

① Popp D., *Pollution control innovations and the Clean Air Act of* 1990, Journal of Policy Analysis & Management, Vol. 22: 4, p. 641 – 660 (2003).

（二）州实施计划

虽然美国环保局颁布了环境空气质量标准，但具体如何实现这些目标则很大程度上留给各州裁量，但需要环保局审查和批准。《清洁空气法》第110条规定每个州制订州实施计划，细化在每个空气质量控制区域（airquality countrol region，AQCR）达到环境空气质量标准的具体措施。州实施计划正是“合作联邦制”这一大胆实验的核心。

为了制订一个为公众所接受的州实施计划，各州必须首先在州内的每个空气质量控制区域确定标准空气污染物当前值和期望值，然后根据这些数据决定应该减排多少才能达标。各州需要清查排放源，并预测其未来增长。然后，各州必须面对一个政治敏感的任务，即决定采用什么控制策略，以及如何分配不同排放源的减排负担。最后，各州必须向环保局证明州实施计划足以使该州达到并保持国家环境空气质量标准。

（三）防止显著恶化与新源审查计划

美国国会已经建立了一个允许排放量的增加或“增量”的时间表。所以，若一个地区的空气质量优于国家环境空气质量标准，则它可以增加其空气污染，只要没有消耗完全部增额。这些洁净区被分为三类，每类的增量不同。一类地区是最严格的，包括国家公园、森林、荒野地区和其他特别关注空气质量的区域。这些地区也分别适用能见度保护机制。二类和三类地区逐级允许更多的空气污染增额，但无论如何不得超过环境空气质量标准所规定的污染量。

如果说分类和增量的框架为防止品质恶化监管程序提供了基础，那么，它的运作中心则是新固定污染源的施工前审查。1990年，美国国会修订了美国《清洁空气法》来明确一些施工前的审查要求，并添加了国家许可制度。这一制度适用于美国《清洁空气法》的各个方案，有效控制污染源。施工前审查规则以及环保局执行这些规定的法规，统称为新源审查计划。新源审查计划是在防止显著细化区域保持空气质量和在非达标区改善空气质量的重要努力之一。

（四）控制移动源污染

1970年，美国《清洁空气法》要求汽车工业要在5年内将新造汽车的碳氢化合物和一氧化碳排放量降低90%，而氮氧化物的类似目标则须在6年内实现。考虑到汽车工业也许不能在截止日前达标，国会赋予了环保局有限的裁量权：可以给汽车工业1年的宽限期。在《1990年清洁空气法修正案》中，国会又一次降低了排放标准，同时指示环保局研究今后的减排是否有必要及是否可行。

1999年12月，环保局通过了影响深远的排气和燃油含量规定。该标准要求，从2004车型年开始汽车排放量减少77%，同时他们首次将同样严格的标准扩展到2007车型年的运动型多用途车、皮卡和小型货车，并要求从2004车型年开始，汽油中的硫含量减少90%。

尽管修订后的标准已经低了很多，但大多数车辆还是未能达标，主要是因为模型的测试结果和车辆在道路上行驶时的实际结果差别很大。但无论如何，排放控制措施最终还是大幅度减少了汽车排放量。

（五）公民诉讼制度

《1970年清洁空气法修正案》首次确立了公民诉讼条款，[①] 任何人可以代表自己提起一个民事诉讼，针对任何人包括美国政府和《宪法》第11条修正案允许的其他政府机构规定的违法排污行为：（1）违反《清洁空气法》规定的排放标准或限制；（2）违反联邦环保局局长或州为实施排污标准或限制而发布的命令，也可针对联邦环保局局长提起一个行政诉讼，针对局长根据《清洁空气法》规定的非自由裁量范围内的失职。《清洁空气法》规定任何人都可以作为被告，公民不仅可以对违法企业或个人提起诉讼，对于环保局等政府机构的不履行职责或失职的行为也可以提起公民诉讼。自此，美国的公民诉讼制度正式建立。[②]

---

① 王曦、张岩：《论美国环境公民诉讼制度》，载《交大法学》2015年第4期。

② 陶红英：《美国环境法中的公民诉讼制度》，载《法学评论》1990年第6期。

美国的公民诉讼，突出了公民在环境诉讼制度中的重要性。任何公民可以依照法律，对公司污染环境、违反法律规定和环境保护义务、政府部门没有依法履行政府职责的行为提起诉讼。这样就令公民个人以及非政府组织均成为环境保护主体，在公民的环境权益受到直接或间接侵害后，可以在法律制度上自主地维护自己的合法权益，一方面调动了全社会对于环境保护的积极性，在一定程度上抑制了环境违法行为的发生，大大降低了政府和企业利用职权、政治手段等放纵环境污染的可能性。另一方面，美国作为判例法国家，公民诉讼的确立，也使相关环境法律得到很好的贯彻。公民诉讼极大程度上促进了美国环境立法的发展进程，更好地保护了美国的环境。①

在诉讼程序上，规定了原告在提起诉讼 60 日前，要告知被起诉的违法者或联邦政府、州政府或其他政府机构。60 日内，如果政府机构或其他部门对污染者起诉或者污染者自己主动采取了措施改正违法行为，原告就不能再针对违法行为提起诉讼。当然也有例外，在紧急情况下可以不必遵守此告知程序。告知程序是美国公民诉讼的重要程序，它在调和民众参与执法与行政机关主导执法的矛盾中发挥了重要作用。对于诉讼的判决结果，法院通常发布的判决形式为发布禁止令、处以罚款、采取补救措施等。由于环境污染所造成的损失往往是不可估量的，直接导致公民诉讼的费用比较高，为了鼓励民众保护环境，积极参与环境诉讼，对于根据民事诉讼条款提起的任何诉讼，美国法院一般会裁定具有优势的当事人承担诉讼费用。

美国的公民诉讼制度对于推动环境执法起到了不可估量的作用，环境公民诉讼制度已成为环保部门与社会公众共同打击环境违法行为的有效机制。公民诉讼是一个被实践证明了的比较成功的环境公益诉讼制度，这项制度设计也因在美国环境法中的成功而被世界各国争相效仿。②

---

① 王曦、张岩：《论美国环境公民诉讼制度》，载《交大法学》2015 年第 4 期。

② 李艳芳：《美国的公民诉讼制度及其启示——关于建立我国公益诉讼制度的借鉴性思考》，载《中国人民大学学报》2003 年第 2 期。

四、美国大气污染侵权责任法律现状

《综合环境反应、赔偿与责任法》起源于拉夫运河案件。1942~1953年，胡克公司在纽约州购买了一块16英亩的土地，掩埋了大约21,800吨工业废渣，按照当时习惯做法，掩埋时仅在工业废渣上铺上一层泥土即可。后来，胡克公司将该块土地以1美元的价格卖给了当地教育委员会，随后在该块土地及其附近建起了学校和房屋。20世纪70年代中期，被掩埋的化学废物开始渗入很多房屋的地下室。1978年，纽约健康委员会宣布该块土地及其附近区域为健康危险区。1979年，该委员会要求所有家庭中的孕妇以及2岁以下的儿童必须迁移出该块土地。

虽然美国在20世纪70年代制定了大量的环境法律，但是拉夫案件的发生还是着实让环保局为难。因为当前已经颁布生效的法律都没有授权联邦政府着手应对此类威胁人类健康安全的环境污染案件。《清洁水法》授权海岸警卫队应对漏油事件和向航行水域排放危险物质案件，但对于拉夫案件却毫无帮助。虽然《资源保护和恢复法》第7003条授权环保局处置紧急和实质危害的固体废物或危险物质的权力，但是直到1984年修订之前都不能解决发生在过去的危险物质处置事件，也没有规定一个可以让环保部门在追诉责任人之前先行采取处置措施的机制，特别是责任人失踪或者破产的话，又该如何解决此类问题。因此，国会起草了《综合环境反应、赔偿与责任法》，授权环保部门立即有效应对此类环境污染事件。

环保局在应对危险物质发生泄漏或有泄漏危险时，可以自行采取环境治理措施，然后将一系列潜在责任人告上法庭要求其承担所有的应急成本，或者通过签发行政命令或申请法院指令要求责任人自行清污。接到行政命令的责任人没有立即采取环境治理措施直到被采取强制执行的，并且没有充足的理由拒绝执行命令的，将会被处以每日高达25,000美元的民事罚款。在环保部门采取环境治理措施的情况下，该责任人被起诉后除了要承担清污成本之外，还要承担3倍的赔偿。《综合环境反应、赔偿与责任法》规定的潜在责任人有四类，覆盖范围几乎涉及从过去到现在与危险物质及其处置设施有法律上关联关系的所有当事人，包括危险物质的产生者、委托处置者、转运者以及处置者等。简单来讲，即便过去处置危险物质的方式是合法的，但是多年以后该危险物质产生损害或紧急损害危险的，危险物质的处置人或者委托处置人都需要承担处置责任；即便当前处置设施的所有人或承租人对以前的危险物质处置毫不知情，且自身没有危险物质的处置行为，但是他仍然要承担清污责任。这就是《综合环境反应、赔偿与责任法》法律责任的突出特点，所以一般将其称为严格责任。①

《综合环境反应、赔偿与责任法》规定了两种不同类型的环境治理措施：一是清除措施（removal ac－tions），二是恢复措施（remedial actions）。前者属于短期的临时性环境治理措施，其目的在于立即清除所有的污染物，包括地表污染物、地下污染物、被污染的土壤等。后者属于长期的永久性环境治理措施，它是在清污措施完成后，经过对该场地的详细调查、论证，形成具体的环境恢复方案后，进行恢复措施，所以花费的时间较长，一般都是几年甚至更长的时间。

《综合环境反应、赔偿与责任法》的另外一个突出特点就是信托基金的使用，因此《综合环境反应、赔偿与责任法》又被称为“超级基金”法案。这个超级基金实际上是一个信托基金，主要由化学品和石油的税收以及罚款等构成主要的基金来源，用于污染场所的清污成本等方面的支出。被采取环境治理措施的污染场所不限于被列入“国家重点污染场所名录”（NPL）中的污染场所，也可以包括那些刚发现的未被列入其中的污染场所。

此外，国家应急计划（National Contingeney Plan，NCP）在《综合环境反应、赔偿与责任法》的环境治理措施中起到了纲领性作用。② 从有关污染场所的识别和调查的步骤、可以采取的应急策略的评估，到最终决定并实施

① 潘晓滨：《域外国家应对气候变化地方立法实践及中国借鉴》，载《湖南大学学报（社会科学版）》2017 年第 1 期。

② 王曦、胡苑：《美国国家应急计划概述》，载《环境保护》2007 年第 3 期。

环境治理措施等，都规定在国家应急计划之中。如果环保局或州政府想得到应急成本补偿的话，必须证明该发生的成本不与国家应急计划的规定相冲突，其他当事人亦是如此。

五、美国的大气污染侵权责任认定

（一）环境侵权责任的归责原则

美国环境侵权民事责任适用严格的民事责任，承担环境侵权民事责任的方式主要是损害赔偿和侵害排除。基于异常危险活动等诉因对环境侵权适用无过错责任归责原则。在环境侵权归责原则的司法实践上，文森特·R. 约翰逊在《美国侵权法》中，以兰甘案和约默诉迈肯茨等案为例，介绍了美国法院对异常危险活动的认定和严格责任在环境侵权案件中的适用。在确定某一特定活动是否具有异常危险时，应考虑下列因素：（1）存在对他人的人身、土地或动产造成某种损害的高度风险；（2）由此产生的损害将是巨大的可能性；（3）无法通过采取合理的谨慎措施消除风险；（4）该活动在何种程度上不是通常使用的事项；（5）该活动不适宜在进行该活动的地方进行；（6）其危险属性在多大程度上超过了其对社区的价值。

在有关危险活动的案例中，有时关键性的问题在于这种行为在当地是否属于不正常的活动。在约默诉迈肯茨中，法院认为，在一户人家取水的水井旁边储存大量汽油属于实施地点不适当的活动。因此，该法院判决，对于污染原告水源的行为应适用严格责任原则。

美国环境侵权责任归责原则的发展历程呈现鲜明的经济学博弈特征。在美国法中，环境侵权的归责原则与诉因密不可分，其环境侵权民事责任立法源于建立在土地所有权或使用权之上的妨害制度。妨害分为私人妨害和公共妨害，前者是指侵扰私人的土地所有权或使用权，主要以民事侵权责任应对；后者是对公共健康、安全、舒适等的不合理干扰，侵害公众共同权益或社会普遍利益，主要以刑事责任应对，仅在受侵害人能够证明其遭受了与公共妨害不同类型的损害时才得以适用侵权责任。妨害法的局限性表现在指导美国审理妨害案件的效用比较原则上，这一原则随着工业经济的发展而兴起，要求将造成污染的生产活动的社会经济效用与受损害的利益的社会价值作比较，如果前者超过后者，则该生产活动合理合法，并将工业污染负担转嫁给社会。当时大量判例适用这一偏袒工业的原则，认为涉案工业活动只是工业惯例，不属于可以适用无过错责任归责原则的高度危险活动。《美国侵权法重述（第二版）》也以活动的危险性超过它的社会价值作为判断高度危险活动的依据。效用比较原则对受污染损害的公民或社会明显不公平，因此，“不以损害他人财产的方式使用自己的财产”等原则在这一领域复兴，无过错责任越来越多地适用于污染风险高的活动，同时，在纽约州拉夫运河污染案件、美国埃克森石油公司污染案件等环境社会事件的推动下，无过错责任归责原则开始适用。①

美国在其《超级基金法》《清洁水法》《清洁空气法》等法律中，对无过错责任归责原则的适用作出了规定。其中，异常危险活动是适用无过错责任归责原则的典型，《美国侵权行为法第三次重述（草案）》中异常危险活动的构成条件包括：该活动造成损害的可能性非常大，如爆炸；一旦危险现实发生则损害巨大，如核事故；造成损害的风险在活动中一直存在，不会因当事人合理注意而避免；赔偿范围限于实质性损害、可以合理预见的损害。在美国法中，风险是无过错责任的依据或支撑，因此，虽然美国以异常危险活动等作为无过错责任归责原则的适用对象，但是也需要在特定的案例中结合具体细节对行为的风险性作出准确的判断再加以适用。

此外，过失也是可以适用于环境侵权的诉因，成文法中也有关于过错责任归责原则的规定。由于判例法具有较强的包容性和开放性，面对环境侵权的新情形、新问题，法官可以寻找适合的诉因或创造新的诉因，分别适用过错责任归责原则和无过错责任归责原则加以解决。

（二）因果关系的认定

在解决环境侵权民事责任的司法实践方面，美国法院较好地运用了“优

---

① 王曦：《美国环境法概论》，武汉大学出版社1992年版，第79页。

势证据说”“盖然性因果关系说”“举证责任转移”等有利于污染受害者的理论。美国学者罗宾逊认为，受害者只需要证明导致环境损害的工具、物质是加害者控制的，并且加害人只要稍加注意就可以避免损害的发生就够了。这减轻了受害者的举证负担，更加有利于保护受害者的利益，并且能够对污染环境者给予必要的处罚。

美国的环境相关立法一直处于世界前列，美国出台了世界上第一部专门针对环境保护的法律，基于此，相继出台了《清洁空气法》等有关大气环境污染的相关法律法规。美国的大气环境污染侵权适用的是严格责任，即只要侵权行为人对被侵权人的身体健康和财产损失造成了损害就要承担侵权责任。美国在解决环境污染侵权诉讼问题上采用的是优势证据的标准，优势证据是将侵权人提供的证据与被侵权人提供的证据进行比较，将证明标准设定为零到一百的区间，优势证据只需要达到50%及以上，在这个基础上，证明力较高的一方能够使法官形成内心确信，从而支持其诉讼请求。[①] 优势证据的证明标准比较低，只要达到盖然性的标准即可。在大气环境污染侵权诉讼中，由于资金、技术等方面的差异，让被侵权人承担初步的举证责任是非常困难的。在此种情形下，被侵权人适用优势证据的证明标准，只需要证明自身遭受的损害结果与大气环境污染侵权行为之间超过50%的可能性，法院就能认定因果关系存在。[②]

（三）责任主体

《综合环境反应、赔偿与责任法》在其第107条“法律责任”条款中规定了4种危险物质泄漏或泄漏危险法律责任的责任主体，分别是：

1. 当前所有人或使用人（the owner or operator of a vessel or facility）。《综合环境反应、赔偿与责任法》首先要求造成危险物质泄漏或泄漏危险的

---

① Sekaran R., *The Preponderance of the Evidence Standard and Realizing Title IX's Promise: An Educational; Environment Free from Sexual Violence*, Geo. J. Gender & L, Vol. 19, p. 643 (2017).

② 蔡守秋：《论环境民事责任体制》，载韩培忠主编：《环境资源法论丛》（第1卷），法律出版社2001年版，第89页。

“船舶”或“危险物质处置设施”的当前所有人或使用人是承担环境治理的首要责任人，至于该所有人或使用人是不是真正造成环境污染损害的实施者，则在所不问。

2. 危险物质泄漏时的所有人或使用人。法律规定，任何在危险物质泄漏当时，所有或者运营该造成危险物质泄漏的任何设施的主体，应当承担环境治理的法律责任。但此种情形仅限于“设施”，不包括“船舶”。

3. 危险物质处理、处置或者运输的指挥者。《综合环境反应、赔偿与责任法》要求，任何人通过合同、协议或者其他方式，安排他人将其所有的、他人所有的危险物质，放在他人所有的设施或废物焚烧船进行处置、处理，或者运输至其他人所有的设施或物焚烧船进行处置、处理，则该指挥者应当就此产生的环境污染损害及其治理责任承担法律责任。①

4. 危险物质的转运人（transportor）。任何人接受危险物质后，将危险物质运输至其自己选择的处理或处置设施、焚烧船或其他地点进行处理或处置，造成危险物质泄漏或者泄漏危险，则该转运人应当承担全部的“清污”或“环境恢复”成本、其他任何根据“国家应急计划”花费的环境治理成本、自然资源损害（含评估费），以及造成的人类健康评估或调研的费用。②

---

① “Any person who by contract, or agreement, or othervise arranged for disposal or treatment, or arranged with transporter for transport for disposal or treatment, of hazardous substances owned or possessed by such person, or by any other person or entity, at any facility ox incineration vessel owned or operated by another party or entity and containing hazardous substances.” See U. S. C69607 (a) (3).

② “Any person who accepts or accepted any hazardous substance for transport to disposal or treatment faeilities, incineration vessels or sites selected by such person, from which there is a release or athreaten release which causes the incurrence of response costs, of a hazardous substance, shall be liable for: (A) all costs of removal or remedial action incuurred by the United States Government or a State or Indian Tribe not inconsistent with the national conigency plan; (B) any other necessary cots of response ineured by any other person consisitent with the national contigeney plan: (C) damages for injury to, destruction of., or loss of natural resources, ineluding the reasonbale costs of assessing such injury, destruetion, or loss resulting from such a release; and (D) the costs of any health assessment or health effects study cauried out under section 9604 (C) of this title.” See U. S. C. 9607 (a) (4).

（四）责任形式

1. 行政处罚

美国环境行政法律责任主要体现为两种类型，即发出执行命令（compliance order）以及作出行政罚款，且各单行法尤其注重罚款标准及其适用，一般以多条予以专门规定，而对执行命令的内容则作出较为笼统的规定，以授予环保局更多的自由裁量权，增加行政执行效率。《综合环境反应、赔偿与责任法》第109条专门就违反法定义务的行为规定了两个等级的行政罚款，该行政罚款同样根据单项违法行为和持续性违法行为的不同设定了不同的罚款标准。如果属于单项违法行为的，经环保局要求纠正后未有违法行为持续的，则应当适用第1等级的罚款，如果违法行为持续的，则实行第2等级的按日计罚。

（1）违法行为的类型

根据《综合环境反应、赔偿与责任法》第109条（a）款和（b）款的规定，可以处以行政罚款的违法行为包括：①违反第103条（a）款和（b）款的规定，没有或拒绝履行危险物质泄漏或排放报告义务的行为。②违反第103条（d）款的规定，损毁、粉碎、消除或以其他方式破坏危险物质排放记录的行为。③任何违反第108条的规定，没有根据规定办理经济责任担保（finacial responsibility）的行为。第108条要求所有船舶的所有人或使用人应当办理一份经济责任担保，以保证其危险物质排放后可能承扫的赔偿责任，按每吨30美元计算，如果是运输危险物质的船舶，如油轮，则最高担保责任要达到500万美元。经济担保的方式可以是保险（i - nsurance）、担保（guarantee）、履约保证（surety bond），或者能够作为自我保险的人（self - insurer）中的一项或者多项。④根据第122条（d）款的规定，违反环保局根据其与责任人之间达成的环境治理协议向责任人发出的履行通知的行为。⑤根据第122条（l）款的规定，违反各种行政命令、调解书（consent decree）以及环境治理协议的行为。

（2）第一等级罚款

出现上述违法行为的，处以不超过25,000美元的罚款。在决定罚款金额时候，总统（环保局）应当综合考虑违法行为的性质、环境、程度以及严重性，兼顾违法行为人的支付能力、过往违法历史、严重性以及因违法而获得的收益或者因违法而节约的成本。任何被处罚的违法行为人可以自行政罚款作出之日起向联邦地区法院就该罚款申请司法审查。超过30日的，该行政处罚立即生效，如果违法行为人拒绝支付，总统（环保局）可以申请检察总长向联邦地区法院提起诉讼，以收取该行政罚款。①

（3）第二等级罚款

出现上述违法行为，且违法行为持续的，按日处以不超过25,000美元的罚款。对于再犯或者连续违反的，可以处以每日不超过75,000美元的罚款。

2. 民事诉讼处罚

（1）第二等级的民事诉讼

针对上述违法行为持续情形的，总统（环保局）也可以向联邦地区法院提起诉讼，要求联邦地区法院针对违法行为人的违法行为，按日处以不超过25,000美元的罚款。对于再犯或连续违反的，可以处以每日不超过75,000美元的罚款。

（2）接受检查和取样的民事诉讼

《综合环境反应、赔偿与责任法》第104条（e）款规定，针对可能存在的危险物质、污染物排放或排放危险，任何官员、雇员或代表都有权进入任何与此有关的船舶或设施，以便进行检查和取样。如果被检查方与检察人员之间未能就此事宜达成一致，则总统（环保局）应当给被检查方发出书面的检查和取样通知。同时，总统（环保局）可以就此要求检察总长向联邦地区法院提起诉讼，要求被检查人立即履行该书面通知的义务。同时，法院还可以针对被检查人的行为按日处以不超过25,000美元的罚款。

（五）免责事由

《综合环境反应、赔偿与责任法》规定了四种免责情形（defenses），分别

---

① Rowell Arden & Van Zeben Josephine., *A Guide to U.S. Environmental Law*, University of California Press, 2021, p. 59.

是：(1) 不可抗力 (an act of God)。(2) 战争行为 (an act of war)。(3) 第三方的作为或不作为。但不包括被告的职员或代理人，也不包括与被告存在直接或间接的协议关系的作为或不作为。同时被告必须证明，已经履行必要的注意义务，同时针对任何第三方可预见的作为或不作为采取了预防措施。(4) 前面各项组合情形。

六、美国城市复合型大气污染侵权实务

(一) 多诺拉事件

多诺拉烟雾事件是1948年10月发生在美国宾夕法尼亚州多诺拉的一起严重的大气污染事件。是一起以二氧化硫及其氧化产物等多种污染物综合形成的污染事件。事件导致20余人在一周内死亡，近6000人（约占当地居民的43%）感到不适。多诺拉事件被认为是“美国历史上最严重的空气污染灾难之一”。

铁路交通的便捷以及毗邻匹兹堡的地理优势，威廉在这里建设了一个工业基地。1915年，为了解决镀锌的问题，该地建立了造锌工厂，工厂使用的是烧煤卧式炉，而非排烟较少不产生含锌毒气的电炉。三大工厂24小时不间断运作，使所有多诺拉的小山谷中不断产生大量烟尘和污染的空气。雾经常在春秋季袭扰多诺拉，不过通常只会持续一天左右，风的形成会将雾吹散。后来烟雾现象出现得越来越频繁，当地医院逐渐人满为患，更多的患者被送往附近的医院、多诺拉消防部门、当地美国红十字会以及其他能够帮助患者的组织。消防员开始为当地居民提供氧气。随着烟雾变浓，道路因为浓雾甚至无法横穿。

美国钢铁与钢丝厂在涉及的130件损害诉讼中达成庭外和解。烟雾事件导致死亡和患病的居民提起诉讼，要求美国钢铁与钢丝公司赔偿4,643,000美元，最终仅赔偿235,000美元。在确认和解声明中，该公司不承担烟雾事件所造成伤害的责任。公司在当地的运营经理认为，导致烟雾公害发生的原因是极端恶劣的天气，认为这是不可抗力。异常天气使所有来自房屋、铁路、

汽船、汽车尾气以及工厂废气都积聚在多诺拉的上空，导致人死亡。直到1966年，美国钢铁与钢丝公司关闭了该地区的炼铁厂和炼锌厂。[①]

（二）美国环保局诉田纳西河流域案

经济大萧条以来，田纳西河流域管理局（Tennessee Valley Authority，TVA）给数以百万计的美国人带来了电力，在现代化过程中扮演了重要角色，但同时每年也造成了数万吨污染物的排放。田纳西河流域管理局也因违反《清洁空气法》而成为环保局和司法部的执法对象之一。然而，2011年4月14日，经过近12年的诉讼和谈判后，环保局和美国最大的煤电企业的所有者和运营者之一——田纳西河流域管理局达成一个具有里程碑意义的和解协议。和解协议解决了田纳西河流域管理局的11家燃煤电厂违法《清洁空气法》的问题。

1999年，美国环保局就向田纳西河流域管理局发出行政守法令，称其对许多燃煤机组的修改违反新污染物排放来源审查许可的要求和新污染物来源的性能标准。和解协议将使田纳西河流域管理局遵守《清洁空气法》，同时要求其在6年内关闭18个发电厂并投资30亿~50亿美元开发清洁和可再生能源技术，减少其对煤炭的依赖。

《清洁空气法》将空气污染物的主要来源区分为新来源和旧来源。旧来源不需要符合新来源的性能标准。新来源性能标准要求新的固定污染源或经过重大改进的旧固定污染源采用最先进的污染控制技术。此外，新的或经过重大改进的旧的固定污染源必须经过新污染物来源审查，这就需要事先通过施工许可证审查。

田纳西河流域管理局同意关停的燃煤机组几乎所有都没有采用最先进的污染控制技术，因为这些机组都可追溯至20世纪50年代。然而，经过重大改造的旧污染物来源，被认定为新来源，需要符合新来源审查及其性能标准，

---

① Kenneth M. Murchison, *Karl Boyd Brooks. Before Earth Day: The Origins of American Environmental Law*, 1945 - 1970, *Adam M. Sowards*, *The Environmental Justice: William O. Douglas and American Conservation*, The American Historical Review, Vol. 115: 4, p. 1192 - 1193 (2010).

这就要求他们升级到最好的污染控制技术，甚至达到最低排放率。

在《清洁空气法》的历史上，几乎没有对进行重大改造的旧来源进行新来源审查，对其实施新来源的性能标准。[①] 克林顿政府时期，司法部和环保局开始了强大的执法。1999 年 11 月，美国司法部和环保局对违反新来源审查许可的要求和新源性能标准的 7 家由燃煤电厂提供电力的基础设施公司提起民事诉讼。在 TVA 和环保局的近期和解协议之前，环保局和基础设施公司之间的诉讼也以和解协议结案。

环保局和田纳西河流域管理局和解协议的签署将使得有害气体排放大幅下降，环境和人类健康的福祉增加。田纳西河流域管理局承诺关闭 18 个燃煤机组，这是迄今为止燃煤电厂规模最大的关停承诺，这也是全美国燃煤发电量的近 1% 。除了承诺关停外，和解协议还要求田纳西河流域管理局对占其 92% 的燃煤系统的 41 个燃煤电厂在 2011 年和 2018 年进行翻新，采用最先进的污染控制技术，或转向可再生生物能源。田纳西河流域管理局关闭和改造其设施的承诺旨在减少其 67% 的二氧化硫和 69% 的氮氧化物的排放量。这些污染物造成的环境问题，包括烟雾水质恶化和酸雨。此外，它们还可能导致心脏和肺部疾病，可导致住院增加和过早死亡。田纳西河流域管理局排放量减少后，环保局估计，相当于每年可增加 110 亿美元的健康福利。

该和解协议还规定，田纳西河流域管理局将在其他项目上投资 3.5 亿美元，减少温室气体和其他污染物的排放。这笔钱将投资能源效率项目、清洁能源和可再生能源项目、清洁柴油和电动汽车项目，以及资助改善、保护和修复被田纳西河流域管理局的排放破坏的国家公园管理局（National ParkService）和美国林务署（US Forest Service）的土地。因此，和解协议不仅减少了田纳西河流域管理局违反《清洁空气法》的污染物排放，而且可能实现超过环保局预期的原审有利判决的效果。

缓解项目旨在减少 30 万吨的二氧化碳排放。无论是作为一个标准的污染

① 谢伟：《美国清洁空气法若干问题研究》，厦门大学出版社 2015 年版，第 101 页。

物还是有害空气污染物，环保局目前都不限制固定污染源的二氧化碳排放量。但与田纳西河流域管理局的和解协议中，环保局创造性地运用《清洁空气法》的实施，实现了减少二氧化碳排放的方式。这表明，在今后的案件中，环保局可能将其作为关键条款及条件之一，来减少二氧化碳的排放。因此，环保局可能通过执法实现美国通过立法没有做到的事情——大幅度地减少碳排放，这一举措朝着应对气候变化迈出了一步。

（三）布默诉大西洋水泥公司案

这是一个典型的大气污染侵权的案例。被告经营一个大的水泥厂，工厂在生产过程中所排放的粉尘、烟和所产生的震动使邻近的土地所有者的财产遭受了损失。邻居们对此提起了停止侵害和损害赔偿之诉，要求法院发布一个禁止该污染活动继续进行的禁令以及责令被告赔偿原告所受的损失，法院经调查发现原告所受损失的总和与被告所拥有的工厂的价值相比是相当小的，并且，如果禁止该污染活动继续的话，实际上将迫使这家工厂关闭。而这家工厂是当地的经济命脉且已采用了当时的最佳防污技术。在这种情况下，大多数州的法院都会采用一种“权衡公平”的办法处理，且以下述理由拒绝发布禁令。该理由是，如果颁发禁令，被告所面临的困难要比不颁发禁令而给予赔偿后的原告所面临的困难大得多。然而，在纽约州，法院在一系列的判决中认为，只要已认定存在侵权，且原告已举证证明受到了具体的损失，那么，法院就应当发布禁令而不应考虑发布禁令后对经济所产生的影响与该侵害对经济所产生的影响相比的结果如何。

在布默案中，法院的确也曾考虑发布禁令，将该禁令的生效日期延迟至某一特定的日期，以使被告有机会去开发新的技术以消除该侵害。然而，这种想法后来还是被否定了。因为法院无法确定被告取得该先进技术的能力如何。而且，实事求是地说，开发这种先进技术不是一家公司的责任而是整个水泥行业的责任。

纽约州法院在判决中偏离了这样的一个原则：要求被告赔偿过去所造成的损害并允许原告以后随时可以为新受的损害提出赔偿要求。相反，该法院发布了下述命令：除非被告向原告支付了永久性的赔偿金，即向原告赔偿了由于经营活动而使原告现在和将来会受到的财产损失，否则，法院将发布禁令。对此持有异议的法官说，就这个判决的作用而言，它是在对该水泥厂说：“由于你已支付了赔偿费，因此，你可以继续害你的邻居，可以继续你的错误做法。”该法官还认为，把国家征用私有财产的权力，即为公共目的而征用私有财产的权力赋予某个私营公司的结果，会使该公司为了私益而不是为了公益而行使这种权力。法院所采用的平衡各种利害关系和拒绝发布禁令的做法并不是使侵权法不能有效地控制大范围污染的唯一原因。另外的一个原因是受害人不具有诉讼资格而不能提起诉讼。普通法将侵权行为分为私害行为和公害行为两种。所谓的公害，是指对一大群人造成损害的行为。只有总检察长或者地方检察官才有权为消除公害而提起诉讼；而在私害中，个人只要能出示他受到了特别的损害的证据，便可以提起诉讼。目前，有的州已经授予个人提起公益侵害之诉的权利，但是在绝大多数州，缺乏诉讼资格都是一个重要的问题。原告所面临的另一个问题是举证责任。通常情况下，污染是由多种因素所共同影响而发生的，这些因素中的任何一个都难以独自导致污染情况的发生。要证明其中某一个特定的污染者应当对这种大气污染和水污染承担责任是做不到的。最后，侵权法根本不可能为控制向周围大气和水体中排放污染物提供一套系统的控制办法。所以，恰如在大多数地区只得用土地利用规划和区划办法来弥补普通法的不足一样，通过立法干预来弥补污染控制方面的不足也是一种重要的途径。

尽管如此，在某些情况下侵权法仍然发挥着较大的作用。在韦伯公司诉斯普尔公司案中，自1957年始，戴尔·韦伯开发公司就开始在菲尼克斯镇的西面建造一个名为“太阳城”的退休居民社区。到了1967年，这个“太阳城”已发展到了紧靠斯普尔公司一个饲料加工厂的地方。斯普尔公司在韦伯公司建造“太阳城”之前就已经经营好多年了，韦伯公司指控斯普尔公司的饲料厂在加工饲料的过程中，排放了恶臭气体及孳生苍蝇，且这些恶臭气体和苍蝇等又进入了“太阳城”，从而对韦伯造成了侵害。一些居民不再能享受韦伯公司曾广为宣传的户外生活，因此，韦伯公司遭受了预期买主抵制销售的问题。法院声称，如果受害方仅仅是韦伯公司一家单位，那么，对于此案将适用“自身导致受侵害”的原则，不予以救济。但是，法院同时认为，鉴于在“太阳城”购买了住房的居民们也受到了损害，因而，韦伯公司有权获得一个禁止该饲料厂继续生产的禁令。然而，法院又认为，韦伯公司也应对斯普尔公司承担责任。因为，斯普尔公司已举证证明，是韦伯公司本身导致了此种损害的发生。因此，法院要求，作为获得上述禁令的条件，韦伯公司应负担斯普尔公司饲料厂为停止对居民的侵权而搬迁或关闭所需的费用的合理份额。

第三节 欧盟大气污染侵权法律救济

欧洲联盟简称欧盟，由欧洲经济共同体（以下简称欧共体）发展而来。其总部位于比利时的首都布鲁塞尔，现共有27个成员国。2020年1月31日，原成员国英国正式脱离欧盟。作为世界第一大经济组织，欧盟在世界经济、政治、自然环境等多个领域发挥着重要的作用，其经验教训也为世界各国所借鉴。近些年来，随着环境问题的不断显现，世界各国对于环境污染的预防和治理都日益重视，大气环境污染也成为人们主要关注的对象之一。在世界公害事件之中，涉及空气污染事件有5件，其中属于欧盟所属国发生的就有2件，分别是1930年比利时马斯河谷烟雾事件①和1952年的伦敦烟雾事件②，

① 1930年12月1~5日，大雾笼罩整个比利时大地。比利时列日市西部马斯河谷工业区上空的雾特别浓重。第三天开始，在二氧化硫和其他几种有害气体以及粉尘污染的综合作用下，河谷工业区有上千人发生呼吸道疾病，症状表现为胸疼、咳嗽、流泪、咽痛、声嘶、恶心、呕吐、呼吸困难等。一个星期内就有60多人死亡，是同期正常死亡人数的十多倍。其中以心脏病、肺病患者死亡率最高。许多家畜也未能幸免于难，纷纷死去。这次事件曾轰动一时，是20世纪最早记录下的大气污染惨案。

② 1952年12月5~9日，伦敦上空受反气旋影响，大量工厂生产和居民燃煤取暖排出的废气难以扩散，积聚在城市上空。伦敦被浓厚的烟雾笼罩，交通瘫痪，行人小心翼翼地摸索前进。市民不仅生活被打乱，健康也受到严重侵害。许多市民出现胸闷、窒息等不适感，发病率和死亡率急剧增加。直至12月9日，一股强劲而寒冷的西风吹散了笼罩在伦敦的烟雾。据统计，当月因这场大烟雾而死的人数多达4000人。此次事件被称为“伦敦烟雾事件”，成为20世纪十大环境公害事件之一。

当时它们都造成了重大的人员伤亡。因此，欧盟对于大气环境污染十分重视，制定了比较完善的大气污染防治法对其加以预防和治理。自 20 世纪 70 年代起，大气污染防治就成为欧盟最活跃的立法领域之一，欧盟的大气污染防治法主要包括三个部分的内容：空气质量法、大气污染物质排放治理法以及与交通有关的空气污染治理法。目前，欧盟的大气污染防控工作走在世界前列，欧盟大气污染防治在法律规范的可操作性，防止 PM2.5、臭氧、多环芳烃等挥发性有机化合物，促进大气污染情报信息交流和公众参与等制度方面都比较完善，欧盟的大气污染防控制度和机制为各国立法广泛参考和借鉴。

一、欧盟大气污染的立法发展

欧盟在大气污染立法方面的发展经历了多个阶段和重要法律的采纳。欧盟加强大气环境保护工作，首先考虑的是定期制定包括防控目标和措施的欧共体（欧盟的前身）环境行动规划，如 2001 年第六个行动规划要求其制定有关空气质量的实施战略。

由于欧共体环境行动规划是欧盟在环境管理和环境事务方面的行动纲领，就性质而言，属于政策性的文件，需要条例、指令等立法予以实施。为此，欧盟制定了一系列包括区域防控措施在内的空气保护立法。这些立法主要以指令的形式出现，具体包括以下 5 类：一是环境空气质量方面的指令；二是固定源大气污染排放方面的指令；三是易挥发有机化合物方面的指令；四是国家排放上限方面的指令；五是运输工具与大气环境方面的指令。欧盟各成员方将上述大气污染防控的指令转化为国内的法律或者法令予以贯彻落实。这些法律的目的是通过各国的措施来保障欧盟区域范围内的大气环境质量。

此外，欧盟在大气污染防控工作方面，除了构建了相关的环境影响评价制度、排污申报登记制度、排污许可制度、排放权交易制度、大气污染环境税费制度外，还创立了以下 4 项重要法律制度：

一是区域空气质量监测与评价制度。这一制度在法律层面上体现明显，具有高度的标准化、规范化、区域化、协调化。

二是国家排放上限与核查制度。欧盟的国家排放上限制度确定了完善的配套措施，如国家规划、成员方报告制度、委员会报告制度和与第三国合作制度等。若成员方违反区域控制措施的规定，则应当承担法律责任。

三是区、块管理与监督制度。欧盟的一些法律要求各成员方在其领域建立区、块两个基本管理区域，空气质量评价和空气质量管理应在所有区和块内实行。区和块遍及成员方领土范围。由于区域大气环境评价与管理不是针对哪个城市进行的，而是针对区域大气环境特质进行的，因此前者的设立要科学得多。

四是环境空气计划与联控制度。欧盟的相关指令建立了空气质量计划和短期行动计划制度。

欧盟为了保证上述法律制度的运行，建立了以下 5 个大气防控法律机制：一是欧盟及其成员方的协调保护机制；二是区域保护管理协调机制；三是环境空气质量目标机制；四是跨境污染防治合作机制；五是信息通告与报告机制。此外，还有经济激励机制。

以下是一些具体的欧盟大气污染立法的重要发展：

1. 20 世纪 80 年代：欧共体在 20 世纪 80 年代采取了一系列早期的大气污染控制措施，主要针对工业污染源和柴油车辆排放。

2. 大气质量指令：1996 年，欧盟通过了第一部大气质量指令（96/62/EC），其中设定了针对主要污染物的限值和目标。该指令要求成员方制定和实施国家排放限额，并建立空气质量评估和监测系统。

3. 二氧化硫和大气沉降[①]：2001 年，欧盟颁布了关于控制二氧化硫和大气沉降的指令（2001/81/EC）。该指令旨在减少硫化物和氮化物排放，以防止酸雨的形成。

① 大气沉降，是指大气中的污染物通过一定的途径被沉降至地面或水体的过程，分为干沉降和湿沉降。大气沉降是陆源污染物和营养物质向海洋输送的重要途径，通过大气沉降途径向海洋输入的 N、P 营养盐，锌、铅、镉、镍等重金属元素以及酸雨等，对于近岸海洋特别是表层海水中的污染物质分布、海水富营养化、重金属元素污染及海水酸化都有较大的影响。此外大气沉降也是土壤污染的重要途径之一。

4. 颗粒物和空气质量指令：2008 年，欧盟通过了针对颗粒物（PM10 和 PM2.5）和空气质量的指令（2008/50/EC）。这一指令设定了更严格的颗粒物限值和目标，并要求成员方采取进一步的措施改善空气质量。欧洲议会和理事会关于《欧洲环境空气质量和清洁空气的指令》于 2008 年起草（指令 2008/50/EC），2008 年 5 月 21 日通过，2010 年 1 月 1 日正式实施，它取代了指令 96/62/EC、1999/30/EC、2000/69/EC、2002/3/EC 和理事会决定 97/101/EC，是现行有效的规范空气质量管理的基本法律文书。该项指令根据世界卫生组织的相关标准、准则和方案为环境空气质量设定适当的目标，从源头上控制污染物的排放，并在地方、国家和社区层面确定和实施最有效的减排措施，尽量避免、防止或减少有害空气污染物的排放，促进成员方之间在减少空气污染方面加强合作。这项指令要求各成员方保证不超过其规定的物质允许水平，他们有义务制定和实施消除差异的计划和方案，确保向公众提供有关环境空气质量的相关信息。指令中规定的允许水平是欧盟国家必须努力达到的最低值，这意味着如果愿意，成员方可以在其领土上引入更苛刻的标准。对于尽管已采取一切适当措施减少排放但仍超过允许水平的国家，该指令允许推迟达到规定水平的最后期限。但是，2008/50/EC 指令设立的目标至今未能在成员方得到很好的执行，被社会批评为“标准太低、执行不力”。以 PM2.5 为例，到 2020 年，成员方须在 2010 年的基础上平均降低 20%。[①] 从 2010 年起年均浓度目标控制在 $25\mu g/m^3$ 以下，而且从 2015 年起才在欧盟各国强制执行。这一标准远低于世界卫生组织建议的标准（$10\mu g/m^3$）和美国的标准（$12\mu g/m^3$）。[②]

5. 新能源指令：2018 年，欧盟通过了新能源指令（2018/2001/EU），其中包含了关于清洁能源和减少温室气体排放的目标和措施。该指令旨在促进

① 孟力、周涛、张珊珊、虞冬青、张丽恒、曲宁、仲成春：《根治雾霾刻不容缓》，载《天津经济》2013 年第 3 期。

② 常纪文：《欧盟如何一盘棋治大气》，载中国新闻网 2014 年 6 月 26 日，https://www.chinanews.com/ny/2014/06-26/6323628.shtml。

可再生能源的使用和减少化石燃料的依赖。

这些法律指令是欧盟在大气污染立法方面的重要里程碑。它们不断加强了对污染控制的要求，并推动成员方采取行动改善空气质量。此外，欧洲环境署（European Environment Agency，EEA）在监测和评估欧盟成员方的空气质量方面发挥着重要作用，为制定和更新相关法律提供支持和建议。

2022 年 10 月，欧盟委员会提议通过“欧洲议会和理事会关于欧洲环境空气质量和清洁空气的指令”。尽管近几十年来欧洲地区空气质量有所改善，但空气污染仍然是欧洲最大的环境健康风险之一。欧洲环境署发布的《2022 年度欧洲空气质量报告》显示，2020 年欧盟 96% 的城市人口接触到的细颗粒物水平高于世界卫生组织设定的指导标准。空气污染会增加许多疾病的发病率，并由此导致巨大的医疗保健支出。冬季供暖是导致整个欧洲地区空气污染物超标的主要因素之一，也是粗颗粒物（PM10）的主要来源。道路交通造成的二氧化氮超标排放也是导致欧洲地区空气污染的主要原因，60% 以上的城市中心和主要道路周边存在二氧化氮超标问题。以德国首都柏林为例，1990～2020 年，城市几条交通干道的空气污染一直大大超过欧盟标准，而 75% 的超标值是由汽车排放的废气造成的。① 随着空气污染对健康造成不利影响的证据不断增加，世界卫生组织于 2021 年公布了其最新版本的全球空气质量准则。虽然没有法律约束力，但准则旨在提供一个框架，使决策者能够通过制定基于证据的空气质量管理战略来防治空气污染。鉴于此，为应对日益严峻的空气污染问题，欧盟委员会于 2022 年 10 月提议修订欧盟《环境空气质量指令》，制定 2030 年中期目标。为支持目标达成，提案包括一系列配套技术规范、管理措施及行业治理规定。例如，要求每五年开展空气质量标准评估；完善空气质量监测体系，优化模型应用，开展臭氧前体物、超细颗粒物等监测，优化监测网络以体现人口暴露水平；对于未达标地区，各成员国应制定空气质量规划，通过固定源、移动源优先使用低排放燃料、提高建

① 牛瑞飞：《欧盟努力应对空气污染》，载人民网 2023 年 1 月 12 日，https：//baijiahao. baidu. com/s? id = 1754763982577618066&wfr = spider&for = pc。

筑能效，以及鼓励购买零排放汽车等措施降低排放水平。

二、欧盟大气污染的侵权责任

（一）大气污染侵权责任的法律依据

欧盟大气污染侵权责任的法律依据可以追溯到欧盟条约和相关的欧盟法律文件。这些法律依据为欧盟在大气污染侵权责任认定方面提供了法律基础和指导。通过这些法律框架和程序，欧盟确保成员方履行其大气质量义务，并追究违规行为的责任。以下是一些欧盟大气污染侵权责任的法律依据：

1. 欧盟条约

欧盟的基本法律文件之一，包括《欧洲联盟运作条约》（Treaty on the Functioning of the European Union，TFEU）①。《欧洲联盟运作条约》对环境保护和可持续发展设定了基本原则和目标，包括保护和改善环境质量的要求，规定了欧盟成员方在环境保护方面的义务和责任。根据《欧洲联盟运作条约》的规定，欧盟成员方有责任保护和改善环境质量，包括大气质量。如果成员国未能履行其环境义务，欧盟有权采取法律行动追究其侵权责任。

2. 欧盟大气质量指令（2008/50/EC）

作为具体的法律框架，欧盟大气质量指令（Air Quality Directive）为成员方在大气污染控制方面设定了要求和义务。该指令规定了污染物的限值和目标，要求成员方采取措施改善空气质量，并建立监测和报告机制。规定了成员方在大气污染控制方面的具体要求和义务，如果成员方未能达到指令规定的污染物限值和目标，欧盟可以启动侵权程序，追究成员方的责任。欧盟委员会可以向成员方发出警告信和正式通知，并要求其采取纠正措施。如果成员方仍未履行义务，案件可以提交给欧洲法院，最终可能导致对成员方的罚款。

---

① 《欧洲联盟运作条约》的前身是1958年生效的《欧洲经济共同体成立条约》（Treaty Establishing the European Economic Community，TEEC），亦即所谓的《罗马条约》（Treaty of Rome）。

3. 欧盟侵权程序

欧盟侵权程序，是指欧盟委员会对成员方违反欧盟法律进行调查和追究责任的程序。如果欧盟委员会认为成员方未能履行其大气质量义务，它可以发出警告信和正式通知，并要求采取必要的纠正措施。如果成员方未能履行义务，案件可以提交给欧洲法院。[①]

4. 欧洲法院判例

欧洲法院对于大气污染侵权责任的法律依据也可以从其相关的判例中得到。欧洲法院的判决和解释对于确定成员方的责任和义务具有重要意义。欧盟环境法发展的早期，欧洲法院通过判例明确了欧盟的环境保护目标、环境行动的条约依据，解决了 1986 年《单一欧洲法案》[②] 生效之前，因缺少欧盟基础条约明确规定而导致的欧盟环境立法合法性争议。在欧盟颁布大量环境立法的现阶段，欧洲法院通过初步裁决程序统一了欧盟环境法在成员方的适用，明确了欧盟环境法律规定模糊或矛盾之处，填补了新环境问题带来的法律漏洞。[③]

（二）大气污染侵权责任的归责原则

欧盟大气污染侵权责任的归责方面，适用的主要原则是污染者负责原则（the polluter pays principle）和谁污染谁负责原则（the principle of causality）。

1. 污染者负责原则

根据污染者负责原则，大气污染的责任应由造成污染的实体承担。这意味着无论是个人、企业还是其他实体，只要其行为导致大气污染，就应承担相应的法律责任和环境赔偿责任。欧盟的污染者负责原则旨在推动污染者承担环境责任，鼓励环境保护和污染防治，以确保可持续发展和生态环境的保护。

---

① 陈敏姬：《法律与欧洲经济一体化》，广西师范大学 2008 年硕士学位论文，第 24 页。

② 1986 年 2 月由欧共体理事会签署。主要内容：在 1992 年年底前实现商品、资本、劳务、人员自由流动的统一大市场。为了统一市场的顺利建成，改革决策机制，实行“特定多数表决制”，不再坚持过去的一致通过原则。

③ 高家伟：《欧洲环境法》，工商出版社 2000 年版，第 12 页。

2. 谁污染谁负责原则

根据谁污染谁负责原则，责任应归属于直接导致污染的实体。这个原则强调了行为和结果之间的因果关系，即大气污染的侵权责任应由实际造成污染的行为者承担。这些原则旨在确保责任的归属和公正分配，鼓励污染者采取预防和控制措施，以减少对大气环境的不利影响。欧盟的法律框架和侵权程序以这些原则为基础，通过追究侵权责任来保护大气质量、环境和公众利益。

（三）大气污染侵权责任的因果关系判断

大气污染侵权责任判断需要综合考虑，并可能涉及专业机构、科学研究和法律程序的认定。相关法律框架和指南可以提供指导，确保因果关系的公正判断和侵权责任的追究。

在欧盟大气污染侵权责任的因果关系判断中，主要考虑以下 4 个方面：

1. 直接因果关系。要判断侵权责任，首先需要确定是否存在直接因果关系，即某个特定行为或活动是否直接导致了大气污染。这可能涉及对污染源、排放物类型、排放量等的评估和分析。

2. 污染物贡献度。在确定因果关系时，还需要评估不同污染源对大气污染的贡献度。这可能包括污染物的排放浓度、时空分布、传输路径等因素的考虑。①

3. 科学证据和模型。判断因果关系通常依赖于科学证据和模型，如空气质量监测数据、模拟模型和科学研究结果。这些证据可以提供支持或辅助因果关系的判断。

4. 时间因素。在因果关系的判断中，时间因素也很重要。特定行为或活动是否与大气污染的发生时间和地点相符，是否存在一定的时间误差等都需要考虑。

---

① 表现为污染源贡献率，又称发生源贡献率、源贡献率或源分担率（source apportionment），是指某特定地点（或受体）大气中的颗粒物由各个发生源所提供给它的质量（或浓度）所占该地点颗粒物总质量（或总浓度）的百分数。源贡献率可用大气颗粒物的受体模型计算而得。

（四）欧盟大气污染侵权的责任认定

欧盟在大气污染侵权责任方面，采取的是无过错原则。根据欧盟的环境法律框架，特别是《环境侵权指令》（Directive 2004/35/EC），环境侵权责任是基于严格责任的原则。① 这种无过错的责任原则强调了环境保护的重要性，鼓励污染者采取预防措施并避免对环境造成损害。它还为受害方提供了更容易追求赔偿和修复的途径，无须面临证明污染者过错的困难。这有助于保护环境、促进环境可持续发展，并鼓励各方采取积极的环境保护措施。

欧盟有一系列的环境法律和法规，包括大气质量指令和排放标准等，旨在保护大气环境质量。如果某个个体、企业或机构违反了这些法律和法规，导致大气污染超出允许的限值或标准，其可能被认定为侵权责任的承担者。

欧盟对特定行业或污染源设立了排放许可和控制要求。如果个体、企业或机构未遵守这些要求，未获得必要的排放许可或超出了许可的限制，导致大气污染，其可能被认定为侵权责任的承担者。

要认定侵权责任，需要确定违反环境法律或排放要求的行为与实际的大气污染之间存在因果关系。科学证据、监测数据和模型分析可以帮助评估行为与大气污染之间的直接或间接因果关系。

侵权责任还涉及违反修复和预防责任的情况。如果个体、企业或机构在大气污染发生后未采取适当的修复措施或未采取预防措施来防止进一步的大气污染，其可能会被认定为侵权责任的承担者。②

（五）欧盟大气污染侵权造成人身损害的责任认定

1. 侵权行为

需要证明存在环境侵权行为，如污染排放、有害物质泄漏等导致人身伤害的行为。这通常需要收集证据，包括相关的监测数据、科学研究结果和专

① 司雪：《环境共同侵权民事责任研究》，黑龙江大学2019年博士学位论文，第87页。
② 庄敬华：《德国环境损害赔偿法律问题初探》，载《法学论坛》2005年第5期。

家证词。

2. 因果关系

需要证明环境侵权行为与人身伤害之间的因果关系。这需要证明侵权行为是直接导致人身伤害的原因，而非其他因素引起的伤害。

3. 人身伤害

需要明确和证明实际发生的人身伤害，如健康问题、疾病或身体损害等。通常需要医疗证据、诊断报告和专家证词来支持人身伤害的存在和程度。

4. 法律依据

在欧盟范围内，人身赔偿的认定和法律依据可能会有所不同，因为不同国家可能有不同的法律体系和相关法规。但是，欧盟成员方通常会参考欧盟法律框架和相关指令，如《环境侵权指令》提供了环境侵权赔偿的基本原则和标准。

三、欧盟大气污染侵权的司法实践

（一）匈牙利垃圾焚烧案：不知情污染土地所有人责任

匈牙利垃圾焚烧案的双方当事人是图尔凯韦乳业公司和匈牙利国家环境和自然保护监察总署，涉及的争议是在土地所有人图尔凯韦乳业公司不知情的情况下，能否因其所有的土地上非法燃烧垃圾并导致空气污染而被处以罚款。因需对《欧洲联盟运行条约》第191条、第193条以及2004年《环境责任指令》进行解释，匈牙利索尔诺克市行政和劳动法院向欧洲法院提请初步裁决。

1. 主要案情

2014年7月2日，匈牙利图尔凯韦市环境保护主管部门被告知，图尔凯韦乳业公司所有的位于图尔凯韦市的土地上有焚烧垃圾行为。根据环保主管部门的现场检查报告，有30～40立方米的垃圾（包括金属废弃物）被分为3组，全部在堆放地点焚烧。并且，焚烧现场存在3辆用于运输焚烧后产生的金属废弃物的货车。图尔凯韦乳业公司称，垃圾焚烧所在土地已于2014年3

月 15 日租赁给一个自然人，但该承租人在 2014 年 4 月 1 日死亡。因此，图尔凯韦市环境保护主管部门基于图尔凯韦乳业公司的土地所有人身份，决定对其处以 50 万匈牙利福林（约 1630 欧元）的罚款。图尔凯韦乳业公司就此罚款决定向主管部门提出复议，并在申请被驳回后向国家环境和自然保护监察总署提出申诉，但同样被驳回。

自然保护监察总署指出，在开放场所焚烧垃圾已导致了环境损害。依据《匈牙利环境保护法》的规定，在焚烧发生的关键时间拥有或占有土地的人应承担连带责任，除非土地所有人能够毫无合理质疑地证明自身不承担责任。在本案中，土地承租人在垃圾焚烧发生时已经死亡，故应由图尔凯韦乳业公司承担责任。因不服国家环境和自然保护监察总署决定，图尔凯韦乳业公司故向索尔诺克行政和劳动法院提起诉讼。匈牙利国内法院认为，非惩罚性的空气污染罚金属于欧盟 2004 年《环境责任指令》第 2 条第 11 款规定的“补救措施”（remedial measures）。然而，该指令第 16 条规定，成员国可以依据《欧洲联盟运行条约》第 193 条在预防和补救环境损害问题上制定更为严格的措施。索尔诺克行政和劳动法院援引欧洲法院“FIPA 集团公司案”判决，认为本案中图尔凯韦乳业公司与垃圾焚烧导致的环境损害间并无因果联系，所以主管部门不应对土地所有者处以罚款。在此背景下，索尔诺克行政和劳动法院决定暂停本国程序，就此问题请求欧洲法院作初步裁决。

2. 主要法律问题

（1）依据《欧洲联盟运行条约》第 191 条和 2004 年《环境责任指令》的相关规定，成员方是否可以超越污染者付费原则，在未确定土地所有人行为和污染损害之间因果关系的情况下，要求不知情的土地所有人就其土地上发生的环境污染造成的损害承担赔偿责任。

（2）若不可以，为保护空气质量，成员方是否可以依据《欧洲联盟运行条约》第 193 条和 2004 年《环境责任指令》第 16 条，对非污染者的土地所有人处以罚款。或者说，此《欧洲联盟运行条约》第 193 条规定的更严格立法是否可以表现为对土地所有人施加惩罚性罚款，即使他并不对污染的产生负有责任。

3. 法院判决

（1）在未证明因果关系的情况下，主管部门是否可要求土地所有者与污染者对环境损害承担连带责任。

《欧洲联盟运行条约》第 191 条第 2 款的适用。《欧洲联盟运行条约》第 191 条第 2 款规定，欧盟环境政策的目标是实现高水平的环境保护①，相关政策应建立在污染者付费等基本原则上。第 192 条只是从整体上规定了欧盟环境目标，因为该条授权欧洲议会和部长理事会依据普通立法程序采取实现此目标的具体行动。由于确定污染者付费原则的《欧洲联盟运行条约》第 192 条第 2 款针对的是欧盟层面的行动，因此，个人不能直接依据此条款排除在没有欧盟立法的环境政策领域的国内法的适用。鉴于此，图尔凯韦乳业公司只能在欧盟法适用的领域内援引《欧洲联盟运行条约》第 191 条第 2 款规定的污染付费原则。

2004 年《环境责任指令》的适用。因为本案主要涉及空气污染问题，故欧洲法院首先审查《环境责任指令》是否在本案中适用。《环境责任指令》第 2 条第 1 款规定，环境损害（environmental damage）是指对受保护的物种、自然栖息地的破坏或对水、土地的破坏。从此定义的文义来看，空气污染并没有被规定在指令的环境损害范围内。但该指令立法说明第 4 项规定，环境损害包括由空气中的元素导致的对水、土地、受保护物种或自然栖息地造成的破坏。

根据《欧洲联盟运行条约》第 267 条对成员方法院和欧洲法院职能的划分，欧洲法院只能依据成员方法院提供的事实对欧盟法律规定及其有效性作出裁决。因此，应是成员方法院而非欧洲法院负责具体适用本国措施或经由欧洲法院解释的欧盟法律。本案中，如果提请法院认为空气污染并不属于

① 刘渝：《欧盟法律中的预防原则简述》，载《海外文摘》2021 年第 6 期。

《环境责任指令》的适用范围，该法院需在不违反《里斯本条约》内容和欧盟二级法律规定的情况下，依据国内法律规定处理争议问题。但若提请法院认为本案中的空气污染导致了水、土地或受保护自然物种或栖息地的破坏或威胁，《环境责任指令》则将适用于本案中的空气污染。

环境责任的承担条件。2004 年《环境责任指令》第 1 条明确，该指令的立法目的是基于“污染者付费”原则建立一个环境责任框架，从而预防和补救环境损害。这个以高水平的环境保护和污染者付费原则为基础建立的责任框架，要求经营者负有预防和补救环境责任的义务。结合《环境责任指令》第 4 条第 5 款、第 11 条第 2 款以及立法说明第 13 项，此环境责任制度要求监管部门证明一个或多个可识别的经营者行为与环境损害或有造成损害可能的紧迫威胁之间存在因果关系。并且，欧洲法院也在其判例中明确，即使在经营者负有严格环境责任的情况下，监管部门也同样需要证明此因果关系。同样，《环境责任指令》第 4 条第 5 款规定，在采过错责任制度的情况下，从事非指令附件 3 规定的职业活动的经营者因其职业活动造成环境损害的，监管机构同样需证明行为与损害之间的因果关系。此外，污染者付费原则在《环境责任指令》规定的责任制度中的重要性也明显体现在指令关于经营者未造成污染或不存在污染风险的推定规定上，并且，经营者在下列情况下可以免除污染修复费用的补偿义务：①能够证明环境损害是由第三人造成的，且环境损害在适当安全措施已经到位的情况下仍会发生；②环境损害的发生是因遵守公共当局发布的强制性命令或指示造成的。鉴于《环境责任指令》的责任制度是建立在污染者付费和风险预防两个原则之上，该指令同时规定了经营者环境损害预防和补偿责任。

本案中，无争议的是图尔凯韦乳业公司被处以罚款是基于其经营者污染发生时的土地所有人身份，而非经营者。但需要成员方法院进一步核实的是，该国主管部门在作出罚款的同时，是否未要求公司采取预防或补偿措施。从现有证据来看，适用于图尔凯韦乳业公司的匈牙利法律并不构成转化实施《环境责任指令》的内容。但需注意的是，该指令第 16 条授予成员方维持或制定在预防或补救环境损害方面更为严格的规定，其中即包括增加责任主体。

匈牙利《环境保护法》第102条第1款规定，在没有相反证据的情况下，发生环境损害或具有环境危害的土地所有人或实际占有人应当承担连带责任；土地所有人只有在能够认定土地实际使用人和毋庸置疑地证明自己没有造成损害的情况下才能免责。欧洲法院认为，此种法律规定的目的在于加强《环境责任指令》规定的责任制度。在不影响经营者责任原则的情况下，增加土地所有人责任既能防止其对自己所有的土地漠不关心或不注意，又能鼓励所有人采取可能减少环境损害风险的行动，有利于预防环境损害，进而实现《环境责任指令》的目标。匈牙利法律要求土地所有人必须监督其财产使用者的行为，并应在出现环境损害或环境损害威胁的情况时向监管部门报告。若土地所有人未履行上述义务，则需与行为人共同承担连带责任。此类立法通过确定除经营者外的可以承担连带责任的主体，增强了《环境责任指令》规定的责任制度，故属于《环境责任指令》第16条和《欧洲联盟运行条约》第193条所允许的更严格的保护措施，只要成员方法律不违反欧盟条约规定并履行通知欧盟委员会的义务。至于如何判断成员方措施是否符合欧盟条约，欧洲法院通过判例确定了两项条件：一是力求实现《环境责任指令》第1条规定的预防和补救环境损害的目标；二是遵守欧盟法律，尤其是包括比例原则在内的一般原则。最后需要注意的是，若成员方依据《欧洲联盟运行条约》第193条制定了更为严格的环境保护措施，必须通知欧盟委员会，但未履行该通知义务并不当然意味更严格的保护措施不合法。

综上，欧洲法院判定，若成员方法院认为本案争议属于《环境责任指令》的范围，《欧洲联盟运行条约》第191条、第193条以及《环境责任指令》的相关规定并不排除成员方立法要求非污染者的土地所有人承担连带责任，并且无须确认土地所有人的行为与环境损害间的因果关系，只要成员方的相关法律不违反欧盟法的一般原则、欧盟条约和二级立法。

（2）成员方法律是否可以要求不知情的土地所有者、土地使用者在承担连带责任的同时还面临监管机构的罚款。

依据《环境责任指令》第16条、《欧洲联盟运行条约》第193条以及其他欧盟相关法律规定和基本原则，当一个成员方认定土地所有人应承担连带责任时，可以同时规定制裁措施以增强这种更严格保护制度的有效性。在未能阻止污染发生并且无法确定责任者的情况下，对土地所有者处以行政罚款可以被认定为《环境责任指令》和《欧洲联盟运行条约》规定的更严格的环境责任制度。但是，此罚款必须符合比例原则，因为规定的目的在于实现更严格的环境保护，所以，确定的罚款数额不得超过实现该目标所必需的金额。本案中，应由国内法院审查匈牙利国内法律，即国家2010年第306号法令第34条第1款的规定是否符合这些条件。

（3）案件总结。

匈牙利垃圾焚烧案核心问题是“污染者付费”原则下非污染者的土地所有人的环境责任。在无法确定经营者职业活动同环境损害之间存在因果关系的情况下，如果成员方法律要求非污染者的土地所有人承担土壤修复或补偿责任，并不违反污染者付费原则。欧洲法院通过本案再次明确，无论是要求“无辜”的土地所有人对土地修复费用承担补偿责任，还是要求未履行注意和通知义务的不知情土地所有人同污染者承担连带责任，都不违背《环境责任指令》以污染者付费原则为基础建立的环境责任制度。这样的规定可以被认定为《欧洲联盟运行条约》第193条和2004年《环境责任指令》第16条允许的更严格的保护措施。虽然成员方可以要求不知情的污染土地所有人同污染者承担连带责任并且可同时被处以罚款，但是不得违反欧盟法相关规定。本案中，欧洲法院提出了成员方措施符合欧盟法应满足的两个条件：①需为实现《环境责任指令》预防和补救环境损害的目标；②应遵守欧盟法律的一般原则，尤其是比例原则，因此，本案中涉及的罚款数额的确定不得超过实现更严格环境保护目标所必需的金额。

此外，欧洲法院也通过本案进一步明确了《环境责任指令》的适用对象。一般而言，《环境责任指令》只适用于侵害受保护的物种、自然栖息地或破坏水、土地产生的环境损害，并不包括空气污染产生的环境损害。但若空气污染对水、土壤、物种或栖息地造成损害，则成员方法院有权决定是否将空气污染损害纳入指令范围。

（二）2022年欧洲法院年度报告中的大气污染侵权案件

1. 主要案情

巴黎部分聚集区居民向法国行政法院提起诉讼，称由于聚集区环境空气质量恶化造成了健康恶化，并产生了损害，向法国当局寻求赔偿。这种恶化的原因是超过关于环境空气质量的第2008/50号指令中确定的二氧化氮和微颗粒浓度限值，法国当局未能履行该指令第13条和第23条规定的义务。

诉讼被驳回的理由是，从本质上讲，居民所依据的关于环境空气质量的第2008/50号指令的规定并不赋予个人任何权利，对因空气质量恶化而遭受的任何损害获得赔偿。居民向凡尔赛行政上诉法院对该判决提出上诉。

2. 主要法律问题

成员方因超过污染物的限值导致空气质量恶化而对个人造成损害承担侵权责任的条件：首先，法院注意到，关于环境空气质量的第2008/50号指令于2008年6月11日生效，居民声称造成的健康损害始于2003年，早于指令生效的时间。因此，为了评估法国对争议损害的潜在责任，法院认为有必要不仅考虑相关条款还要考虑之前的指令。接下来，法院回顾，个人承担国家责任需要满足3个累积条件：被侵犯的欧盟法律规则必须旨在赋予他们权利；违反该规则必须足够严重；该侵权与这些个人遭受的损失或损害之间必须有直接的因果关系。关于第一个条件，即要求被侵犯的规则必须旨在赋予个人权利，这些权利不仅在欧盟法律规定明确授予的情况下产生，而且由于这些条款以明确定义的方式强加的积极或消极义务而产生，无论是对个人、成员方还是欧盟机构。成员方违反此类积极或消极义务，可能会阻碍有关条款隐含地赋予个人的权利的行使，从而改变这些条款试图为他们确立的法律状况。

在本案中，关于环境空气质量的第2008/50号指令第13（1）条和第23（1）条，与上述指令的类似规定一样，实质上要求成员方：首先，确保二氧化氮和细颗粒物的水平在各自领土上从某些日期起不超过这些指令设定的限值；其次，如果仍然超过这些限值，则有义务规定适当措施来补救这些超标，因此，这些条款对成员方要实现的结果规定了足够明确和准确的义务。然而，这些义务追求保护人类健康和整个环境的总体目标，不能推断它们隐含地赋予了个人权利，违反这些权利的行为将能够引起成员方对他们造成的损失和损害的责任，因此，国家责任的三个累积条件中的第一个没有得到满足。

3. 法院判决

欧洲法院参考该法院的判决作出了初步裁决，澄清了成员方因污染物的限值导致空气质量恶化而对个人造成的损害承担责任的条件。

4. 案件总结

根据法院的判例法，在超过第2008/50号指令和先前指令中提到的限值的情况下，该调查结果不能被改变，即要求国家当局在必要时向有管辖权的法院提起诉讼，通过空气质量计划。该权利特别源于欧盟法律的有效性原则，受影响的个人有权通过根据自己的特殊情况提起行政或司法程序来促进该权利的有效性，并不意味着第2008/50号指令第13（1）条和第23（1）条以及早期指令的类似规定所产生的义务旨在将个人权利赋予相关人员，以达到上述3个条件中的第一个条件。考虑到所有这些因素，法院得出结论：关于环境空气质量的第2008/50号指令第13（1）条和第23（1）条，以及上述指令的类似规定被解释为：不会依据国家责任原则赋予个人对国家违反欧盟法律所造成的个人损失赔偿要求赔偿的权利。

在欧盟，大气污染对个人造成人身损害的责任认定通常是基于相关的法律和法规。欧盟各国可能会有不同的法律框架和标准来确定责任。一般情况下，要认定欧盟大气污染造成人身损害的责任，需要个人能够证明大气污染直接导致他们的人身损害，而非其他因素；需要证明责任方在大气污染方面存在过失或违反了相应的法律和法规；需要提供充分的证据，证明他们遭受了实际的人身损害，如健康问题或医疗费用。具体的责任认定可能会根据欧盟国家的法律和司法实践而有所不同。[①]

① 《欧盟法院2022年工作概况与典型案例》，载《人民法院报》2022年11月11日，http://rmfyb.chinacourt.org/paper/html/2023-10/27/content_233398.htm。

第七章

日本城市复合型大气污染侵权救济

第一节　日本环境保护与治理的特点

日本的环境污染，可以追溯到明治政府的殖产兴业政策时代，日本环境污染的类型也是随着其近代化历史的发展而变化的。日本战败后，以发展经济为首要国策，环境污染问题日益严重，成为社会最大问题之一。为此，日本政府制定了《公害对策基本法》（1967 年）等环境法律，为治理公害作出了努力。

一、日本环境污染与治理的历史发展

日本的环境污染及其治理按照年代划分的话，可分为以下几个时期：

（一）20 世纪 40 年代以前：矿山污染

日本环境污染的历史可以追溯到明治时期（1868～1912 年）。当时，纺织业、炼铜业、炼铁业等产业作为近代产业的重心不断扩大规模，从明治年间到大正年间（1912～1926 年），这些产业集聚的地域发生了严重的大气污染。

在大阪、东京等大城市，集中了各种纺织、冶炼等近代产业的工厂，大正年间又出现了许多火力发电站，再加上汽车交通等大气污染，形成了复合型城市大气污染。

另外，明治中期栃木的足尾铜山、爱媛的别子铜山、茨城的日立矿山等炼铜厂周边地区产生了大量的硫氧化物等大气污染物，给周边的农林水产业

带来严重的损害。当时著名的环境污染事件有：1890 年的足尾铜山矿毒事件、1900 年的爱媛别子铜山烟雾污染、1910 年的日立矿山烟雾污染等。1880～1932 年，日本国民展开了公害反对运动，政府实施了一些环境污染防止措施，但未见成效。

（二）20 世纪 50～60 年代：公害大国

第二次世界大战后，日本将复兴经济摆在了优先位置，片面强调发展经济，环保意识薄弱，以煤炭为主要能源的工业复兴使全国各地形成了以硫氧化物为主的大气污染。1955～1965 年，硫氧化物等造成大气污染最为严重。世界著名的八大公害诉讼案，日本就占了 4 起：熊本水俣病①、新潟水俣病②、四日市哮喘病③和富山骨痛病。④

日本政府虽然于 1958 年制定了《公共水域水质保全法》和《工厂排污规制法》，但由于“发展经济优先”的国策没有改变，这些环境保护的法律规制依然没有起到实效。

（三）20 世纪 70 年代：公害立法

这一时期日本的环境污染不仅是大气污染，还有水质污染、自然环境破坏、噪声、震动等一系列的问题。这些重大公害事件开始的时候，地方政府和肇事厂家为了维护自身的经济利益，千方百计地隐瞒实情。这招致了人们的强烈抗议，引发了一波又一波的示威游行，受害人提起了大规模集体诉讼。在此背景下，1962 年制定了《烟尘排放规制法》等环境治理相关法律。日本于 1967 年颁布了《环境污染控制基本法》《公害对策基本法》；1968 年，颁布了《大气污染防止法》；1969 年，制定了控制二氧化硫环境标准的相关规

---

① 原田正纯『水俣病』（岩波新书，1971）31 頁、『水俣病被害者，辩护团全国联络会议 水俣病裁判全史』（日本评论社，1998 年—2001 年 122 頁）、宫本宪一「水俣病水俣病被害者救济特别措施法を検討する」，『環境と公害』（2009 年）34 頁。

② 飯島伸子＝船橋晴俊『新潟水俣病問題』（东信堂，1999 年）12 頁。

③ 吉田克己『四日市公害』（柏书房，2002 年）55 頁、宮本憲一『地域開発はこれでよいか』（岩波新书，1973 年）67 頁。

④ 倉知三夫＝利根川治夫＝畑明朗『三井資本とイタイイタイ病』（大月书店，1979 年）100 頁、松波淳一『イタイイタイ病の記憶』（桂书房，2006 年）134 頁。

定。但在经济发展优先观念的影响下，企业为了追求最大利润，仍以牺牲环境为代价，因此污染现象并未得到真正的抑制。

进入20世纪70年代，日本全国上下处于公害舆论热潮中，1970年，日本律师联合会提出了“环境权”的概念。媒体也参加进来追踪报道有关污染事件，日本许多地区还成立了专门的反对污染环境的民间组织。这样就出现了经济发展和保护环境二者必须择其一的问题，于是“即便是发展工业，也不能污染环境”的国民呼声高涨，人们的观念从防止公害转变到保护环境，反对只发展经济不考虑环境保护的市民人数第一次以45∶33的比例战胜经济优先派占据社会主流。日本政府顺应民意成立了专门的防止和治理污染机构，该时期的国会也因此被称为“公害国会”。在“公害国会”期间，通过了14项环境保护法案，成立了由总理大臣直接领导的“环境厅”。

1972年，四日市公害诉讼案件中，原告胜诉。该判决对政府及业界影响巨大，包括业界在内社会各界都期望政府尽早制定关于环境污染的损害赔偿和补偿制度。在此背景下，1973年，出台了《公害健康补偿法》。随着各项相关法令的制定、环境管理体制的不断完善，以及企业大规模环保设备投资等多方努力，环境治理初见成效。

（四）20世纪80年代：工业污染基本控制

从企业对环境污染防治的投资来看，20世纪60年代基本没有，到了1965年为297亿日元，占全部设备投资的1.7%；70年代以后，公害防治投资超过1亿元的企业开始猛增；到了1975年达到9645亿元，占全部设备投资的17.7%，达到世界最高水平。其中，70%是钢铁、电力、石油、化工等行业①。日本工业污染从20世纪60年代至70年代逐步加以解决，到80年代已经基本得到有效控制，公害问题趋于平缓。

到了80年代，产生了新的公害问题，即高技术污染、化学物质污染、汽车尾气排放等城市复合型大气污染等问题。随着“可持续性发展”理念的提

① 丸山正次『国家の失敗』（三领书房，1992年）78頁。

出，日本实行环境优先原则，即当经济发展与环境保护不可兼顾时，宁可牺牲一定的经济发展速度，也要确保环境保护。日本政府的环保政策偏重于以开发新能源为中心。“新阳光计划”、以节能为目的的“月光计划”和“地球环境技术开发计划”等节能政策计划开始实施。

（五）20世纪90年代：城市生活型污染

20世纪90年代以后，日本的经济状况发生了巨大变化。工业开始向地方分散，大城市的工业产出比例相对低下。环境政策的完善和企业引进环境污染防治技术、节能相结合，工业公害开始平静。二氧化硫浓度年平均值下降到0.01ppm，相当于环境标准的1/2。

但是，到了90年代以后，氮氧化物的含量开始增多，全国汽车尾气测定局检测三成以上的汽车尾气排放超过环境标准的上限（0.06ppm），浮游粒子状物质（suspended particulate matter，SPM）的合格率很低。

这一时期的公害诉讼问题以城市复合型大气污染诉讼为主，尤其是因汽车尾气排放引起的大气污染诉讼案比较多见。

进入90年代，环境问题全球化进一步发展，国际社会对“可持续开发”是人类现在和将来的基本课题已经形成了共识，对臭氧层的破坏、酸雨、地球温暖化等全球规模的环境问题开始共同关注。

（六）21世纪以来：低碳、循环型社会及环境友好型社会建设

低碳社会、循环型社会及环境友好型社会的建设是日本进入21世纪环保治理和发展的中心。他们提出：未来先进的企业要努力寻找减少使用资源、减轻环境负担、开发新能源、增进生活幸福感的新的发展道路。企业要靠近资源地，利用当地资源组织生产，增加当地就业机会，形成企业新的发展模式。也就是说，未来先进的企业要在发展经济、节约资源与降低环境负荷上达到新的平衡。这其实是一个重大的时代课题。

为应对传统能源危机，日本大力加强氢能、生物质能等新能源的开发研究，努力实现21世纪以生物质能利用为基础的新发展，实现能源消费从地下化石能源向地上生物质能源的转化，实现循环发展。

2001年1月6日，日本成立了环境省。环境省的职责除了执行政府的环境政策外，专职负责废弃物再生利用、环境污染的防治与检测、公害健康受害者补偿等工作，而化学物质审查、全球温暖化对策以及臭氧层保护等工作和其他部门共同负责。

二、日本环境保护与治理的特点

如前所述，日本解决环境污染问题走过了两个明显的阶段：一是20世纪50~60年代的治理工业污染阶段；二是20世纪80年代以后向生活污染方面转变的阶段。尤其是90年代以后，最主要的污染则是面广量大的生活污染，如汽车尾气、噪声和生活污水等。与局部性的工业污染相比，生活污染治理的难度更大，并且具有持续性增加的特点。目前日本解决环境保护与治理主要体现在下面几个方面：

（一）完善环境污染防治法制建设

1. 制定并完善循环经济法律体系

日本是目前世界上循环经济立法最完善的国家之一。在当前统一推进低碳社会、循环型社会及环境友好型社会的建设中，建立了较为完整的法律体系：一是基本法，即《建立循环型社会基本法》(2000年6月)；二是综合性法律，包括《废弃物处理法》《资源有效利用法》《绿色消费法》等；三是专项法，包括《容器和包装物的分类收集与循环利用法》《特种家用电器再利用法》《建设再利用法》《食品再利用法》等。

2. 加强各类环境监管，严格执法

近年来，随着环境保护各项立法的完善，日本的司法监管力度也日渐增强，环境违法的起诉率达到60%以上。

3. 环境被害救济

可以说，每一部与公害相关的立法的背后，都有一群受害人群的血泪史。一起起环境污染诉讼，推进了环境保护的立法，还催生了具有日本特色的受害者救济制度。1969年颁布的《公害受害者救济特别措置法》规定，由政府

出资与企业自愿捐助的方式，对大气污染受害患者支付一定的医疗补助费。1973年迫于环境污染判决的影响以及公众要求污染损害赔偿的压力，政府制定了《公害健康损害补偿法》，企业为了避免今后面临的环境诉讼被迫接受。该法通过向污染企业强制征收污染费、向污染受害患者提供损害补偿费用等行政补偿手段实现了污染者负担原则。

另外，还有一些地方性的措施。在前述的东京大气污染诉讼和解协议中，除了设立大气污染患者医疗费资助制度外，还设置了由原告与东京地方政府组成的联络会议，这类机构是一个面向未来的协议机构，受害者将与政府就抑制机动车尾气排放问题进行持续性的协商。2008年8月形成了东京都内全部哮喘病患者的医疗费全部免除的制度。政府也比较重视对于环境污染受害者的救济，迄今为止，每年环境厅的环境白皮书中，还对20世纪60年代“四大公害”的受害人救济措施的施行进行关注和检讨。

（二）发展环保产业，企业主动治污

1. 大力发展环保产业

和我们国家不同的是，日本政府在解决环境问题的过程中，对于企业不能采取强制措施，要求企业达到什么标准，更不能直接下达治理指标，而只能是通过公布全社会污染控制总目标引导企业进行环保，同时通过市场行为，也就是能源价格等调控企业环保行为，减少环境污染。

对于工厂在环保科研、设备方面的投入，政府给予一定的补贴，企业根据生产情况提出环保课题，由企业自己组织科研人员，包括院校、社会科研单位的人员研究解决。

2. 企业主动参与环境保护

20世纪90年代以来，日本企业由“被动治污”转向“主动治污”，重视开发环境模拟技术与环境协调技术，从产品设计和生产的最初环节就把环境保护纳入其中。

随着人们环保意识的提高，消费者、股民、当地居民投向企业的眼光也越来越挑剔，给周围环境留下良好印象，成为树立企业形象的一大任务。同时，政府在市场上推出绿色环境标志制度，鼓励消费者购买环保产品，绿色消费，而没有绿色环境保护标志的产品，在市场上就得不到市民的认可。环保不仅是政府的要求，也是市场的要求。

由于环保问题日益得到重视，日本企业的环保观念也在发生变化。许多企业开始从过去被迫遵守环境法规到现在自觉地加强环境保护。人们逐渐认识到，环境保护问题不仅影响全局，也决定企业的生死存亡。1999 年以来，日本的“环境会计”制度在企业中迅速普及，实现“零排放”的企业逐渐增多。

（三）每个公民个人都是环境保护的主体，共同参与推动环保

民众则从对政府、企业的监督和自己身体力行两方面推动环保，日本的环境非政府组织规模之大在世界上名列前茅。日本国民深知自己国土狭小，资源缺乏，有着强烈的忧患意识和长远打算。日本国民的环保理念和环保意识，源于法律，源于遵守规则的国民性格，源于从小抓起的教育培养，因此是发自内心、根深蒂固的。

今天的日本，能够拥有清新的空气、优美的环境、整洁的市容，是环境保护治理工作的巨大成果。日本能做到垃圾百分百地不乱扔，依赖的并不是先进、发达的科技，而是全民对环境和社会规则的敬畏、对自己国家的感情和高度的自觉性。

第二节　日本城市复合型大气污染诉讼因果关系认定

城市复合型大气污染诉讼中最核心的问题是认定大气污染与疾病发生之间的因果关系。日本的道路公害诉讼主要有国道 43 号诉讼、西淀川公害诉讼、川崎公害诉讼、尼崎公害诉讼、名古屋南部公害诉讼和东京公害诉讼等。本节主要对道路公害诉讼的尼崎公害诉讼、名古屋南部公害诉讼和东京公害诉讼中的因果关系认定进行探讨。

一、三大诉讼案的主要内容

(一) 尼崎公害诉讼

1. 案情简介

在尼崎市居住的《公害健康被害补偿法》(以下简称《公健法》)中认定的公害病患者及其家属将当地的9家企业与设置和管理国道2号、43号的政府以及设置管理阪神高速公路大阪西宫线的阪神高速公路公团诉至法院，向上述被告提出了损害赔偿和停止排放大气污染物质的诉讼请求。

2. 审理结果

1999年2月，被告企业方以24.2亿日元的赔偿金达成了和解，2000年1月，神户地方法院判令国家、高速公路公团对道路沿线50米内居住的原告作出赔偿，国家承担2.11838400亿日元，公团承担1.21020610亿日元的连带责任，并且判令在原告居住地不得排放超出限量的浮游粒子物质①。该判决被认为是具有划时代意义的判决，在社会引起了巨大的反响。

(二) 名古屋南部公害诉讼

1. 案情简介

在爱知县名古屋市、东海市周边地区居住的《公健法》认定的公害病患者及其家属，将当地的11家企业和设置管理国道1号、23号、154号、247号的政府诉至法院，向上述被告提出了损害赔偿和停止排放大气污染物质的诉讼请求。

2. 审理结果

2001年8月，原、被告达成了15.2亿日元的和解②。该案的重大意义是法院判决汽车尾气引起的大气污染和公害病之间具有因果关系，并且支持了原告停止侵害的诉讼请求。

---

① 神户地方法院2000年1月31日判决。

② 名古屋地方法院2000年11月27日判决。

（三）东京公害诉讼

1. 案情简介

1996年5月，527名哮喘病患者将负有道路的管理责任和废气排放规制责任的政府、东京都、首都高速道路公团以及7家汽车制造和销售的汽车制造销售商（丰田、日产、三菱、日野、马自达、五十铃）告上了法庭，向其提出了损害赔偿和停止排放超过环境标准值的污染物质的诉讼请求。

2. 审理结果

东京地裁的判决支持了不属于公害认定中救济的患者的损害赔偿，但没有认定汽车商的责任和停止侵害的诉讼请求。[①] 该案于2007年8月达成了和解，和解的结果是汽车生产商支付33亿日元、政府承担60亿日元、首都高速道路有限公司支付5亿日元给受害人。

二、疫学因果关系和法律因果关系

大气污染公害诉讼的最大的争议就是氮氧化物、浮游粒子状物质等大气污染物质和疾病之间的因果关系如何认定的问题。

（一）疫学因果关系

大气污染物质是否必然造成气管和哮喘等疾病，在医学上还没有一个明确的判断机制，对此，更需要疫学的认定。但是，疫学的认定方法只是根据统计性、关联性去推定整体人群罹患疾病原因的一种研究方法，该方法无法推定每一个个体罹患疾病的原因。因此，即便存在疫学上的因果关系，也不能必然认为存在法律上的因果关系。

在公害诉讼中，也不能单纯地通过疫学因果关系去推定具有法律上的因果关系，而是通过多种疫学调查内容进行详细的考察，再通过分析临床、病理、动物实验等发病原因和实验结果，在此基础上对每一个患者进行个别因

① 东京地方法院2002年10月20日判决。

果关系的判断。[①]

（二）法律上的因果关系

证明侵权之诉的因果关系，不需要证明无限连锁的自然科学上的因果关系（事实因果关系），而是证明侵权行为成立的因果关系（法律上的因果关系）。若要让被害人去证明“如果没有该违法行为，就没有该损害结果”的100%的严密性，对于被害人来说是不可能做到的。

比如，A工厂和B工厂均向河流中排放引发健康损害的有毒物质。如果套用“没有彼则没有此”的公式（也称条件公式），即使A工厂没有向河流排放有毒物质，单凭B工厂排放的有毒物质，也足以造成河流附件居民的健康损害；同样，没有B工厂的排放，仅有A工厂的排放，也足以造成河流附件居民的健康损害。从理论上讲，可以说A工厂和B工厂的排放均不是造成河流附件居民健康损害的原因。如果那样的话就会产生违反人们感情的结果。而且，河流中一旦有有毒物质排出，A工厂的有毒物质和B工厂的有毒物质会在水中成为不可分割的一体，这样就必须证明以下3点：（1）哪个工厂排出了有毒物质；（2）通过哪种渠道排出；（3）排出的量是否对被害居民造成损害，而这样的证明是非常困难的（工业群的废气排放亦然）。如果将这种证明责任付之没有相关科学、医学知识的被害居民，无论怎么考虑都是有违人之常情的。

日本最高法院认为，被害人只要能够证明特定的事实造成特定的结果具有高度盖然性，即可判断具有法律上的因果关系。例如，新潟水俣病诉讼中，新潟地方法院将因果关系分为3个阶段：（1）被害基本的特性和该原因物质的关系；（2）原因物质到达被害人的路径；（3）加害企业污染物质的排出。如果企业不能说明自己的工厂不是污染源，即可推定该事实的存在，证明其具有法律因果关系。[②]

---

① 高田健一「事实上的因果关系—疫学的因果关系」『不法行为诉讼法』（青林书院，1991年）143頁。

② 新潟地方法院1971年9月29日判决。

三、道路沿线大气污染与损害的因果关系

上述各大气污染诉讼判决中，均对道路沿线的大气污染物质与支气管哮喘等发病或恶化之间的因果关系进行了肯定。

（一）到达因果关系

道路沿线（道路沿线的距离）是道路公害诉讼争议的焦点。尼崎判决中，将道路沿线定为道路沿线两旁50米以内的范围；东京判决将道路上机动车尾气排放的直接影响范围定为距离道牙50米的范围；名古屋判决中，将道路沿线的浮游粒子状物质等污染物质的影响确定在道路沿线20米的范围。

（二）道路沿线的疫学调查——千叶大调查

尼崎判决、名古屋判决等判决中中疫学调查的依据主要是千叶大调查。所谓“千叶大调查”，是指日本千叶大学医学部为了明确道路大气污染和健康之间的关系，从1996年开始，以千叶县内与道路相邻的10家小学校内的小学生为调查对象，调查其每年秋季的呼吸道疾病的发病情况。该调查将位于道路沿线50米内的学校称为道路沿线部，将50米外的称为都市非道路沿线部，将远离都市道路沿线区域称为田园部，把上述3个区域内学生的发病情况进行了比较分析。

千叶大调查选择小学生为调查对象的理由是：（1）小学生比成年人更具有地域安定性；（2）疾病与吸烟、职业因素的影响较弱；（3）小学生比成人更容易受大气污染的影响；（4）在学校进行整体性统计工作更为方便。

千叶大调查的结果显示，和田园部相比较，都市非道路沿线部的小学生罹患哮喘的风险男子为1.92%，女子为2.44%；道路沿线部的男子为3.70%，女子为5.97%。换言之，都市非道路沿线的小学生罹患哮喘的概率是田园部的2倍，而道路沿线的小学生罹患哮喘的概率是田园部的4倍。

2000年发布的调查结果显示，大气污染物质中的二氧化氮等物质和哮喘之间具有直接的关系，如果大气中的二氧化氮增加0.01ppm，罹患哮喘的概

率就上升2.1倍。

（三）原因污染物质的确定

在尼崎判决和名古屋判决中，在认定机动车尾气排放和支气管哮喘等发病之间的因果关系时，确定主要污染原因物质为柴油尾气排放颗粒物和二氧化氮等物质。

对于这两个原因，有学者指出，实际上，二氧化氮等物质在使用室内的取暖用具时还会造成的室内浓度高于室外浓度的情况，这样的话室内的二氧化氮的浓度也会造成哮喘等疾病的发生。日本柴油发动机尾气排放风险评价研讨会的年度报告也认为，关于颗粒物的浓度对柴油发动机尾气排放颗粒物的数据不足，没有进行定量性评价，因此将柴油尾气排放颗粒物作为原因物质缺乏科学性。

在这种情况下，东京判决认为，虽然无法确定污染的具体原因物质，但是可以认定机动车排出的废气是造成疾病的原因。

（四）因果关系认定的标准

如前所述，3个判决在认定因果关系时均把千叶大调查作为依据，将千叶大调查的调查对象地区的道路沿线同样的污染状况作为因果关系认定的标准。特别是东京判决认为，如果道路状态（国道13条、都道72条、首都高速道路19条，白天12小时的交通量为4万辆以上）与千叶大调查的状况相同的话，即可推定出机动车尾气排放与疾病发病或恶化之间具有因果关系。

尼崎判决和名古屋判决也采用了同样的方法。在浮游粒子状物质的认定上，名古屋判决认为国道23号检测出了千叶大调查对象地区的浮游粒子状物质浓度，因此推定该污染与疾病之间具有因果关系。

（五）特应性体质因素

特应性体质是产生特应性支气管哮喘等疾病的最直接原因。因此，从损害的公平分担这一原则出发，至少也应该作为减少赔偿额的原因。尼崎判决和名古屋判决将特应性因素作为1/3或30%的减额原因。①

而东京判决则认为，因侵权行为造成损害的受害人具有与普通体格或体质不同的身体特征（如脖子长），该特征与加害行为竞合产生了伤害结果或扩大了损害结果的，只要该身体特征不是疾病性质的，在确定损害赔偿额时不考虑该身体因素。也就是说，在国民中有相当比例的人属于特应性体质，该体质只是异于普通体质的身体特征，其本身不是疾病，因此在算定赔偿数额时不应当考虑该因素。

以上可以看出，在确定道路沿线的大气污染与哮喘等疾病之间的因果关系时，会产生诸多难点。而各判决虽然多以千叶大调查为参考依据，但是判决结果却各不相同，可以说迄今为止也没有形成一个明确的判断标准。

第三节　日本城市复合型大气污染侵权中的比例责任

在城市复合型大气污染侵权诉讼中，最核心的问题是原告的发病原因是不是由于被告工场或者道路上产生的污染物质引起的。换言之，就是加害行为与损害的发生之间是否具有因果关系，该因果关系如何认定的问题。在大气污染诉讼中，有以下4个问题需要证明：第一，被告排出的污染物质是否给周边的大气造成了污染；第二，该污染物质是否到达了原告的居住地；第三，到达的污染物质是否达到了造成疾病的浓度；第四，原告的疾病除了大气污染以外，是否还有其他原因。对于如何证明上述4点，有多种因果关系认定的学说②。其中，最有名的是疫学（流行病学）因果关系说，即从富山疼疼病③开始采用的因果关系认定方法。但是，对于损害赔偿诉讼而言，除

① 『判例時報』1726期44頁、『判例時報』1746期46頁。

② 吉村良一「公害裁判における因果関係論の展開」『公害・環境私法の展開と今日的課題』(法律文化社，2002年) 218頁。

③ 富山地方法院1971年6月30日判决。

了认定群体因果关系，最终还需要认定每一个患者的个别因果关系，这是解决群体现象时采取疫学方法无法解决的问题。特别是对于上述第四种情况，如何认定该疾病是因大气污染造成的，还是该患者本身体质造成的，这是无论怎么运用统计数据都解决不了的。

整体性层面中第一种、第二种和第三种情况中的因果关系认定，也会出现下列两个问题。其一，许多大气污染诉讼中，除了被告工场、道路以外的污染源外，还有其他多种污染源，而且污染路径难以把握。尤其是城市复合型污染的情形，原告如何将城市中存在的无数污染源中的主要污染源遴选出来，对此进行损害赔偿请求。而作为法院则需要明确污染路径，确定受害区域。其二，被告是复数的时候如何确定他们的责任。根据日本《民法》第719条关于共同侵权行为的规定，共同侵权行为者对损害的发生承担连带责任。如果被告的行为不具有共同关联性，则该行为构成竞合性侵权行为，由各侵权行为人承担各种的责任。因此，就产生了如何判断各侵权行为者的行为是单独侵权行为还是共同侵权行为，即如何解释适用《民法》第719条的问题。

因此，环境污染诉讼中的因果关系认定时，为了解决上述问题，出现了法院让原告承担“比例责任”的若干判决。在此背景下，学说也将该类型进行了理论化分析，出现了比例因果关系说、概率因果关系说、概率心证说等学说。

一、多奈川大气诉讼中的比例责任

（一）案情简介

采用环境污染诉讼中的比例责任的首例判决是多奈川火力发电所公害诉讼判决。[①] 1956年，Y（关西电力股份公司）位于大阪的第一火力发电所的烟囱排出了大量的煤烟。1973年12月，12名周边的居民及其继承人以Y的

① 大阪地方法院1984年2月28日判决。

排烟造成了肺气肿等疾病为由，向法院提起了损害赔偿的诉讼请求。

（二）裁判要旨

本案的判决采取了“根据诚实信用原则限定责任的抗辩”理论，最终根据诚实信用原则确定了被告的比例责任。

关于因果关系，法院认为 Y 公司烟囱的排烟比起四日市公害诉讼的被告企业排出的量还要多，其排烟污染了周边区域。但是，根据大气环境基本的标准“阈浓度值”的规定，确定了 12 名原告中 7 名原告的疾病并非因大气污染环境所引起。接着，确定了 Y 的行为给剩下 5 名受害人的居住地造成的大气污染程度，认定了 Y 和与 Y 临接的 A 公司的行为构成共同侵权行为，并且明确了该共同侵权行为对大气污染的原因力（寄予度）比例。(5 名受害人中，B · C · X1 的居住地占 40%）。[①]

关于上述 5 名受害人的发病与污染之间是否具有因果关系，法院认为，本案的疾病属于非特异性疾病，如果只采取疫学的方法则无法进行判断，所以必须要结合“通常的方法”进行综合判断。[②] 具体而言：

法院认为，5 名受害人的居住地的肺气肿发病率为 4%，只超出自然发病率（3%）的 1%，因此不能推定发病与污染之间具有因果关系。但是结合其他间接的事实进行综合判断的话，可以认定 5 名受害人中 3 名原告（B · C · X1）的疾病与被告的排烟之间具有因果关系（其中的 1 名发病早于污染行为发生，另外 1 名在环境改善后病情开始恶化）。

对于受害人 B · C · X1 的损害，法院在确定了基本额度的基础上，根据诚实信用原则适当减轻了被告的责任。本案中原告等是由于个人因素、年龄、吸烟以及其他大气污染物质等原因与被告的行为结合造成的损害，原则上被告应当对全部的损害承担责任。但是，被告具有“从物理的角度看，发病的主要原因是侵权行为以外的原因”时，则被告的“侵权行为的违法有责性应

---

① 按照日本惯例，原告为 X，被告为 Y，本章涉及原被告简称采用日本的习惯用法。

② 『判例タイムズ』522 期 293 頁。

当减少”，可以根据诚实信用的原则适当减轻其责任。出于上述考虑，法院判决被告 Y 对于 B、C 的责任减轻 40%。对于有吸烟史的 X1，法院认为从 1972 年以后政府要求烟盒上必须印有“吸烟有害健康”的注意警告开始，根据诚实信用原则与过错相抵原则，减轻 60% 的责任。

二、西淀川大气污染诉讼中的比例责任

（一）案情简介

1978 年，86 名患者和死者家属共 117 名原告，向 10 家企业和道路管理者高速公路公团提出了总额 38 亿日元的损害赔偿和停止侵害的请求。一审法院于 1991 年作出了判决，否定了道路管理者的责任，认定被告 10 家企业构成共同侵权行为，赔偿原告损失 3.4336 亿日元。本案被称为西淀川大气污染第一次诉讼。①

（二）裁判要旨

本案中，法院根据各被告对大气污染的原因力大小，决定其承担责任的比例。采用了大气扩散模拟实验，确定了每一家企业大气污染的详细数值。另外，法院认为大气污染与疾病之间的因果关系毋庸置疑，只是根据其原因力如何承担责任的问题。

首先，法院将西淀川地区的大气污染分为“南西型”和“东北型”，认定了 10 家企业属于“南西型”污染源，然后通过大气扩散数值模拟确定了各被告对于大气污染的原因力比例，1970 年为 35% 以下，1973 年为 20% 以下。②

其次，对于大气污染与疾病之间是否具有因果关系的认定，法院推定西淀川地区环境污染与 20 世纪 70 年代前后在该区域居住者的发病之间具有因果关系。③

① 大阪地方法院 1991 年 3 月 29 日判决。

② 『判例時報』1383 期 4748 頁。

③ 『判例時報』1383 期 69 頁。

最后，对于是否构成共同侵权行为。按照日本《民法》第719条的规定，共同侵权行为分为“较强关联性”和“较弱关联性”，前者不具备减轻或免除责任的可能性。法院认为，在1970年大阪市制定了《西淀川大气污染紧急对策》后，10个企业均应适用“较强关联性”的规定，对损害结果承担连带责任。但是，由于1969年以前，无法明确各企业对大气污染的原因力比例，因此，被告只对1969年以后的损害中50%的部分承担连带责任。通过大气扩散数值模拟确定了各被告对1969年以后大气污染的原因力比例，判令各被告对1970年发病患者的损失承担35%的责任，对1973年以后发病患者的损失承担20%的责任。

三、西淀川第二次至第四次诉讼中的比例责任

（一）案情简介

西淀川大气污染的第二次至第四次诉讼判决。原告与10家企业中的9家达成和解，撤销了对剩下的一家的起诉。因此，法院的判决只是认定了道路管理者（国·阪神高速道路公团）的责任。①

（二）裁判要旨

本案判决是对汽车尾气排放引起大气污染中道路管理者的比例责任的判决。采用了与西淀川判决同样的因果关系理论，即为了明确被告对大气污染的作用力大小，采用了大气扩散数据模拟的方法。本判决没有按原因力的大小直接确定比例责任，而是考虑了其对道路的大气污染的原因力和对大气污染造成疾病的原因力，将二者相乘得出责任比例，即责任比例 = 道路大气污染的原因力比例 × 大气污染造成疾病的原因力比例。

法院根据大气扩散数值模拟确定了工场与道路对大气污染的原因力比例。法院认定工场对于西淀川地区的一般环境造成污染的原因力比例大约为65%，道路的原因力比例大约为30%。道路两旁50米以内的区域与一般环

① 大阪地方法院1996年7月5日判决。

境不同，道路的原因力比例为35%[①]。

法院认为10家企业和各道路虽然都不能说是主要污染源，但是可以类推适用《民法》第719条。工场和道路之间不具有较强的共同关系和一体性，因此，国家和道路公团应当按照原因力的大小去承担各种的责任。

在认定损害时，法院考虑了大气污染以外的因素。首先，根据疫学调查的相对危险度原理，考虑到每个人的个人因素与整体损害的关系，将大气污染对于吸烟者、小儿哮喘患者、高龄者疾病的原因力比例确定为60%，将其他患者的原因力比例确定为80%。这样一来，就把自然患病的可能或者即使没有大气污染也会患病的可能剔除出损害赔偿的范围。

关于判断损害的其他因素对上述的损害部分是否能够减轻责任的问题，法院认为大气污染分两种：一种是由污染行为产生的大气污染；另一种是与其他因素的竞合产生的大气污染。因此，后者应当考虑其他因素的原因力比例。具体言之，法院虽然没有考虑过敏因素和年龄因素的减轻责任，但是对于重度吸烟者的损害，将其原因力将至50%。最终，法院确认道路管理者的责任比例等于道路的大气污染的原因力35%乘以大气污染疾病的原因力。

四、比例责任的相关学说

以上比例责任的相关判例，学者围绕比例责任展开了激烈讨论，下面我们看看比例责任的相关学说。

（一）20世纪60年代的学说

1. 戒能说

首次主张在环境污染诉讼中应当采取比例责任的是戒能通孝教授。他提出，一定的证据给予一定的补偿，也就是说只要存在一定的损害，而且能够推测出发生该损害的事实，就可以根据该推测的精准打开损害补偿的路。[②]

---

① 『判例時報』1538期74頁。

② 都留重人『現代資本主義と公害』（岩波書店，1968年）228~230頁。

2. 泽井说

泽井裕教授关于因果关系的认定提出以下见解："如果可以通过流行病学的方法推定出因废气引起的整体发生率百分比，对于原告来说，只要没有旁证，就应该推断该疾病的原因是排出废气的危害。换言之，该百分比是多少就应当让被告承担原告全部损害中相应部分的赔偿。"[①]

（二）20世纪80年代以后的学说

到了20世纪80年代以后，关于比例责任的讨论更为激烈。

1. 新美说

新美育文教授关于疫学因果关系和个别因果关系的论点是：如果疾患是特异性疾患，通过疫学因果关系推定出个别因果关系是没有问题的。如果该疾患是非特异性疾患，就不可能马上通过疫学因果关系推定出个别因果关系。那么，通过疫学因果关系从事实上推定出个别因果关系就值得研究。

新美教授提出了根据相对危险度算出原因概率，然后依据概率承担责任的主张。比如，接触污染源的群体罹患率是没有接触群体的2倍时，每一个患者罹患原因的概率是50%。因此，可以让被告承担50%的责任。[②]

2. 森岛说

森岛昭夫教授与新美教授观点一致，他认为，认定因果关系的多奈川判决和水俣病东京判决"这些判决，将具有一定因素的造成疾病原因的可能性作为一个整体性抽象的概率是可以认定的，但是个别去证明原告的疾病原因是否是该因素造成的是非常困难的，或者去认定整体中抽象因果关系的概率也是困难的"[③]。因此，他支持"根据概率性心证认定概率性因果关系"的

① 沢井裕『公害の私法的研究』（一粒社，1969年）231～232頁。

② 新美育文「疫学的手法による因果関係の証明（上）」『ジュリスト』第866期（1985年）77頁。

③ 森島昭夫「因果関係の認定と賠償額の減額」『現代社会と民法学の動向』（有斐閣，1992年）256～257頁。

“概率心证说”。[①] 对于公害或药害这种例外的情况下，证明个别因果关系的证据无法达到具有高度盖然性，只有利用概率性的证据，从公平的角度去调整赔偿数额。

3. 野村说

上述两位学者主张的比例责任在因果关系的证明困难情况下适用，而野村好弘教授却提出将比例责任适用在更广泛的领域。

野村教授的主张被称为“比例因果关系说”。这是对传统的因果关系“如果没有该行为就没有此结果”的事实因果关系的批判，将因果关系进行了量化。[②] 同时，他在评价“水俣病关西判决”时也强调了“概率因果关系”的意义。对于水俣病关西判决，野村教授认为“概率不是法官的心证，而是对外界的客观的世界中存在现象如何把握的问题。野村教授对西淀川第一次判决和川崎一次判决中法院认定了各被告根据原因力比例承担整体责任给予了高度评价。在这里，被告企业对大气污染的原因力是判断其承担责任比例的标准。但是，不能把该原因力与对每个人的疾病的产生的原因力同等看待。整体的原因力对于每个人来说的意义不是参与的比例，而是概率。强调了不能根据“概率”，而应根据“原因力”去解决承担责任的份额。将“概率”和“原因力”加以区别。[③]

4. 大塚说

大塚直教授针对“水俣病关西判决”出了如下看法，他认为概率心证说包含两个方面的内容：第一，通常认定具有因果关系时心证占×%时，根据该比例承担损害赔偿责任；第二，因×%的概率认定具有因果关系时，要符合通常心证存在的证明度水平。第一种类型当然减轻了证明力度；第二种类

① 森島昭夫「因果関係の認定と賠償額の減額」『現代社会と民法学の動向』（有斐閣，1992年）256~257頁。

② 野村好弘「因果関係の本質—寄与度に基づく割合的因果関係論」交通事故損害賠償の法理と実務『ぎょうせい』(1984) 62頁。

③ 野村好弘「因果関係の割合的認定—西淀川大気汚染訴訟（第二次~第四次）第1審判決の考察」『ジュリスト』第1081期41~42頁。

型中，关于因概率认定损害发生时是通过通常的水平认定心证，被告承担的只是整体责任中的部分责任，既然是本来就应该承担责任，就不能说这种承担责任的方法对被告不利。

假如采用了概率心证说，第二种类型从整体上看并非对被告不利，就可以说比第一种类型认定的条件要更为缓和。① 第二种类型体现为西淀川第二次至第四次诉讼判决中的“因果关系说的其他因素”。如果疫学方法明确对整体责任的原因力比例的话，根据每一个患者的概率承担责任对被告来说未必不利。

五、小结

多奈川判决和西淀川第二次至第四次判决中，判断大气污染与损害之间是否具有因果关系时，采用了比例责任的方法去作为判决的标准。西淀川第一次判决中采用了大气扩散数据模拟明确了被告对大气污染的原因力比例。西淀川第二次至第四次判决中，根据疫学调查的相对危险度理论明确了大气污染对疾病的原因力比例。但是，水俣病关西判决中没有采取上述方法，而是根据症状将患者分类，设定 4 个阶段的数值，该数值只是表示一定“可能性”的数值，并不是实证性的数值。

对共同侵权行为的认定，多奈川判决中，法院认为被告在“临接的近距离中共同排出黑烟”，具有共同关联性，没有划分两者之间的责任比例。而西淀川判决中划分了共同关联性的强弱，并对其责任进行了详细划分。

西淀川大气污染诉讼的两个判决和水俣病的两个判决都是基于“原因力”和“概率”确定的比例责任。前者强调了实证数据分配损害，而后者强调了确保当事人之间实质上的公平。

关于环境污染诉讼中的比例责任理论，最开始出现于 20 世纪 60 年代后期。这个时期的学说是针对环境污染诉讼整体的，没有针对具体事例。但是，

① 大塚直「水俣病判決の総合的検討（その1）」『ジュリスト』第1088期（1996年）28頁。

这个时期的学说认为即使让被告承担一定比例的责任，也不会完全不利于被告。

到了20世纪80年代，开始出现一些认定比例责任的判例。与此相呼应，学说也开始变得多样复杂。例如，新美教授在多奈川判决后马上提出了“概率认定说”，从相对危险度确定原因概率的观点出发，给比例责任打下理论基础。此外，森岛教授对用流行病学的方法认定因果关系的判例中的多奈川判决和水俣病东京判决进行了探讨，从心证的角度出发，认为应该是“概率性心证”的问题①。接着，野村教授在分析西淀川第一次判决和川崎第一次判决时，提出了“比例因果关系”的理论，水俣病关西判决中，提出了“概率因果关系”的主张。最后，大塚教授从“概率心证说”的角度对水俣病东京判决和关西判决、西淀川第二次至第四次判决进行了分析。②

上述学者对环境污染诉讼中的比例责任的相关判例和理论进行了分析，概括来说，比例责任理论主要包含以下内容：

1. 判断比例责任的标准：概率和心证度

环境污染诉讼中认定比例责任时，基于“概率”的情况较多。其中，有代表性的学说是概率性心证说。该学说原本是在交通事故案件中提出的主张，后来也适用于环境污染诉讼。其主张者倉田卓次法官提出了以下观点：

第一，传统上根据在假定的平均余命范围内算出的逸失利益乘以工作年限生存的概率算出损害发生的概率，由此可以提高其心证度。

第二，交通事故和两年后的后遗症之间的因果关系，肯定的证据和否定的证据并存，东京地方法院认为将其综合后相当因果关系存在的证据占70%，认定为损害额的70%。③

① 森島昭夫「因果関係の認定と賠償額の減額」『現代社会と民法学の動向』（有斐閣，1992年）256~257頁。

② 大塚直「原因競合における割合的責任論に関する基礎的考察——競合的不法行為を中心として」『日本民法学の形成と課題』（有斐閣，1996年）886頁。

③ 东京地方法院1970年6月29日判决。

算定逸失利益的时候要考虑生存率的话，就会对损害发生的心证度有较高要求。也就是说，第一种情况中是基于概率确定的责任，不是基于心证度确定的责任。①

第二种情况中是基于心证度确定的责任。作为心证度的数值表现是概率。也就是说，在这里“心证”就是“概率”。

2. 按照对大气污染的原因力大小确定比例责任

从西淀川第一次判决开始，按照大气污染对大气污染的原因力比例确定的责任。原因力是依据大气扩散数值模拟而确定的。例如，西淀川第一次判决中，通过大气扩散数值模拟明确了被告10家企业对大气污染的原因力比例，然后认定了其责任的比例。

3. 比例责任说的类型

日本的环境污染诉讼比例责任说主要可以分为以下三种类型：

第一种类型，采取实证数据证明不了概率的情形。这种责任在因果关系证明中达不到心证的证明度，但若由受害人负担举证责任的话又有失公平。法院就根据事件的实质性价值判断去判断责任的比例。

第二种类型，即使是相同心证证明度认定的责任，也可能是根据关于概率的实证数据算出其准确概率。这种情况下，不需要向第一种情况那样慎重的去判断其比例，而可以根据实证数据合理地分担损失。

第三种类型，根据加害行为对大气污染的原因力确定责任。这种责任是根据个别因果关系，根据心证证明程度认定的责任。这种情况下，将整体的原因力和每个人的原因力看作同一个原因力，每一个个人都是整体的缩影，再根据原因力比例去承担责任。这种比例判断的前提是大气污染和疾病之间是否存在因果关系。

① 最高法院1999年2月25日判决。

第四节 日本汽车尾气排放大气污染诉讼

几十年来，日本公害诉讼及相关理论积累了丰富的经验，本节通过对日本汽车尾气排放大气污染诉讼的判例及特点，思考对我国汽车尾气排放大气污染诉讼和环境对策的借鉴意义。

一、日本六大汽车尾气排放大气污染诉讼的影响

在日本，人为的原因对环境进行破坏和污染，造成人身和财产的损害被称为“公害”①，因此，汽车尾气排放造成的大气污染叫作“道路公害”。从20世纪70年代到90年代，日本发生了多起因道路公害引起的诉讼。本节选取了主要的6起有代表性并且具有全国影响力的道路公害诉讼判例，通过这些判例了解汽车尾气排放大气污染诉讼的影响和意义。

（一）国道43号诉讼（1976～1998年）

1. 案情概要

131名原告（每一住户派1名代表）起诉了政府和阪神高速公路公团，向其提起噪声、废气排放的损害赔偿和停止侵害的诉讼请求。最高法院判令政府和阪神高速公团赔偿道路两边居民的健康损失②。最终，原被告1998年3月，达成了2.3亿元的和解。

2. 影响

该诉讼的长期斗争发起了全国性的反对道路公害住民运动。虽然法院最终没有认定汽车尾气和健康受害之间的因果关系，但认定了国家和道路管理者对道路两侧居民负有生活妨害的责任，对道路行政产生了重大的影响。

---

① 原田尚彦『环境法』（弘文堂，1994年）24頁。

② 日本最高法院1996年7月7日判决。

（二）西淀川公害诉讼（1978～1995 年）

1. 案情概要

519 名原告提起工场煤烟和汽车尾气排放引起都市复合型大气污染的损害赔偿。大阪地方法院判决国家承担大气污染的赔偿责任。① 1998 年 7 月，原告与国家以 39.9 亿日元告以和解。

2. 影响

西淀川公害诉讼是日本大气污染诉讼中原告人数最多的全国性诉讼。其最大的特点是同时追究了工场排烟和道路汽车尾气排放的公害责任，即提出城市型复合性污染的诉讼，受到社会各界的关注。日本的共同侵权行为、责任论、因果关系论等因此上升了一个新高度。

（三）川崎大气污染诉讼（1982～1999 年）

1. 案情概要

401 名原告将国家和首都高速公路公团诉至法院，提出了损害赔偿和停止排放污染物质的诉讼请求。法院认定了被告的损害赔偿责任②，1999 年 5 月，原告与被告达成了 31 日亿元的和解。

2. 影响

该案判决之后，当地提出了被害的救济、公害的杜绝和环境的再生 3 个方针，在川崎提出环境再生城市建设的策略。当地对于哮喘病患者的医疗费的救济不局限于《公健法》的指定地区的受害者，使“全市全年龄段”得到救济。

（四）尼崎大气污染诉讼（1988～2000 年）

1. 案情概要

1988～1996 年，在兵库县尼崎地区居住的公害患者、死者家属作为原告将国家、阪神高速公路公团、电力、钢铁等 9 家作为被告，提出了损害赔偿和停止侵害的诉讼请求。1999 年 2 月，原告和被告企业方达成了和解，2000

---

① 大阪地方法院 1992 年 3 月 29 日判决。

② 横滨地方法院 1998 年 8 月 5 日判决。

年1月，神户地方法院判令国家、高速公路公团对道路沿线50米内居住的原告作出赔偿，国家承担2.11838400亿日元，公团承担1.21020610亿日元的连带责任，并且判令在原告居住地不得排放超出限量的浮游粒子物质。[①] 该判决被认为具有划时代意义，在社会上引起了巨大的反响。

2. 影响

该判决结果一出，次日，日本建设省、环境厅、通产省、运输省、警察厅的领导小组召开了“五省厅联合会议”，2000年2月4日，东京都知事强调对柴油车尾气排放的取缔对策，从2003年起，所有的柴油车都有义务配备柴油尾气微粒子去除装置（DPF）。5月10日，大阪府知事、京都府知事、兵库县知事、大阪市长、神户市长6人联名向国家、石油联盟、日本汽车工业会提出了推进柴油车对策的希望书。可见，该判决对各级政府带来很大的影响，日本也开始了根除道路公害的行动。

（五）东京大气污染诉讼（1996～2006年）

1. 案情概要

1960年开始，东京为了汽车尾气排放造成大气污染而困扰。随着交通网络的完善，日益增加的汽车给城市带来了严重的污染。汽车大量排出的尾气含有浮游粒子状物质和一氧化二氮等有害物质。因汽车废气排放造成哮喘等呼吸器官疾病的人不断增加。1996年5月，527名哮喘病患者将负有道路管理责任和废气排放规制责任的国家、东京都、首都高速道路公团以及6家汽车制造销售商（丰田、日产、三菱、日野、马自达、五十铃）告上了法庭。东京地裁的判决支持了不属于公害认定中救济的患者的损害赔偿，但没有认定汽车商的责任和停止侵害的诉讼请求。[②] 原、被告上诉后，该案于2007年8月达成了和解，和解的结果是汽车生产商支付33亿日元、国家承担60亿日元、首都高速道路有限公司支付5亿日元给东京都。

① 神户地方法院2000年1月31日判决。

② 东京地方法院2002年10月20日判决。

2. 影响

确立了汽车尾气排放与大气污染之间的因果关系，认定了造成该原因的责任主体为汽车制造商，该诉讼拉开了损害赔偿和救济制度的新篇章。迄今为止的大气污染诉讼都是基于《公健法》认定的患者才能成为原告，东京大气污染诉讼的原告是《公健法》中没有认定的哮喘、慢性支气管炎、肺气肿病的患者。此外，2008 年 8 月形成了东京都内全部哮喘病患者的医疗费全部免费的制度，还设定了 PM2.5 的环境标准，国家和东京都承诺要进行一系列的道路公害对策。直到现在，东京地区的道路交通环境改善联络会、东京医疗费补助制度联络会仍然持续着公害地区的相关活动。

（六）名古屋南部大气污染诉讼（1989 ~ 2001 年）

1. 案情概要

263 名原告以汽车尾气排放和工场煤烟排放影响健康为由，向国家和 10 家企业提起了损害赔偿、停止侵害之诉。2001 年 8 月，原、被告达成了 15.2 亿日元的和解。①

2. 影响

该案重大意义是法院判决汽车尾气引起的大气污染和公害病之间具有因果关系，并且支持了原告停止侵害的诉讼请求。前文中尼崎诉讼判决是日本法院第一次对道路的污染作出停止侵害判决。这里需要说明的是，如果只是单纯地损害赔偿而不去作停止侵害判决的话，污染是杜绝不了的。正是这两起诉讼的判决，使这种司法判断被确定下来，体现了人的生命健康比道路的公共性重要的原则。此外，判决还指出了国家负有长年没有设置汽车尾气排放测定系统的不作为责任和长期排出大气污染源的企业责任，并且继四日市诉讼判决以来，再一次对三氧化硫和健康被害之间的因果关系进行了确认。

二、名古屋南部大气污染诉讼

名古屋市南部是工场集中的地区。从 1965 年开始，硫化物的污染现象日

① 名古屋地方法院 2000 年 11 月 27 日判决。

益严重，当地居民罹患哮喘等呼吸系统疾病的人数急速增加，成为社会问题。1972年，连结四日市和名古屋市的国道23号线全线开通，交通量激增，噪声、尾气排放等困扰着当地居民的健康。

1989年，原告（一审口头辩论终结时的患者人数127名）认为在本地区内的11家企业和道路排出的大气污染物质作为主要的污染源，造成了原告的损害，向法院提起了损害赔偿和停止排放污染物质的诉讼请求。

本案原告是当时和起诉时在当地居住、通勤的，且属于《公害健康补偿法》认定的患者或继承人，被告是在本地区东西约10公里、南北约15公里范围内拥有工场的11家企业（中部电力、新日本制铁、东丽、爱知制钢、大同特殊钢、三井化学、矢作制铁、东邦瓦斯、东亚合成化学、日吉华、中部钢板）和在本地区设置和管理国道23号线的国家。

一审法院判决被告10家企业支付96名患者2.8962亿日元的损害赔偿金，其中，道路的管理人国家承担总额为1890万日元的赔偿金。2001年8月，原、被告达成了15.2亿日元的和解。[①]

三、大气污染与健康被害之间的因果关系

名古屋南部大气污染诉讼案的判决首先对大气污染与群体性发病之间的因果关系进行探讨，主要研究了硫化物、一氧化二氮、浮游粒子状物质与损害的因果关系。

1. 硫化物

法院首先对硫化物进行了各种的疫学调查。经过研究，法院认定本案地区从1956~1978年的以二氧化硫为主要污染物质的大气污染对疾病的发病或恶化具有高度的盖然性。从发病的事情考虑的话，上述时期内在本地区居住、通勤的人于1980年前患病或病情恶化的，认为疾病与二氧化硫等硫化物造成的大气污染之间具有因果关系。

---

① 名古屋地方法院2000年11月27日判决。

2. 一氧化二氮

关于一氧化二氮，法院认为本案地区中的一氧化二氮与疾病之间的因果关系无法认定。

3. 浮游粒子状物质

对于浮游粒子状物质与健康被害之间的因果关系，在经过大量疫学调查后，结合千叶大调查得出结论：国道 1 号线、国道 154 号线和国道 247 号线沿线的情况不适用千叶大调查的研究结果。但是国道 23 号线可以适用该研究结果，即该道路从 1972 年开通以来，以柴油车为主的机动车尾气排放污染给沿线 20 米范围内的居民造成支气管哮喘等疾病或病情恶化具有高度盖然性，因此二者之间具有因果关系。

本判决在认定了“整体性因果关系”（集团性因果关系）后，又对每个原告的健康被害和污染物质之间的“个别因果关系”进行认定。特别是考虑了过敏性体质和吸烟等因素，这些因素虽然不能否定大气污染与疾病之间的因果关系，但是作为减额原因，过敏性体质减轻 30% 的赔偿额，吸烟减轻 40% 的赔偿额。

四、企业的共同侵权责任

（一）共同侵权行为的概念

日本《民法》第 719 条规定了共同侵权行为的责任，数人共同的侵权行为给他人造成损害的，共同侵权行为中谁为实际加害人不明的以及教唆、帮助他人造成损害的，每个行为人对全部损害承担连带责任。

数人共同的侵权行为给他人造成损害的，各自对其损害承担连带责任。无法知道共同侵权行为中谁为加害人的，亦同。

每个人的行为不是损害发生的直接原因的，根据个人责任原则的民法，每个行为人分别承担自己各自应当承担的责任，即比例责任。共同侵权行为与一般侵权行为不同，每一个行为人承担全额连带责任。这样被害人对于共同侵权行为人中的任何一人都有请求其赔偿的权利，充分保护了受害人的利益。

但是，让每一个行为人对全部责任连带赔偿也有缺点。比如，某些共同行为人对于损害结果只给予了轻微的原因力，但是也要对损害结果承担全部的责任；又如当加害人缺乏赔偿能力时，最终的结果有可能将责任集中在有赔偿能力的加害人身上。这种不公平的结果也是共同侵权行为有待解决的问题。

（二）狭义共同侵权行为

义共同侵权行为，主要指共同实施侵权行为造成他人损害的，共同行为人任何一人对损害均有共同的过错。[①] 其成立要件有：

1. 每个人的行为都符合侵权行为的要件：（1）每个人的行为均为独立行为；（2）每个人的行为均有故意或过失、违法性、责任能力、因果关系等。

2. 各行为人之间具有共同关联性。共同关联性是共同侵权行为的最重要的问题。关于共同关联性，有两种学说：（1）主观共同说。该学说认为行为人之间需要有主观方面共同认识。如果损害是行为人主观目的之外的，则共同侵权行为不能成立。[②]（2）客观共同说。客观共同说认为行为人的行为客观具有关联性即可构成共同侵权行为。该学说是通说和判例的观点。[③] 按照这种观点，共同侵权行为的成立比较容易，更有利于保护被害人的利益，但是也容易使加害人承担过重的责任。关于这一点，学说和判例均没有明确的定义。事实上，“共同关系”给行为人的行为与结果之间没有因果关系的情形也承担赔偿责任提供了理论依据。于是出现了新主观共同说和主客观结合说。前者认为各个行为人的行为与损害之间的因果关系需要主观的共同关系；后者认为共同性具有多种类型。因此，根据“共同关系”的种类对共同侵权行为进行分类，然后去确认其因果关系。比如，可分为意思联络共同侵权行

① 泽井裕『无因管理・不当得利・不法行为』（有斐阁，2001 年）343 頁。

② 德本伸一『共同不法行为（1）民法综合判例研究 43 Ⅰ』（一粒社，1987 年）121 頁。

③ 渡边知行「加害者不明共同不法行为」名大法政论集第 145 期（1992 年）463 頁。

为、客观侵权行为、独立侵权行为。[①]

（三）加害人不明的共同侵权行为

数人实施了侵权行为，但是具体加害人不明时，实施侵权行为的全体加害人承担共同责任（日本《民法》第719条第1款）。其成立要件为：（1）有数个共同实施侵权行为的人。（2）损害是由共同行为人中的其中一人引起的。（3）各共同侵权行为人之间除了因果关系以外，具有其他一般侵权行为的要件，即各共同侵权人必须满足故意或过失、违法性、责任能力等条件。如果能够证明其行为不具有因果关系则可免责。

（四）共同侵权行为人的责任

1. 责任的连带性

日本《民法》第719条规定了共同侵权行为应当承担连带责任。学者之间有连带债务和不真正连带债务的分歧。[②]

这两种学说的差异在于是否适用《民法》第434条规定的连带债务的绝对效力的规定。《民法》第434条规定“对连带债务人的其中一人请求履行，对其他债务人亦发生效力”。

2. 赔偿的范围

共同侵权行为者对于各自的共同侵权行为与具有相当因果关系的全部损害承担责任。但是，从保证对加害人的公平的角度出发，学者提出应当限制作为连带债务的赔偿范围。

共同侵权行为发生的损害中，通常损害的部分为连带债务，特别情况下发生的损害的部分只由能够预见该损害发生的行为人承担责任。另外，将损害的发生作为社会通念的一个行为，所谓的“较弱共同关联性”，承担比例责任；密不可分的“较强共同关联性”，不应当承担比例责任，而应承担连

---

① 内田贵『民法Ⅱ债权各论』（东大出版会，2007年）502頁。

② 松原孝明「再论共同不法行为的共同关联性要件」上智法学论集第1期（2004年）57頁。

带责任。[①]

3. 求偿关系

共同侵权行为人中的一人负担了全部的赔偿后，可以向其他的共同行为人求偿，原则上平均承担责任。[②]

（五）本案共同侵权责任的认定

本案判决从被告10家企业的生产工厂在作用上和技术上是否具有结合关系、原材料、产品的交易关系、资本、人员、组织的结合关系等方面去考虑各企业间的结合关系，结论是：不能说这些企业之间没有结合关系，却不存在紧密的结合关系。法院最终认为，被告10家企业作为《民法》第719条规定的共同侵权行为人应当承担连带责任，并且不能个别减免。但是，只令国家在国道23号线沿线20米范围内承担按份责任，没有判令国家承担共同侵权责任。

在该地区大气污染整体责任中，10家企业的寄予率（比例）初期为46.9%，最后为12.7%，由10家企业在此比例范围内承担连带责任。

本案判决中依据了千叶大调查的研究成果，千叶大调查在东京诉讼、尼崎诉讼中也起了很大的作用。[③]

五、关于停止侵害

法院认为从道路的功能和作用重大和重要性出发，不得不重视侵害行为的公共性或公益性。本案判决没有支持原告对大气污染物质排放的停止侵害诉求。对于本案来说，应当提出具体的停止侵害措施，如果只是请求停止排出一定浓度的浮游粒子状物质等有害物质的请求，则为抽象的停止侵害诉求。

（一）抽象的停止侵害诉求的否定

抽象的停止侵害诉求被否定的理由主要有：

① 大塚直「最近的大气污染诉讼判决和共同不法行为论——以西淀川第2－4次诉讼判决为中心」『判例时报』第889期7頁。

② 远藤浩『民法（7）』（有斐阁，1997年）77頁。

③ 渡边知行「大气污染公害诉讼中因果关系的认定」名古屋法政论集第201期（2003年）620頁。

（1）一般来说，停止侵害诉求是请求被告为某种具体的作为，应当通过多种方法作为实现，如果对履行的义务没有特定内容就成了抽象的停止侵害诉求，这样的诉求通常不被支持。

（2）诉求在民事诉讼程序中作为审理判断的对象、被告的防御权行使的主题，必须是在既判力的客观范围内的，因此要求其是特定的。

（3）作为义务如果不特定的话，无法强制执行。

（二）抽象的停止侵害诉求的肯定

抽象的停止侵害诉求被肯定的判例的观点是：

（1）以结果达成为目的的诉讼请求没有必要特定具体的作为或不作为；

（2）从避免被害结果发生的观点出发，有必要请求消除侵害的原因；

（3）原告对被告提出的停止侵害的诉讼标的物是特定的；

（4）抽象的停止侵害诉求，通过弹力运用是可以执行的。[①]

（三）基于环境权与人格权提出的停止侵害诉求

基于人格权侵害提起的道路沿线污染物质排出的停止侵害诉求是合法的，而基于环境权的停止侵害诉讼请求则不被支持。因为：实体中的依据、条件、效力等不明确；个人利益没有受到损害的人，从环境权受到侵害的角度去请求停止侵害，则有行政权的私法性行使之嫌。[②]

（四）忍受限度论

在采取停止侵害措施时，实务中往往考虑忍受限度。所谓忍受限度论，是指将违法性和过失一元化，设定忍受限度这样的判断框架，对侵害的利益种类、侵害的承担、侵害行为的性质、停止侵害对双方当事人产生的影响以及社会影响等多种因素进行比较衡量，属于超出忍受限度的侵害时，才可以作出停止侵害的判断。[③] 但是，并非只要有“平稳的进行日常生活的法律上

---

① 金炳学「名古屋南部大气污染公害诉讼」早稻田法学第78－2期（2003年）429頁。

② 加藤雅信『新民法大系（5）事务管理 不当得利 不法行为』（有斐阁，2005年）217頁。

③ 吉村良一『不法行为法』（有斐阁，2011年）107頁。

的利益”侵害的事实，法院就会支持原告损害赔偿请求。

一般侵权行为的成立，还要有违法性、故意过失的要件。关于违法性，通常将其理解为“违法性的本质是承担损害赔偿责任时必要的一般性、客观性法律责难”。①而忍受限度论在违法性理论的基础上，再加上一些生活妨害性纠纷的特殊性考虑，如场所的接近性、加害行为的持续性、无形的侵害等。

判断一种侵害生活环境权的行为是否超出了忍受限度，在许多裁判例中，会考虑多种情况进行综合判断。这些因素主要包括：（1）侵害行为的样态和程度；（2）被侵害利益的性质和内容；（3）有无防止损害发生的措施及其内容；（4）加害人和被害人的位置；（5）居住的先后关系；（6）地域性因素。

其中，判断“侵害行为的样态和程度”时，需要考虑：（1）加害行为有无持续性及其内容；（2）是否违反行政法规；（3）加害行为是否具有公共性和公益性。判断“被侵害利益的性质和内容”时，需要考虑：（1）被侵害人的生活状况；（2）被侵害人的病患；（3）被侵害人的营业活动、客观要素外的特殊性。

忍受限度说的理论在日本实务中得到了广泛运用，下文是日本审判实践中运用忍受限度理论去判断侵害生活环境权的行为是否具有违法性的几个实例。

1. 施工噪声与忍受限度

本案为日本公害调整委员会于2012年9月10日裁定的施工噪声案。原告是施工现场附近居住的上夜班的劳动者，由于施工噪声造成了健康损害，不得不搬家，因此向被告提出损害赔偿的请求。

公害等调整委员会裁定：建筑施工噪声的相关法律规制是以通常的生活状况为基础（白天活动，夜晚就寝）采取的合理噪声抑制措施。夜班劳动者虽然属于特殊生活状态的人，但是也享有为维持健康所必要的最低限度的生活环境确保的权利。要求原告在白天的施工噪声标准值内忍受噪声是不妥当

① 吉村良一『不法行为法』（有斐阁，2011年）107頁。

的。从维持健康的必要的最低限度的生活环境困难的角度，可以在合理的期间作出请求。

在判断侵害行为的样态和程度时，法院考虑了上文中提到的“被侵害人的营业活动、客观要素外的特殊性”。本案中，施工噪声虽然没有超过规制标准值，但是由于申请人为上夜班的劳动者，白天的噪声妨害了申请人的睡眠，公害等调整委员会认定被申请人的行为超出了忍耐限度。

2. 营业噪声与忍受限度

本案是日本埼玉县地方法院熊谷支部于2012年2月20日判决的健身中心噪声案。[①] 原告是健身中心附近居住的居民，因被告管理经营的健身中心产生的噪声受到精神痛苦，向法院提出请求损害赔偿。

本案中，法院在认定违法性时，充分考虑了被告有无采取防止损害发生的措施及其内容。法院认定健身中心发出的噪声为57～58分贝，超出了环境标准值55分贝。但是被告因原告提出治理噪声的请求，花费了550万日元设置了波板状墙壁，150万日元铺设了防止球碰到墙上的网，70万日元在墙壁、柱子上贴了隔音装置，采取了一些噪声防止措施。法院认为原告发出的噪声虽然超出了标准值，但其为了防止噪声，采取了相应的必要措施，因此不能认定其行为超出了忍受限度。

3. 生活噪声与忍受限度

本案为东京地方法院于2007年10月3日判决的生活噪声案。[②] 原告在东京都板桥区的公寓居住，被告与妻子和儿子在原告的楼上居住。该居住的区域属于第一种高层居住专用地区，噪声标准为27～29分贝。经原告取证，被告每天发出的噪声值为50～65分贝。原告提出，自从被告搬到该公寓以来，其儿子跑、跳等噪声给原告带来生活上的困扰。这些噪声超出了东京相关条例规定的标准，即超出受忍限度。公寓的物业管理部门、警察曾多次警告被

---

① 『判例時報』2153期73頁。

② 『判例時報』1987期27頁、宇佐美大司「マンションの階上騒音と受忍限度」私法判例リマークス第38期（2009年）54頁。

告，但仍未有改善。因此，原告提出了损害赔偿。

法院认为本案中的公寓属于允许有孩子的家庭居住的隔音效果不太好的公寓。但本案中被告发出的噪声非常大，又是在夜间甚至深夜发出的，因此，被告有责任管教其儿子并对噪声加以改善。被告只是铺了毯子，此外再没有采取进一步的对应措施，其效果并不明显，属于“没有诚意的做法”，再加上被告还对原告用不礼貌的口气说“不可能比这个再安静了”“有意见对建筑物说”等，对原告的请求未作出应有的回应，使原告由此产生了精神上的痛苦和食欲不振、失眠等症状。据此，法院最终判决被告支付原告 36 万日元的赔偿金。

在判断是否超出忍受限度时，可以从侵害行为的样态和程度、有无防止损害发生的措施、居住的先后关系及对纠纷的处理态度等多种因素判断被告行为的违法性。

判例只根据忍受限度去判断侵权行为有无违法性的理由是：人们既然每天都共同生活，就不可能不对他人产生影响，在换位思考的前提下，一定范围（忍受限度内）的生活妨害不属于应当用法律解决的问题。例如，“自己支配的土地以外，不是权利行使的范围，但是在社会生活中应当忍受的范围内，即使侵害了他人的权利，也不应当认为该行为具有违法性”。①

六、汽车尾气排放大气污染诉讼的特点

汽车尾气排放大气污染公害及其诉讼具有不同于其他民事诉讼的特点。

（一）汽车尾气排放大气污染诉讼主体的不确定性

1. 原告

汽车尾气排放大气污染诉讼的原告主要是道路两旁居住的居民，并且有距离的限定，如尼崎诉讼中，原告确定为道路两侧 50 米内的住户。事实上，公害诉讼的受害人具有不确定性，并且人数众多。如果通过诉讼途径解决的

① 加藤一郎『不法行為』（有斐阁，1974 年）126 頁。

话，不可能覆盖受害的全部区域中的受害人；而且由于受害者人数太多，也造成难以得到全部赔偿的结果。

2. 被告

由于城市的人口密度大，都市公害具有相互性，没有重点源，是由无数的小规模排出源产生出来的①。上述判例中的被告有：国家、高速公路公司、汽车制造商和排污的工场。其中，除了都市复合型环境污染外，主要承担赔偿责任的是国家和汽车制造商。

（二）汽车尾气排放大气污染损害的复杂性

1. 对空气的危害

由于汽油、柴油燃烧不充分，排放出的尾气中含有大量直径等于或小于 2.5 微米的细微颗粒物。由于这些细粒子很容易随着呼吸进入人体肺部，又被称为入肺颗粒物。这些细粒子长期飘浮在空气中，使空气变得浑浊，对阳光有散射作用，使空气能见度下降。有机碳中大部分为挥发性有机化合物，在紫外线照射下，产生氧化反应，是形成光化学烟雾的主要条件。

2. 对人体的危害

光化学烟雾容易刺激人的眼睛和喉头，导致咳嗽、哮喘等疾病。汽油和柴油在燃烧过程中还产生半挥发性多环芳烃化合物等强致癌物质。细粒子还含有铅、砷、钒等重金属氧化物。在儿童铅中毒的主要因素中，汽车尾气位居榜首。

3. 损害的潜伏性和长期性

包括道路公害在内的环境污染即使能够证明环境污染是人身损害的原因，也很难判断谁是加害者。而且是加害行为长期积累后才发生损害，汽车尾气排放的发生源头本身又是不特定的、不稳定的，日本公害诉讼中一些原告从提起诉讼到判决、和解历时大多为 10 年以上，甚至有一些受害人在诉讼过程中死亡。

---

① 冷罗生：《日本公害诉讼理论与案例评析》，商务印书馆 2005 年版，第 29 页。

（三）汽车尾气排放大气污染因果关系的特殊性

正因为加害行为是长期积累后才发生损害，汽车尾气排放的发生源头本身是不特定的、不稳定的，因此在举证上存在很多困难。针对这样的特征，环境污染诉讼采取举证责任倒置、因果关系推定和无过错责任。

道路管理人、汽车制造销售商与汽车尾气排放和健康被害的因果关系是否存在是向被告提出损害赔偿的依据。对于每个受害人来说，证明每个因果关系的手段是采用疫学因果关系的方法，即采取医学上“疫病学”的方法进行证明，推断侵权行为和被害之间的因果关系。① 在东京大气污染等上述3个判决中，均是采取疫学的方法初步认定了在4倍以上发病率的地区居住的原告发病与汽车尾气具有总体因果关系，再推定每个原告的病患和汽车尾气排放具有个体因果关系。由于原告支气管哮喘的发病原因是汽车尾气排放的可能性在75%以上，因此推定原告发病和汽车尾气排放之间的因果关系存在高度盖然性。

但是，疫学因果关系认定使哮喘的发病率不到4倍的地区居住的原告未能被认定具有总体因果关系，因此，个体因果关系也得不到认定。例如，在调查地区非道路两旁污染地段居住的哮喘患者中，有50%是由于汽车尾气排放造成的，但是没有得到任何法律救济。即使是被认定属于发病原因是汽车尾气排放引起的可能性在75%以上的居民，也不能说得到了全部的赔偿。

（四）汽车尾气排放大气污染对策的综合性

在日本，每一次大规模诉讼后会带来一些政策性改善。可以说每一项立法和政策的出台背后，都有一些纠纷和诉讼为背景，几十年来，日本出台了一系列和汽车尾气大气污染有关的法律和政策。当然，为了保护环境，不能只针对道路污染进行，而是需要综合性的对策②。1967年8月，日本制定了公害对策基本法；1968年6月，制定了大气污染防治法；1972年1月，制定

① 平井宜雄『债权各论』（弘文堂1992年）89頁。

② 盐野宏『行政法』（有斐阁，2006年）358頁。

了关于浮游粒子状物质环境的标准；1973 年 1 月，公布了汽车尾气排放的允许限度；1992 年 7 月，关于汽车氮氧化物总量削减特别措施法开始施行；1993 年 7 月，公布了环境基本法；2000 年 9 月，修改了噪声环境标准；同年 10 月，公布了关于推定全球暖化对策等相关法律及规定；2001 年 7 月，修改了汽车氮氧化物法；2002 年 7 月，制定了关于报废汽车再生资源化的法律；2005 年，签订了京都协议书。

虽然有时候损害赔偿对环境污染侵权和环境污染治理来说是治标不治本，停止侵害更是一种积极的、能起到预防作用的手段，但日本的民事责任承担方式主要以金钱赔偿为核心，除了极少数情况外，很少支持停止侵害的诉讼请求。① 因此，在前文的判例中，支持停止侵害诉讼请求的占少数，从审判结果看，原、被告以和解解决的居多。因此，日本除了通过司法制度，还主要通过行政手段对环境污染受害人给予补偿，确立了一系列的公害应急措施和简便的救济制度。

七、小结

如前所述，日本的几起著名的汽车公害诉讼推动了该国环境保护的立法和相关救济制度的建立和完善，由于汽车尾气排放大气污染诉讼具有主体难以确定性、损害的特殊性、损害的复杂性等特点、对策的综合性等特点，使其有别于其他民事诉讼，这些长年积累的审判经验和丰富的理论研究值得我国借鉴。我国如对汽车尾气排放引起的大气污染的诉讼也能持肯定态度，采用因果关系推定的理论认定汽车尾气排放和健康、财产受损之间的因果关系，将该类案件的诉讼主体确定为汽车制造商和道路管理等政府部门，这样一方面能使企业的社会责任具体化，另一方面也能通过诉讼推进完善环境保护的立法和对策的出台，全社会都重视环境保护，最终实现与经济利益相比较，更应重视人的生命、健康和尊严的理念。

---

① 王爱群：《环境污染诉讼若干问题探析》，载《行政与法》2009 年第 9 期。

第八章

城市复合型大气污染侵权多元化救济机制的完善

第一节　城市复合型大气污染侵权的私法救济的完善

为了促进我国大气环境污染侵权诉讼的司法审判的效率，需要完善民事法律救济制度，通过厘清证据关联性和因果关系的内在逻辑、合理设定因果关系的证明标准等方面进一步解决大气环境污染侵权诉讼在实际司法审判中的现实难题。

环境侵害作为时代演化下的新兴侵害行为，具有与传统侵权截然不同的特征，也正因其特殊性与法律的滞后性，在司法实践中亟须对传统的侵权行为理论体系进行革新，以应对现阶段可能出现的复杂问题与案件情况。①

一、原告的适格问题

由于侵权主体往往存在各个领域，涉及各行各业，加上造成大气污染的原因多种多样，所以大气污染的发生往往是各种因素复合的结果，这就使侵权主体具有不确定性。同时，又因为复合型大气污染所侵害的环境不是特定的一个主体，而是一定范围内的区域环境，所以遭受损失的受害方往往范围较大，且人数众多，认定较为困难。因此，要对城市复合型大气污染诉讼的原告范围进行认定。

---

① 李艳芳：《环境侵害的民事救济》，载《中国人民大学学报》1994 年第 6 期。

根据《民事诉讼法》第122条的规定[①]，起诉时，原告必须是与案件有直接利害关系的人。所以，在城市复合型大气污染的诉讼案件中，能够直接提起复合型大气污染侵权诉讼的原告只能是其人身权或财产权直接遭受到了大气污染行为损害的受害人。例如，江苏省水泥有限公司系列大气污染责任案中，原告即使受到了大气污染的损害，但也因国家规定的距离而被排除了利害关系。本书第四章分析的数据显示，在具体诉讼实践中，个人环境权益或环境公共利益受到侵害，因受既定的原告资格限制而无法提起相关诉讼的案例非常多见。可以看出，在环境污染民事诉讼中，《民事诉讼法》第108条规定在一定程度上限缩了原告的范围，使复合型大气污染侵权诉讼中的大多数受害人都不能成为适格原告。第四章实证分析的数据显示，在司法实践当中，利害关系人的界定不明晰以及利害关系人"合法权益"的范围过于狭窄等原因阻碍了利害关系人通过诉讼来实现保护其合法利益的目的。现阶段司法实践中大多仍沿用传统的原告适格标准，但从实践上看，其已经难以适应现阶段复杂的案件情况，因此，对于原告主体资格的设定，亟待迎来革新。

但是在复合型大气污染侵权案件中，大气污染物往往都是人们直观感受不到的侵害，它们借助空气的流通性进行传播，所以绝大多数受害人所遭受的损失并不是直接的、有形的大气污染侵害。再加上我国司法实践中一向有"厌讼"传统，原因无非因为诉讼周期长，成本高等。环境诉讼原告资格制度设计时也有如此考虑。但有关原告主体资格的问题上，本书认为原告主体资格的限制放宽并非一蹴而就，而是水到渠成的过程，从"直接利害关系"到"间接利害关系"的转变需要以完善的法治规定为基础，同时也需要以公民整体的法治意识为前提。就如同我国对于废除死刑制度的理论研究一样，同样需要长时期地积累与文明发展程度来衡量是否到了适宜的时间点。[②] 但

① 《民事诉讼法》第122条规定："起诉必须符合下列条件：（一）原告是与本案有直接利害关系的公民、法人和其他组织；（二）有明确的被告；（三）有具体的诉讼请求和事实、理由；（四）属于人民法院受理民事诉讼的范围和受诉人民法院管辖。"

② 李传轩：《环境诉讼原告资格的扩展及其合理边界》，载《法学论坛》2010年第4期。

是，对于“直接利害关系”的理解，不应只简单局限于环境影响报告书所认定的范围，而应以其遭受的“事实上的损害”为判断标准。只要该利益具有实体法上的依据，而且原告与该利益有合理关联，就应认定为具有“直接利害关系”，从而使更多受害人的利益能够得到救济。

二、被告的适格问题

复合型大气污染最典型的特征就是其形成原因的多样性。如果是单一主体实施的大气污染行为，那毫无疑问被告只有一个，不存在任何歧义。但是如果是复合型大气污染侵权诉讼，对被告的认定就比较困难。因为这种污染本身的损害结果就是在多种污染物的合力作用下发生的反应，所以对于这种复合型大气污染诉讼的被告范围，也应进行适当地扩张。

根据《民法典》第1229条①和第1230② 条的规定，环境污染侵权属于一种特殊的侵权，采取的是举证责任倒置的方式，原告只需要承担侵权行为和损害事实存在的举证责任即可，这表明被侵权人只需要对诉讼案件承担初步证明责任，即只要原告在起诉时能够提供初步的证据来证明这种侵权行为有可能是由被告实施的，法院就可以认定其为被告。③ 但是这个举证需要达到什么样的程度，我国相关立法还没有明确的规定。因此，在一定程度上，该规定也可以解释为只要有初步的因果关系证明，就可以确定被告的范围，使复合型大气污染侵权诉讼中的大部分侵权人都可能成为适格被告。

当然，在复合型大气污染侵权诉讼中，也要对被告的资格进行审查，不能因为原告只需要提供初步证据证明存在侵权行为和损害后果，就将其列为被告。避免因为毫无限制地扩张被告的数量，最终导致乱诉、滥诉情形的出现。

---

① 《民法典》第1229条规定：因污染环境、破坏生态造成他人损害的，侵权人应当承担侵权责任。

② 《民法典》第1230条规定：因污染环境、破坏生态发生纠纷，行为人应当就法律规定的不承担责任或者减轻责任的情形及其行为与损害之间不存在因果关系承担举证责任。

③ 张新宝、庄超：《扩张与强化：环境侵权责任的综合适用》，载《中国社会科学》2014年第3期。

三、因果关系与举证责任的细化

根据前文所述，在复合型大气污染诉讼案件中，侵权人的行为是否实际造成了被侵权人的损害结果是难以认定的。因此，可以细化侵权人举证其行为与被侵权人的损害后果之间不具有因果关系的举证责任。

（一）区分举证责任倒置与因果关系推定

根据《民法典》第1230条的规定，环境污染侵权采取的是举证责任倒置的方式，即由侵权人来证明其行为与被侵权人的损害后果之间不存在因果关系。但是因为复合型大气污染的特点，这种举证方式也有一定的困难。因此，这种不存在因果关系的证明只需要满足3个证明内容即可：一是从排放污染物的时间入手，只需要证明在自己排放污染物之前，被侵权人的损害后果就已经存在了；二是从排放污染物的范围入手，只需要证明被侵权人的损害后果发生的范围远远超过自己排放污染物的范围即可；三是从排放污染物的性质入手，只需要证明自己所排放的污染物根本没有造成被侵权人损害后果发生的可能性。此外，根据上文所述，因为我国立法并没有规定因果关系推定，所以在具体的诉讼实践中，也可以学习借鉴国外的因果关系说、疫学因果关系说、比例责任说等证明方法。

由于被侵权人相较于侵权主体来说，在资金和技术上本就处于弱势地位，所以被侵权人对于侵权行为和损害后果之间的举证证明标准应低于侵权人的证明标准，即侵权人要证明其行为与结果之间不具有因果关系，而被侵权人只需证明行为与结果之间具有关联性。①

（二）厘清大气环境污染侵权案件证据关联性与因果关系

从上述对大气环境污染侵权的特征可以看出，被侵权人受到的损害后果与侵权人排放的污染物之间关联性认定比较困难，因果关系鉴定较为复杂，

① 徐贵勇：《大气污染侵权案件司法实务疑难法律问题研究——证据关联性和因果关系的归位》，载《法律适用》2018年第9期。

进而导致审判实践中也的确存在对大气环境污染侵权责任归责原则与举证责任认定不准确、分配不明晰的情况，为促进大气环境污染侵权诉讼案件的审判效率，维护诉讼中当事人的权益，可以从以下方面入手：

第一，要正确判断被侵权人提出的关联性证据。最高人民法院《关于审理环境侵权责任纠纷案件适用法律若干问题的解释》（已失效）第 6 条规定，被侵权人不仅需要证明侵权人向大气环境排放了污染物，以及自身受到的财产损失和健康损害，还需证明该空气污染物与其自身的损害有关联性。这种关联是指被侵权人可以提出相关的证据，表明其所造成的损害与所造成的损害存在某种关联，污染物与它所造成的损害存在某种因果关系则无须再加以证实。具体而言，只要满足 3 项证据的要求：一是侵权人确实由于生产、生活活动向大气环境排放了污染物；二是由于大气污染对被侵权人的人身和财产的安全产生了一定的危害；三是被侵权人受到的损害后果的发生时间，是在其所处大气环境被污染之后。①

第二，要正确理解需要证明因果关系不存在的侵权人的举证义务。在大气环境污染侵权诉讼中，将举证责任倒置给侵权人，由侵权人去证明其向大气环境排放污染物的行为与损害结果之间不具有因果关系，但是由于大气环境污染侵权因果关系具有间接性和复杂性，对于侵权人来说也具有一定的困难，根据《关于审理环境侵权责任纠纷案件适用法律若干问题的解释》（已失效）第 7 条②的相关规定，侵权人在证明自己与损害结果无利害关系的举证中，司法机关应当适用举证责任倒置的制度，如侵权人能根据司法解释中的几种情况证明其与损害结果无因果关系，则因果关系切断。同时，由被侵权人对其损害结果承担初步的证明责任，如果其不能对损害结果的发生

① 徐贵勇：《大气污染侵权案件司法实务疑难法律问题研究——证据关联性和因果关系的归位》，载《法律适用》2018 年第 9 期。

② 最高人民法院《关于审理环境侵权责任纠纷案件适用法律若干问题的解释》（已失效）第 7 条规定：污染者举证证明下列情形之一的，人民法院应当认定其污染行为与损害之间不存在因果关系：（1）排放的污染物没有造成该损害可能的；（2）排放的可造成该损害的污染物未到达该损害发生地的；（3）该损害于排放污染物之前已发生的；（4）其他可以认定污染行为与损害之间不存在因果关系的情形。

提供证据，侵权人就无须对大气环境污染侵权行为与损害结果之间不存在因果关系承担举证责任，来进一步缓解侵权人对不存在因果关系的举证责任的负担。

（三）合理设定因果关系的证明标准

由于大气环境污染侵权案件中对于被侵权人承担初步的证明责任标准以及侵权人对不存在因果关系的证明标准应达到什么程度尚不明确，就导致司法实务中对因果关系证明标准适用存在不合理的现象，为了明确因果关系认定标准，解决大气环境污染侵权纠纷，应该从以下两个方面来合理设定因果关系的证明标准：

第一，合理设定被侵权人承担初步证明责任的证明标准。最高人民法院《关于审理环境侵权责任纠纷案件适用法律若干问题的解释》（已失效）第6条规定了被侵权人需要对向法院提供的污染物与损害结果之间关联性证据承担初步的举证责任，但是由于被侵权人往往都是普通民众，其在资金和技术上处于弱势，不能对其承担初步证明责任的标准过高。最高人民法院《关于适用〈中华人民共和国民事诉讼法〉的解释》（2022年修正）（以下简称《民诉法解释》）第108条①其规定了负有举证责任的当事人提供的证据标准应该具有盖然性，因此，被侵权人承担初步证明责任的标准只要达到盖然性的标准即可，证明其受到的财产损失和身体健康损害，与大气环境污染侵权行为之间的关联性超过了50%，其提供的证据能够让法官知晓确实损害结果是由排放污染物的行为造成的。②

第二，合理设定侵权人对不存在因果关系的证明标准。大气环境污染侵权行为人对因生产生活排放污染物的行为与损害结果之间的因果关系的证明标准应达到排除一切合理怀疑的标准③，虽然前面讲述要缓解侵权人对不存

① 最高人民法院《关于适用〈中华人民共和国民事诉讼法〉的解释》（2022年修正）第108条第1款规定：对负有举证证明责任的当事人提供的证据，人民法院经审查并结合相关事实，确信待证事实的存在具有高度可能性的，应当认定该事实存在。

② 周俊圻：《环境侵权中因果关系举证责任分配规则研究》，载《四川环境》2021年第6期。

③ 李玉华：《诉讼证明标准研究》，中国政法大学出版社2010年版，第56~58页。

在因果关系举证责任的负担，但是在因果关系证明标准的认定上应该设定较高的认定标准，这样有利于保护被侵权人的合法权益，同时对于潜在的大气环境污染侵权行为人具有警醒作用。对于侵权人提供的证据的标准，应该严格按照《民诉法解释》第108条[①]排除合理怀疑的标准来认定。

可以借鉴国外经验采取“比例因果关系说”“到达因果关系说”“疫学因果关系说”等多元化因果关系判断，根据“概率心证”或“市场份额”让“可能责任者”承担“比例责任”。

四、完善环境司法鉴定机制

通过对我国大气污染侵权诉讼案件的分析，可以看出，我国目前的复合型大气污染诉讼案件在环境司法鉴定上存在很大的争议。司法鉴定制度的完善与否直接关乎鉴定结论的准确与否。在很多案件中，鉴定结果直接关乎当事人的利益，直接关乎能否成功实现自己所主张的权利。因此，应从环境司法鉴定机构入手，完善司法鉴定制度。

在大气污染侵权案件中涉及专业领域的相关鉴定有很多种，鉴定所需要监测、检验、实验设备和实验室条件多种多样，具有很强的复杂性，不专业的鉴定机构对专业性的鉴定所得出的结论正确与否，我们尚待查证。[②] 为了提高案件审判的效率，提高鉴定机构出具鉴定结果的准确性，应当完善环境司法鉴定机构准入机制。将复合型大气污染诉讼中需要出具鉴定结果的事物，交由本领域具有权威性的专门鉴定机构进行鉴定，从而节约因不同意鉴定结果重新鉴定所要花费的时间，提高审判效率。

① 最高人民法院《关于适用〈中华人民共和国民事诉讼法〉的解释》（2022年修正）第108条第1款规定：对负有举证证明责任的当事人提供的证据，人民法院经审查并结合相关事实，确信待证事实的存在具有高度可能性的，应当认定该事实存在。

② 秦天宝、段帷帷：《中国环境侵权案件审理机制的新发展——基于最高人民法院发布的十起案例》，载《武汉大学学报（哲学社会科学版）》2016年第11期。

五、多种民事责任方式的叠加适用

根据《民法典》第179条的相关规定,[①] 在环境侵权领域，强调各种侵权责任方式在适用上的特殊性以及综合适用，对于强化对被侵权人的保护、预防和制裁环境污染行为、遏制环境恶化具有十分重要的意义。[②]

（一）损害赔偿

1. 损害赔偿的定额化

通过第四章分析的我国大气污染诉讼案件的数据可以看出，在每一个案件中，原告的诉讼请求中都有要求被告赔偿损失这一项，而且大多数案件的争议焦点都存在污染损失赔偿数额的计算问题。所以，对于复合型大气污染损失赔偿数额难以计算的问题，我们可以将污染损失赔偿的标准定额化。

具体而言，可以参考日本判例中采取的赔偿额的“概括请求”，即在集团诉讼中就财产上的以及精神上的损害提出一个概括的损害赔偿额，再由法官酌情判决最终的总的赔偿数额。这种请求的产生多是发生在药害以及公害等案件所引发的集团诉讼中，由于对众多的个别损害行为逐一进行举证会异常烦琐，而且还有可能随着时间的推移导致举证不能等弊端出现，赔偿额的“概括请求”可以在一定程度上免除原告就具体的损害项目尤其是在其损害数据上存在的举证困难，并能够防止其所导致的诉讼延迟的发生。[③] 同时，在实践中的适用定额化的标准也应具有一定的灵活性，否则所定的标准可能会随着社会经济的发展显得过低。我国也可以结合实际情况参考这一做法，将污染损失赔偿数额的标准定额化。

---

① 《民法典》第179条规定：承担民事责任的方式主要有：（1）停止侵害；（2）排除妨碍；（3）消除危险；（4）返还财产；（5）恢复原状；（6）修理、重作、更换；（7）继续履行；（8）赔偿损失；（9）支付违约金；（10）消除影响、恢复名誉；（11）赔礼道歉。法律规定惩罚性赔偿的，依照其规定。本条规定的承担民事责任的方式，可以单独适用，也可以合并适用。

② 张新宝、庄超：《扩张与强化：环境侵权责任的综合适用》，载《中国社会科学》2014年第3期。

③ 淡路剛久『環境法判例百選』（有斐閣，2015）47頁。

2. 精神损害赔偿

大气环境污染侵权赔偿范围除支付身体健康损害费用和经济损失费用外，还包括赔偿精神损害和修复大气环境（恢复原状）。精神损害赔偿制度在我国已经确立，《民法典》第1183条、最高人民法院《关于确定民事侵权精神损害赔偿责任若干问题的解释》等对精神损害的适用进行了详细的规定，近年来该制度在立法与司法上得到了不断的完善。

司法实践中涉及环境精神损害的案件，往往凸显2个特征：一是其与人身利益息息相关，环境损害更多的是对人身健康产生直接或间接的损害，这种损害可能并不是立刻就足以造成被侵权人财产损失，而是在长期累积之下，最终对于被侵权人造成难以挽回痛苦的伤害行为，因此，这种损害难以直接与财产产生联系，而更多作用于人身健康。二是表现在其独立性上，因大气污染中的粉尘或有毒有害气体，造成被侵权人呼吸困难、痛苦等侵害可以单独适用精神损害赔偿，而非必须以财产损失为前提。①

从我国大气污染责任纠纷案件的统计数据中可以看出，由于大气环境污染侵权自身的复杂性、潜伏期长等特点，在司法审判中实际获得精神赔偿的案例较少。尤其是将单纯的精神损害作为独立的诉因允许受害人请求精神损害赔偿的案件，在环境诉讼中是不被认可的。此外，我国环境侵权精神损害赔偿制度面临赔偿范围认定不一、与相邻关系请求权竞合、赔偿数额确定难度大等诸多问题。②

在环境侵权中的精神损害赔偿金主要起到填补被侵权人损失与抚慰的双重作用，尽管被侵权人在身体上受到的痛苦已经难以用金钱衡量，但我们姑且可以将其看作环境侵权中的另一种补偿方式，即“代替性补偿”：既然身体上的痛苦已经无法挽回，那么从金钱上的弥补或许能够起到“代替性”的作用。因此，在大气环境污染侵权诉讼的案件中，可依据侵权行为与精神损

---

① 王晓丽：《环境精神损害赔偿的法律解析》，载《中国水运》（下半月）2008年第3期。

② 史一舒：《我国环境侵权精神损害赔偿制度的司法限制与扩张——基于18个典型案例的分析》，载《山东大学学报（哲学社会科学版）》2018年第3期。

害之因果关系的强度，确定精神损害赔偿范围，可以采取赔偿数额限额、赔偿标准分类等办法，满足物质性人格权遭受侵害的公民提出的精神损害赔偿的请求，实现法律保护公民环境权的立法意旨。①

（二）排除危害

排除危害作为环境侵权案件中一种重要的责任承担方式，其意义在于控制被侵权人的利益损失不会肆意扩大。侵权人污染或破坏环境，对他人造成危害时，被侵权人有权直接要求或者请求人民法院责令加害人排除污染危害。

在司法实践中，赔偿损失与排除危害分管案件的不同阶段，赔偿损失的功能在于救济，而排除危害的功能在于预防。在实践中预防的功能应当在救济之前，救济或许终究是下策，唯有预防风险才是上策。排除危害在环境侵害民事救济方式中占有比赔偿损失更为重要的地位。在一般的民事案件中，受害人通常首先要求进行赔偿，而环境案件中，受害人则通常首先要求排除危害，然后才是赔偿，这在司法实践均有所体现。其中的原因主要在于一般侵权行为是一次性的，而环境侵害则是持续性的，如若只要求赔偿而不要求排除危害，那么这种赔偿将无休止地进行下去。因此，鉴于环境问题的特性，在环境侵害民事救济方式中，排除危害更具有建设性。②

（三）停止侵害

“停止侵害”在大气污染侵权中被侵犯者权益保护的关键环节，是保护和恢复法律权利施行的决定性步骤，具有重要意义。停止侵害能够极大限度上减少侵犯行为的继续发生，从而避免侵权行为造成更多的损害；能够有效保护被侵犯者的权利和利益，从而提高实体的维权能力，保证公平正义的履行；对于解决各方关系矛盾也是十分重要的，它能够维持当事各方之间关系的和谐，防止引发更多的法律纠纷。

从我国大气污染责任纠纷案的数据中可以看出，几乎所有的大气污染侵

① 王晓丽：《环境精神损害赔偿的法律解析》，载《中国水运》2008 年第 3 期。

② 李艳芳：《环境侵害的民事救济》，载《中国人民大学学报》1994 年第 6 期。

权诉讼原告的第一个诉讼请求就是停止侵害，然而，停止侵害在实际中很难实现。因为侵权行为的要件之一是要有实际损害，但是大气污染侵权案件的损害并不是显而易见的，有时候更多的是生活环境权受到的侵害。

环境可分为生态环境和生活环境，生活环境权包括日照权、眺望权、亲水权、宁静权、嫌烟权、清洁水权、清洁空气权、景观权等人格权益。环境权的主体是公民，而公民的环境权益包括了人身权益，侵犯生活环境权的后果往往表现为对公民身体健康的损害。① 关于环境权的性质，有的学者认为环境权是人权，或者是人权的组成部分；② 有的学者认为环境权应由于居民共同拥有，谁都可以自由且平等地加以利用，应把它作为人格权看待；③ 还有的学者认为环境权是一种财产权。④ 本书认为，生活环境权应属于人格权或法律上保护的利益，而对于环境权的侵害，应视为侵犯了人格权或法律上保护的利益。

在日本的审判实践中，因侵害环境权而造成身体、精神的损害以及生活上的妨害的，多数判例认为该种侵权是属于法律上保护的利益受到的侵害。⑤ 侵害行为发生时，被侵害人发生生活妨害、健康损害的，“平稳的日常生活”这样的利益则被视为法律上保护的利益，而这种利益在实践中得到广泛的承认。如对于宠物的粪尿以及饭店发出的恶臭，法院认为是侵害了生活环境权（或人格权）。⑥ 就连葬礼场的营业，也认为是侵害了周边居民的“在日常居住生活的场所中有关宗教感情平稳的人格权或人格利益”。⑦ 在审判实践中，判断是否侵害法律上保护的利益的标准，则是看该行为是否超过了忍受限度。

判断该行为是否超出了忍受限度，需要考虑下列因素：（1）侵害行为的

① 吕忠梅：《论公民环境权》，载《法学研究》1995年第6期。

② 周训芳：《论环境权的本质——“一种人类中心”主义环境观》，载《林业经济问题》2003年第6期。

③ 大须贺明：《生存权论》，法律出版社2001年版，第195页。

④ 王曦：《美国环境法概论》，武汉大学出版社1992年版，第165页。

⑤ 大阪国际机场噪声诉讼案，最高法院1981年12月16日判决。

⑥ 大阪高等法院2002年11月15日判决、东京地方法院立川支部2010年5月13日判决。

⑦ 最高法院2010年6月9日判决。

样态和程度；(2) 被侵害利益的性质和内容；(3) 有无防止损害发生的措施及其内容；(4) 加害人和被害人的位置；(5) 居住的先后关系；(6) 地域性因素等。(关于忍受限度的司法实践，见第三章内容)

我国可借鉴日本审判实践中的做法，确认侵害生活环境权的行为即使没有实际损害后果，从是否超过“忍受限度”去判断是否侵害法律上保护的利益，因此让侵权人承担停止侵害的民事责任。

(四) 公司股东的“直索责任”

按照《公司法》第3条的规定①，公司与股东之间承担责任的纽带被其切断，通常情况下，公司实施环境侵权行为的，应由公司以其财产承担侵权责任，公司股东无须承担责任，这是公司法的立法价值取向。② 但同时这一制度导致当公司实施环境侵权行为的时候，虽然股东作为实际受益人与实际操控者，却可能规避其责任。

公司在实现自身目的的同时必须承担一定的社会责任，包括环境保护的责任。公司的环境保护责任源于公司对社会的影响和公司目的的实现，其主要表现为环境道德责任和环境法律责任。为了更好地保护环境，实现环境公平和正义，保障人类实现可持续发展，必须从多方面强化社会成员的环境保护责任。③

《公司法》第20条④就“揭开公司面纱”作出了相应的规定，公司法人独立人格和股东有限责任是构建公司的两大“基石”。在公司经营中如权利

① 《公司法》第3条规定：公司是企业法人，有独立的法人财产，享有法人财产权。公司以其全部财产对公司的债务承担责任。有限责任公司的股东以其认缴的出资额为限对公司承担责任；股份有限公司的股东以其认购的股份为限对公司承担责任。

② 许凌艳、张中：《论公司法的立法价值取向》，载《法律适用（国家法官学院学报）》2002年第12期。

③ 马燕：《公司的环境保护责任》，载《现代法学》2003年第5期。

④ 《公司法》第20条规定：公司股东应当遵守法律、行政法规和公司章程，依法行使股东权利，不得滥用股东权利损害公司或者其他股东的利益；不得滥用公司法人独立地位和股东有限责任损害公司债权人的利益。公司股东滥用股东权利给公司或者其他股东造成损失的，应当依法承担赔偿责任。公司股东滥用公司法人独立地位和股东有限责任，逃避债务，严重损害公司债权人利益的，应当对公司债务承担连带责任。

被股东滥用，严重损害公司债权人利益，公司债权人将会提起“公司人格否认”之诉。在环境侵权案件中亦应如此，法律要求股东应当合理地使用自己的权利，不应当违背法律的相关规定。当股东滥用权利以逃脱处罚或公司肆意污染环境以使公司股东获取不当利益的情形时，被侵权人即可通过“揭开公司面纱”制度，由控股股东或者实际控制人与公司共同承担连带责任。[①]

第二节　城市复合型大气污染的行政救济的完善

我国的环境侵权救济法律制度主要由两部分组成，包括环境民事救济法和环境行政救济法。环境民事救济法又可以分为环境救济的民事排除法和环境侵权损害的民事赔偿法；环境行政救济法又可分为环境侵害的行政排除法、环境侵权损害的行政补偿法、环境民事纠纷行政处理法、环境行政侵权损害的国家赔偿法等。[②] 在本章中，环境侵权行政救济指的是行政机关在环境损害侵权行为发生后所实施的救济，也就是利用行政权力对环境侵权事件进行干预，从而防止环境损害的发生与扩大，有效保护环境损害受害人的合法权益。

一、民事救济的局限性

目前，在环境侵权法律救济方面，更多的是强调民法上的救济，主要包括损害赔偿、恢复原状、排除侵害等，但这主要是环境侵权行为发生后的救济，也即事后救济，在事前救济方面是缺失的。那么，环境行政的出现，有效弥补了这一漏洞，这种属于行政路径的救济方式，采用行政管理的方式，

① 张新宝、庄超：《扩张与强化：环境侵权责任的综合适用》，载《中国社会科学》2014 年第 3 期。

② 王明远：《环境侵权救济法律制度》，中国法制出版社 2001 年版，第 35 页。

有效制止环境污染侵权行为的发生。[①]

在环境污染中，作为公共利益的生态环境利益，理应由公法规制。由传统的民法、行政法、刑法等部门法学发展而来的环境法，无法有效应对和解决日益严峻的环境问题，如环境污染、生态破坏等。因此，有人认为，生态环境损害责任带有明显的公共利益特质的法益属性，环境法应当对生态环境损害救济进行调整，如若将其纳入《民法典》的调整范围，将会造成公、私法体系的混乱。[②]

这种观点认为，应当由环境法来解决环境损害的防治问题，[③] 而我国《民法典》以私权私益保护为宗旨，为保证我国《民法典》逻辑体系的连贯性和科学性，应当通过公法机制来实现对纯粹环境公益的保障和救济。[④] 而且，生态环境损害涉及环境公共利益，因此在生态环境损害救济这一问题上，《民法典》应当保持"谦抑"的态度。[⑤]

大气污染侵权中，民事救济具有一定的局限性。尤其是生态环境损害，通常认为，民事救济无法对环境损害提供"赔偿"性的帮助，也无法真正阻止已经发生且将持续下去的环境损害，更不能预防尚未发生的环境损害。[⑥] 因此，有观点认为，包括法人和自然人在内的民事救济制度下对环境损害负责的主体，都不是防治环境损害的适格主体。在我国的环境法制建设中，已经构建了一系列防治环境损害的原则、制度，而在环境保护的实践中，也发

---

① 韩轶、衣春芳：《环境侵权行政权救济分析》，载《沈阳干部学刊》2014 年第 6 期。

② 孙佑海、王倩：《民法典侵权责任编的绿色规制限度研究——"公私划分"视野下对生态环境损害责任纳入民法典的异见》，载《甘肃政法学院学报》2019 年第 5 期。

③ 徐祥民、邓一峰：《环境侵权与环境侵害——兼论环境法的使命》，载《法学论坛》2006 年第2 期。

④ 刘超：《论"绿色原则"在民法典侵权责任编的制度展开》，载《法律科学》2018 年第 6 期；徐以祥、李兴宇：《环境利益在民法分则中的规范展开与限度》，载《中国地质大学学报（社会科学版）》2018 年第 6 期。

⑤ 彭中遥：《〈民法典〉中生态环境损害代修复制度之探析》，载《中国高校社会科学》2022 年第 1 期。

⑥ 徐祥民、辛帅：《民事救济的环保功能有限性——再论环境侵权与环境侵害的关系》，载《法律科学（西北政法大学学报）》2016 年第 4 期。

现了更为适合承担环境损害防治任务的主体，即政府。环境行政救济制度，即在突出“系统性”“整体性”“协同性”的层面上，进一步强化政府的责任意识，构建政府负责的制度体系。①

二、行政救济的理论依据

环境行政复议、环境行政诉讼和环境行政赔偿是公民在行使公法上享有的请求权是实现行政救济的主要方式。实现公民环境权是环境行政的目的，由此，本质上讲，环境公益和环境私益是相统一的，实现环境公益的同时，也能够满足环境私益。那么，当行政机关以实现环境公益为目的，其所作出的行政行为给私人带来损害时，私人应该怎样寻求公法救济。换言之，如果行政机关的行为符合公法，但是侵害了私权利，那么应该如何救济，这一问题是需要寻求理论依据的。

行政法学理论为该问题提供了答案。国外行政法学传统理论认为，多数行政法规制定的目的是实现公共利益，以保护公民个人利益为目标制定的行政法规只是少数。所以，如果法律对特定的个人利益作了专门的保护，那么这种利益就被称为“法律保护的利益”。当行政主体所作出的行政行为不合法或者行政主体不作为，进而导致某种受到法律保护的利益受损时，行政相对人有权要求撤销不合法的行政状态。行政相对人可以向法院提起诉讼，请求行政主体停止其违法行为，或者依法行使某项职权。与此形成鲜明对比的是，如果法律并不是为了保护特定的个人利益，而是为了实现公共利益，那么，即便法律依法实施后给特定人带来了利益，这也并不是私人的权利，而是反射性利益。因此，如果这种反射性利益遭受侵害，作为个体的公民是没有权利要求得到救济的。伴随着公民权利意识的提升，以及公民对行政的依赖程度增加，人们渐渐把给付行政领域在内的所有行政主体与行政相对方的关系，看作一种权利与义务的关系，并把传统上被认为是反射性利益的事项，

① 徐祥民、辛帅：《民事救济的环保功能有限性——再论环境侵权与环境侵害的关系》，载《法律科学（西北政法大学学报）》2016 年第 4 期。

尽可能地解释为法律保护的利益。越来越多的学者和法律工作者接受“难以判断时，则推定其为个人的法律利益”这种权利推定的理论。从保护相对方利益的角度衡量，扩大解释法律保护的利益的范围具有重要的意义。①

三、完善行政救济机制的措施

在大气污染侵权的救济途径中，行政救济具有传统民事救济所不具备的优势，因而对环境侵权的行政救济法律制度的构建和研究，对解决环境问题和保护公民权利具有极其重要的现实意义。大气污染侵权的行政救济，指的是行政主管部门针对大气污染的侵权行为，依据法律规定，运用行政权力，针对大气污染侵权人采取的行政命令和行政强制措施来纠正违法行为，对侵权人处以行政处罚，并要求其承担生态环境损害修复责任的救济机制。

（一）加强行政救济事先预防性功能

环境侵权事先预防性的行政救济，是指在生态环境损害尚未发生或者具有发生的危险时，行政机关未雨绸缪，及时采取应对措施，防止其发生的措施。同时通过实现公众的参与权、知情权等程序性环境权的方式来实现环境侵权的行政救济。②

1. 行政命令

（1）应急救济行政命令

应急行政命令具有显著的应急性和紧急性，因此在突发大气污染事故或者事件之时，要求行政机关根据污染物或者生态破坏行为的特征与表现，迅速地启动应急管理机制，责令行为人及时采取应急措施以最大限度地减少环境损害带来的危害，尽可能地控制其所影响的范围，防止大气污染损害的扩大。

① 范俊荣：《环境行政法的公法调整方法》，载《消费导刊》2008 年第 8 期。
② 韩轶、衣春芳：《环境侵权行政权救济分析》，载《沈阳干部学刊》2014 年第 6 期。

（2）纠正行为行政命令

纠正行为行政命令是指行政机关向相对人作出责令改正的行政决定，从而达到纠正其违法行为，恢复行政管理秩序的目的，主要包括行为人责令改正、责令停止违法行为。行政机关通过命令行政相对人停止生态环境破坏行为，从而最大限度地减少违法行为对生态环境的影响，并使法律客观秩序得到及时恢复。①

（3）修复治理行政命令

修复治理行政命令是指针对已经发生的环境损害事实，行政机关责令行政相对人采取具有针对性的生态环境修复措施，修复受损的生态环境的行政命令。

2. 行政强制代履行

行政强制代履行制度可以作为保障性措施，保证行政命令的执行，从而确保大气污染损害救济的实现。当发生大气污染环境损害时，如若环境损害侵权人不履行行政机关依法作出的，要求其采取一定的措施，恢复生态环境功能的行政决定，那么行政机关便可以自行履行或者委托没有利害关系的第三人代履行。如此，便建立起了“修复行政命令＋行政强制代履行”的公法应对机制，从而更好地处理违法行为造成的生态环境损害。②

因此，行政强制执行有着保障行政命令得到有效执行的功能，这也为公法路径下生态环境损害的救济提供了制度保障。③

（二）完善行政补偿制度

环境侵权行政补偿制度，是指在环境损害侵权行为发生后，行政机关依法运用行政手段介入环境侵权损害进行补偿的一种机制，如政府征收环境费、环境税等特别费、税，此种便是收集环境侵权补偿基金的方式。当出现无法确定环境损害侵权人的情况时，即可用此基金向受害人提供补偿。在侵权人

① 《大气污染防治法》第99～105条、第107～109条等。

② 张宝：《生态环境损害政府索赔制度的性质与定位》，载《现代法学》2020年第2期。

③ 区树添：《生态环境损害救济路径的类型化重构》，载《湖湘法学评论》2022年第3期。

可以确定的情况下，基金组织仍可基于侵权人的环境侵权民事责任保留对其的追偿权。[①] 此项制度的运行，有赖于行政权力的强制性，并需要行政机关的监督来运作补偿基金，从而使传统损害赔偿方式由“转移损失”转化为“分担损失”。在无法确定侵权人、侵权人赔偿能力有限或者受害人亟待救助时，基金能够保障损害赔偿的迅速实现，这便是该制度的优势。[②]

从行政补偿制度的性质出发，首先，行政补偿制度体现了现代“福利国家”国家权力对社会生活各方面的广泛介入，赔偿基金的运作需要公权力的强制来保证，并且在不能确认侵权人和侵权人没有赔偿能力的情况下，由国家对受害者的损失进行赔偿，最终由所有的被征收者来承担这些赔偿，这就把传统的损害赔偿转变成了损失分担的损害赔偿，由此带有“福利行政和社会安全给付的意味”[③]。其次，尽管行政权力广泛介入行政补偿制度，但是其本质上仍然是以“污染者付费原则”和民事赔偿责任为基础，故其也保留规定了对侵权人的追偿权。因此，其本质上是对传统民事赔偿理论和制度的调整、补充和修正，体现了现代社会“私法公法化”的趋向，也体现了环境法所贯彻的公私法融合的特点。一方面，其依然坚持所有污染者必须为其造成的污染直接或间接地支付费用，以补偿其污染行为造成的损失，因此不会给国家和社会带来太大的负担；另一方面，该制度的强制性特征可以保障基金的来源，确保受害人得到及时的补偿，同时将追偿的责任交给专门的管理机构，减少了受害人得到救济的难度。在实力与能力方面，专门的管理机构并不逊于作为侵权人的企业，故而更加容易依照法律从侵权人处获得赔偿。[④]

基于现代社会福利思想、连带思想建立的“公法性”社会保障机制，主要包括社会保险、行政补偿和国家给付等多种形式，这种机制目的在于组成

---

① 练琪：《环境行政补偿制度研究》，载《中国环境管理干部学院学报》2006 年第 4 期。

② 周珂、杨子蛟：《论环境侵权损害填补综合协调机制》，载《法学评论》2003 年第 6 期。

③ 王明远：《环境侵权救济法律制度》，中国法制出版社 2001 年版，第 153 页。

④ 周珂、杨子蛟：《论环境侵权损害填补综合协调机制》，载《法学评论》2003 年第 6 期。

一个“公法性”社会保障体系。从某种意义上来说，环境公害所导致的损害，是无法规避的社会性权益受损现象，那么就需要“公法性”社会保障机制予以补充，如社会保险、行政补偿、国家给付等，从而弥补“私法性”环境责任保障制度在实践中的缺陷。①

（三）完善环境行政公益诉讼制度

由于利益主体缺位，利益表达机制不健全，人们常常对环境公共利益熟视无睹。我国《环境保护法》赋予了行政机关维护环境公共利益的职责，但是缺乏相应的配套措施。美国的《清洁空气法》创造性地规定了“公民诉讼条款”，该条款赋予了公民在受到环境污染侵害时提起诉讼的权利，同时也可以对联邦环保局的不作为行为提起诉讼。

我国也应对国外经验进行借鉴，建立具有中国特色的公益诉讼多元主体制度，公众可以就行政机关的起诉不作为提起行政诉讼，其目的在于对行政机关进行监督，促使其履行职责，从而有效避免行政机关的不作为和地方保护主义。在行政诉讼中，被告为污染所在地的环境保护主管部门，受案范围由《行政诉讼法》作出相应的规定。

同时，我国现行制度仍存在诸多问题，如检察机关作为公益诉讼代表人，其原告资格的身份定位尚不清晰，环境公益诉讼的诉前程序仍不规范，环境行政诉讼中具体权能不明确、判决地履行和执行不到位等。因此，应当进一步合理定位检察机关提起环境行政公益诉讼的地位，规范检察机关提起环境行政公益诉讼的诉前程序，优化检察机关提起环境行政公益诉讼具体权能，明确检察机关提起环境行政公益诉讼判决履行和执行监督机制，完善我国环境行政公益诉讼制度。②

（四）完善大气污染侵权行政处理制度

环境侵权民事纠纷的行政处理，是指行政机关运用行政权力处理环境污

① 钭晓东：《论环境保护责任社会化的契合——以温州模式为例》，载《求索》2002 年第 6 期。
② 王一彧：《检察机关提起环境行政公益诉讼现状检视与制度完善》，载《中国政法大学学报》2019 年第 5 期。

染和环境破坏所引发的民事纠纷的活动。在我国，该行政机关主要是指各级人民政府环境保护主管部门和其他负有环境保护监督管理职责的部门。

1. 环境侵权的行政处理方式

环境侵权的行政处理方式包括行政调解、行政裁决和行政斡旋三种。行政调解，是指环境保护主管部门在处理环境污染侵权纠纷时，依照法定程序和方式，以中立者的身份，对当事人之间的环境污染侵权纠纷进行调解，最终作出行政调解书，该调解书并不具有强制执行力。该种方式最为常用，许多地区的行政规章都规定了行政调解这种纠纷处理方式。行政裁决，是指环境保护主管部门依职权或者依据纠纷当事人的请求，依法对环境侵权纠纷进行审查审理并作出裁决，最终判定当事人承担某种义务的纠纷处理方式。行政斡旋，实质上是环境损害的私力救济，但是又存在环境主管部门的介入并为纠纷当事人提供意见，促使其和解，故而是借助公力解决纠纷的过程。此种处理方式较为灵活，多适用于小额环境侵权纠纷。①

2. 设置专门的处理机构

环境行政主管部门在处理环境纠纷方面拥有其他主体所不具备的专业优势，能够高效、权威地查明环境污染与破坏行为的事实，及时分析原因并作出相应的鉴定结果。故而，有必要设立独立的环境纠纷处理机构，其可对纠纷作出具有法律效力的裁决，有效推动纠纷的迅速解决。第一，环境行政主管部门应当具有齐全的环境执法设施，这能够帮助环境主管部门准确掌握环境侵权的事实；第二，需要有损害赔偿额度评估机构，此机构由环境主管部门管理，目的在于掌握损害的后果；第三，环境行政主管部门应当具有强制执行权以及行政救济实施权，如此方能保证行政机关解决纠纷优势的充分发挥。

3. 制定专门的行政处理法

当前，我国在处理环境侵权纠纷时，常面临无法可依的局面，相关的立

① 韩轶、衣春芳：《环境侵权行政权救济分析》，载《沈阳干部学刊》2014 年第 6 期。

法仍不健全，处理环境侵权纠纷的程序、证据规则、防治措施、损失赔偿的规则等都缺乏明确的规定。因此，必须健全环境纠纷行政处理机制，这样方能将其纳入法治的轨道，有效、公正、及时地处理环境侵权纠纷。我国应当尽快出台有关环境侵权纠纷处理的专门行政法律，明确环境侵权纠纷的主管机关以及受案范围，规定相应的处理途径和程序，确立环境侵权纠纷处理机制，从而提升环境侵权纠纷行政处理的可操作性和规范性。①

总而言之，大气污染侵权行政救济制度运用行政权有效规避了诉讼程序繁琐和迟延的问题，有助于损害赔偿的尽快实现，从而尽可能地保护受害人的利益。有鉴于此，在未来的立法和司法实践中，都应当充分发挥行政救济在环境侵权救济中的重要作用，与此同时，还应当加强相关法律、法规的完善与实施。②

第三节　城市复合型大气污染侵权社会化救济的完善

大气污染侵权的损害赔偿不仅需要寻求传统的责任追究救济，还需要依靠社会的力量以社会化的方式对被害人展开合理救济，用以保障受损的社会关系的恢复，维护社会秩序的稳定，平衡社会发展的整体利益。③ 社会化的救济是原有保护方式的补充。换言之，将因环境侵权行为导致的损害视为“社会损害”，同时密切侵权损害赔偿制度与责任保险、赔偿或补偿基金、社会安全体制等环境损害填补的保障制度之间的联系，设计完善的损害填补保障制度，由社会上多数人负担和消化损害，最终实现损害赔偿的社会化。④以合理保障受害人利益、实现对受害人及时救济、保障社会秩序良好运行为

① 周丽：《环境侵权救济途径探析》，山东大学2010年硕士学位论文，第38页。

② 韩轶、衣春芳：《环境侵权行政权救济分析》，载《沈阳干部学刊》2014年第6期。

③ 刘源、曾兆晖：《环境侵权社会化救济的法理基础》，载《环境与可持续发展》2009年第2期。

④ 王明远：《环境侵权救济法律制度》，中国法制出版社2001年版，第124页。

目的的社会化救济方式，有利于强化对社会民众救济力度，有利于确保受损社会秩序的合理恢复和社会关系的完善，有利于推动社会上相对弱势群体利益的合法保障。因此，我国应当综合采用环境责任保险、环境社会救助基金等救济模式，构建环境侵权损害社会化救济制度，化解环境侵权纠纷，促进经济发展。①

一、完善环境社会救助基金制度

依据“分配正义和矫正正义”的要求，面对社会的发展和进步所带来的风险，作为既受利益者的社会大众应当共同承担这类风险。社会化的救济正是采取了这样一种风险分担机制，保证发生在特定条件下的侵权行为由社会大众来承担社会进步所必须付出的代价。

（一）企业互助基金

企业为了降低损害发生后的赔偿负担，逐步建立起企业互助基金和同业互助基金制度。

企业互助基金制度是企业为了规避因环境侵权导致的短期内巨额赔付风险，具有环境侵权风险性的企业按照相互约定向企业互助基金缴纳一定数额的资金，一旦有企业陷入因环境侵权而需支付巨额索赔的困境，企业互助基金可以在审查该企业申请之后，代替符合给付条件的企业支付赔偿金，但该企业应当在后期将这笔款项返还企业互助基金。② 同业互助基金制度通过吸纳有同样经营风险的企业缴纳一定数额的费用成立同业互助基金，当某一企业因环境侵权而被要求承担赔偿责任时，先由同业互助基金的公积准备金支付赔偿款，再对应当承担赔偿责任的企业进行追偿。③ 部分学者将这一模式称为行业风险分担协议，即具有生态环境侵权损害的行为人以协议的方式约定行为人在遵守协议内容、自觉履行环境保护和污染防治的基

---

① 刘昕宇：《构建环境侵权损害社会化救济制度的思考》，载《法学研究》2009年第2期。

② 王明远：《环境侵权救济法律制度》，中国法制出版社2001年版，第124页。

③ 刘昕宇：《构建环境侵权损害社会化救济制度的思考》，载《中州学刊》2016年第6期。

础上，若发生生态损害需要赔偿的情况，由全体协议参加人共同承担赔付责任。[1]

企业互助基金又可以细分为依据法律规定授权成立的互助基金和依靠民间独立团体运作的完全由潜在污染企业自发创设的互助基金。[2] 第一种互助基金以法律法规的形式明确基金赔偿的方式、范围、数额等，使基金赔偿的每一步都有法可依。第二种互助基金则不具有任何官方背景或者法律强制性质，而主要依靠民间力量，几个企业自愿或自发从税后利润的法定公积金中提取约定的资金，组成基金库，这类基金不仅能够解企业的燃眉之急，提高污染预防的效果，还大大减轻了政府的财政负担。[3]

（二）政府救助基金

不同于企业互助基金制度，政府救济基金制度的偿付主体为政府。政府依据专门制定的法律和规定，设立基金管理机构，通过征收税费、财政给付以及社会筹集等方式筹集资金。对受害人因环境侵权而遭受的损害依据相关法律和规定给予及时、有效的支付和补偿。建立以政府主导的环境侵权损害救助基金，能够发挥行政权力对资金筹集关键作用，有效保障资金来源的稳定性和持续性。此外，这一制度的建立还是政府承担民事补充责任的充分体现。尽管政府主要通过收缴排污者的排污费或者环境税等充盈基金库，但这与受害者直接向环境侵权企业索赔截然不同，凸显政府躬身执法的导向作用，更加有益于彰显政府积极保护环境和维护公众生命健康安全的社会形象。[4]

企业互助基金和政府救助基金这两种环境侵权损害的社会化救济各具特色，各有优势。论其根本，这两种社会救济途径都致力于通过协议的方式分散企业可能面临的环境侵权风险，保障受害人能够得到公平、及时的赔付，

① 竺效：《生态损害的社会化填补法理研究》，中国政法大学出版社 2007 年版，第 122 页。
② 游春、何方、尧金仁编著：《绿色保险制度研究》，中国环境科学出版社 2009 年版，第 144 页。
③ 贾爱玲：《浅析环境侵权损害社会化救济的基金制度》，载《生态经济》2014 年第 6 期。
④ 肖剑鸣：《比较环境法》，中国检察出版社 2001 年版，第 313 页。

既符合企业长期稳定发展的需要，又呼应社会对企业应当承担更多社会责任的呼唤。

企业互助基金的资金主要来自排污企业按约定预先缴纳的费用，先天就有来源单一和数额有限的不足，因此企业互助基金在偿付赔款时，要求环境侵权人的民事责任已经成立并且以实际损失为准实行等价赔偿原则，是社会化程度最低的一种救济方式。相比而言，政府救助基金的资金是多方筹集的，来源渠道十分广泛，适用情形包括加害人不具备偿付能力、污染源不明且责任人难以确定、加害人有免责事由等，能够有效解决民事责任无法解决的特殊环境侵权问题，弥补企业互助基金制度的不足之处。

一旦发生需要基金偿付的情况，两者在适用上存在一定的先后顺序，即优先使用企业互助基金，对于企业互助基金无法赔付的部分损害，由政府救助基金进行兜底救济。如果企业互助基金面临停办，可以申请并入政府救助基金的范畴，由政府救助基金继受企业互助基金的权利义务。此外，为了保障受害人的权益，如果受害人亟须救助，而企业互助基金又无法及时给付，政府救助基金可以对受害人进行及时救济。可见，企业互助基金和政府救助基金相互贯通，以企业互助基金先行，政府救助基金兜底的方式，构建起环境侵权受害人权益保护的可靠体系。①

二、完善环境责任保险制度

环境责任保险是随着环境污染事故的频繁发生和公众环境权利意识的不断增强，由公众责任保险发展而来的，旨在专门分散排污企业环境风险，保护第三人环境权益，减少政府环境压力。②

（一）我国环境责任保险现状

2007年12月，国家环境保护总局和原中国保险监督委员会联合公布

① 贾爱玲：《浅析环境侵权损害社会化救济的基金制度》，载《生态经济》2014年第6期。
② 周珂、刘红林：《论我国环境侵权责任保险制度的构建》，载《政法论坛》2003年第5期。

《关于环境污染责任保险工作的指导意见》。此后，2018～2020 年，环境污染责任保险累计提供了 45.03 万亿元保额的保险保障，支付了 533.77 亿元赔款。[①] 直到 2021 年 7 月 28 日，深圳正式启动了环境污染强制责任保险制度改革，标志着中国的环境污染责任保险制度进入强制性新时代。[②]

（二）环境污染保险制度的立法建议

1. 建立专门的环境责任保险法

建立健全环境污染责任保险法律体系，要以《环境责任保险法》的制定为核心，在其他环境单行法律、法规中补充有关环境责任保险的配套规定，形成自上而下的保险投保、运行、理赔全程性法律机制。《环境责任保险法》作为环境责任保险的通用性规定，是一系列环境侵权保险赔付的总依据，由于环境侵权以污染为主，还应当专门就污染的保险赔付制定《环境污染责任保险法》，以规制有关污染的保险责任问题。此外，部分在环境保险责任立法走在全国前列的省、市，还可以在不违反全国性以及地方性法律法规的前提下，探求相关行业、领域、地域性特别立法，以丰富我国环境污染责任保险法律体系。[③]

2. 建立科学的风险评估体系

环境责任保险属于风险管理产品的一种，建立科学的风险评估体系有助于推进环境责任保险体系的健康发展。一方面，环境责任保险涉及多方利益的平衡，具有复杂和特殊的性质；另一方面，不同行业领域的环境风险特点不同，需要设立不同的环境风险管理及评估体系。因此建立科学的风险评估体系是环境责任保险制度顺利推广的必备条件。此外，企业作为环境责任保险的主要参与者，可以在内部建立自己的风险评估体系，以更好地应对环境风险的发生。

---

① 顾向一、陈诗一：《环境污染责任保险制度演进及路径选择》，载《复旦学报（社会科学版）》2020 年第 3 期。

② 范庆荣：《环境污染强制责任保险中保险利益之解析》，载《兰州学刊》2022 年第 8 期。

③ 竺效：《论环境污染责任保险法律体系的构建》，载《法学评论》2015 年第 1 期。

3. 建立全流程碳管理制度

碳排放污染是重污染企业面临的最普遍问题，重污染企业碳排放可以细分为突发性生产事故碳泄漏与渐进性持续超标碳输出。其中，突发性生产事故碳泄漏属于安全生产事件的范围，如果将其纳入环境责任保险，就会发生同一事件既符合安全生产责任保险的赔付范围又符合环境责任保险的赔付范围的情况，为了确保现有保险制度的有效运行，将突发性生产事故碳泄漏归类于安全生产责任保险保障范围会更好。参考国外有关经验，建立全流程碳管理制度，即打造“环境污染责任保险 + 安全生产责任保险 + 碳排放负面清单花名册”模式，一则将环境侵权责任保险与企业信用评级和向银行信贷授信挂钩，引起企业高度重视；二则对发生环境污染重大事故的企业拉入黑名单，通过编制负面清单的方式助推企业自觉节能减排，保护环境。①

同时，辅之以地方政府碳减排的环境治理责任考核制度。政府通过助推银行绿色信贷业务的开展，细化碳税制度的制定，推动碳排放权交易市场的繁荣等手段，将政策与环境侵权责任保险制度相联接，打出一套保险制度与政策支持相配合的环境保护组合拳。②

三、加强企业的环境责任

企业需要承担一定的社会责任，而企业的社会责任又可以分为道德意义上的责任（moral responsibility）和法律意义上的责任（legal responsibility）。企业道德上的环境保护责任需要依靠环境道德规范和引导，企业法律上的环境保护责任需要法律强制和要求。环境道德规范和环境法律规范相配合，在一定程度上能够实现企业自觉履行自己负有的环境保护义务。③ 企业在实现自身目的的同时必须承担一定的社会责任，包括环境保护的责任。为了促进

① 张众：《我国环境责任保险的现状及立法完善》，载《河北农机》2021 年第 4 期。
② 张众：《我国环境责任保险的现状及立法完善》，载《河北农机》2021 年第 4 期。
③ 马燕：《公司的环境保护责任》，载《现代法学》2003 年第 5 期。

环境的保护，实现社会绿色可持续发展，必须进一步强调企业的环境保护责任，激发企业参与环境保护的积极性。

（一）企业环境责任的法律规定

我国法律关于企业的环境保护责任的规定相对比较原则，从主体上讲，目前我国有关法律法规没有专门就公司的环境保护责任作出更为具体的规定。依据我国《宪法》的规定，国家是保护生活环境和生态环境的主体，而企业是国家的监督对象，因此企业负有接受国家环境监督的义务，应当重视自身的环境保护问题。依据《环境保护法》第6条第1款①的规定，企业是行使环境保护权利和履行环境保护义务的主体。尽管我国《公司法》尚未对公司的环境保护责任作出直接规定，但《公司法》第5条②规定公司负有遵守法律法规和社会公德的义务，可见保护环境理应是公司的义务。总之，目前我国关于公司环境保护的监督手段主要依靠《环境保护法》及相关法律法规的原则性的规定。

（二）强化企业环境责任的措施

依据我国目前企业在环境保护中的表现，加强企业环境保护责任，具体可以从以下4个方面改进：

1. 提高公司环境道德水平和环境保护能力

全方位提高公司环境道德水平，要求公司在严格自身企业环境保护意识的基础上，树立地区榜样和担当社会责任，自觉充分维护企业所在地区的环境建设，乃至全社会的环境建设。公司的决策要求兼顾保护环境的社会需要，在决策中必须做到自身、地区和社会协调发展。此外，公司的管理层和内部员工应当树立环境保护意识，强化公司环境保护的素质，使其自觉树立保护生态环境，杜绝环境污染，助力市场经济绿色可持续发展的社会形象。

---

① 《环境保护法》第6条第1款规定：一切单位和个人都有保护环境的义务。

② 《公司法》第5条规定：公司从事经营活动，必须遵守法律、行政法规，遵守社会公德、商业道德，诚实守信，接受政府和社会公众的监督，承担社会责任。

2. 健全关于企业环境保护责任的立法

以现行法律规范为基础，在修改法律规范的过程中注意明确公司关于环境保护的权利以及义务，建立适合在公司中推行的环境保护法律制度。例如在修改公司法时，在总则关于公司的宗旨部分增加公司的环境保护责任。同时还要建立与之相配套的公司环境保护信息公开制度和公众参与制度。

3. 强化对公司环境保护责任履行的监督

加强政府、司法以及社会对企业履行环境保护责任的监督。首先，关于政府监督，应当依据政府各部门在环境保护中的职责分工，加强对公司环境保护行为的监督和管理。其次，关于司法监督，法院应当重视对公司涉环境保护以及污染防治的审理，确保受害人的权益得到救济，公司的违法行为得到惩罚。最后，关于社会监督，以普法的形式加强民众对环境保护相关法律的了解，提高社会对公司环境治理行为的关注度，畅通社区民众的监督渠道，主动接受社区民众的监督。

4. 完善企业环境保护评级制度

为了完善企业环境保护评级制度，应当对不同类型的企业进行具有针对性的环境保护等级评价。对企业进行环境信用等级的评定，可以结合ISO14000体系的认证和绿色认证以及企业近年来在环境保护方面的社会表现来进行，完善企业日常环境保护工作内容档案。为了提高企业对评级制度的重视和积极性，政府应当给予高等级的企业一定的奖励，同时鼓励企业主动分享其先进的环境保护经验，提高区域甚至全社会的环境保护技术水平。①

四、完善公众参与机制

鼓励公民、法人和其他组织自觉自愿参与到环境保护中来，有利于形成全民保护环境的社会氛围，提高全社会对环境保护、污染防治的重视程度。完善环境保护的公众参与机制，就是要在环境保护的立法、执法、司法、守

---

① 马燕：《公司的环境保护责任》，载《现代法学》2003年第5期。

法等各个环节引入公众参与机制。

（一）公众参与的现状

调查数据实证分析显示，居民环境治理决策的参与意愿的强弱与其参与态度、价值认知、环境行为息息相关。具体而言，其参与态度越好，价值认知越清晰，环境行为越良好，对决策的参与意愿就越强烈。①

依照公众参与类型理论，公众参与分3个阶段（无公众参与、表面参与、公众权利）、8个阶梯（按公众参与的程度，8个阶梯分别为操纵、引导、告知、咨询、劝解、合作、授权、公众控制）。当前我国环境保护的公众参与度较低，还停留在前四个阶段，即操纵、引导、告知、咨询。②

农村居民公众参与环境保护情况调查结果显示，表示没有参加过环境治理的居民高达86.7%，而不知晓村里环境治理项目的居民比例达到53.3%，甚至33.8%的人表示不会参与农村环境治理。③ 可以看出，我国农村居民环境保护的参与度非常低，参与意愿不强。

（二）公众参与机制的完善

1. 赋予民众环境参与权

公众参与环境保护的前提是公民拥有环境权，并且在民主与法治的基础上可以行使环境权。公民行使环境权具体表现为对环境保护工作的参与，即公民必须拥有知情权、参与权和补偿权，只有完善公民参与环境治理的制度保障，拓宽参与渠道，才能真正加强公民环境权的保护和实现。

2. 环境信息公开

环境信息公开是公众参与大气污染治理的首要环节，我国关于环境信息公开的依据和途径相对较为全面。在环境信息公开的依据方面，我国出台了

---

① 蒋忻玲：《基于结构方程模型的村民参与环境治理的影响因素研究——以成都市郫都区为例》，载《四川环境》2023年第3期。

② 黄森慰、唐丹、郑逸芳：《农村环境污染治理中的公众参与研究》，载《中国行政管理》2017年第3期。

③ 黄森慰、唐丹、郑逸芳：《农村环境污染治理中的公众参与研究》，载《中国行政管理》2017年第3期。

一系列与环境信息公开相关的法律法规，对环境信息公开的申请、内容、方式等作出了具体而详细的规定。在环境信息公开的途径方面，我国负责信息公开的各行政部门通过线上线下、传统媒体和新媒体相结合形式公布有关信息，部分与公众健康关系紧密的信息，如污染物空气质量分指数、空气污染级别、首要污染物等，可以通过手机网络等方式获取实时最新数据。

3. 提高民众的环保意识

作为发展中国家，我国公众关于环境保护的要求和意识远低于发达国家，需要政府在环境保护的过程中积极作为，鼓励公众参加。[①] 政府应当通过媒体等多种方式大力宣传环境保护工作，让公众了解生活环境的现状，拓展公众对生态环境的认知广度，提高民众的环境维权意识，提高民众对环境污染问题的关注，进而引导其参与到环境保护的实践中来。

4. 提倡民众践行绿色生产与生活理念

提高全社会对环境保护的重视程度，根本上要转变民众思想，倡导民众绿色生产生活。引导民众养成绿色健康的生活方式，摒弃不良生活习惯，注重生活中的节能减排，呼吁民众进行垃圾分类、乘坐公共交通出行、减少使用塑料制品，让绿色生活逐渐成为社会活动的风向标。

5. 调动民众的参与积极性

公众的参与积极性在很大程度上取决于公众认为其参与该项活动能否获得令自己满意的利益，因此，提高公众参与环境保护的积极性必须给予公众参与一定的激励，使公众主动参与环境治理的社会活动。可以设立奖励基金，奖励积极参与环境治理的个人，从而提高民众的积极性和主动性。

6. 加强公众社会监督

社会监督可以影响公众对企业社会形象评价，倒逼企业重视自身的环境保护，社会监督主体包括社会公众、环境保护民间团体和组织及新闻媒体等。加强公众社会监督，不仅要提高公众对于环境保护的重视度，还要畅通监督

---

① 杨妍、孙涛：《跨区域治理跨区域环境治理与地方政府合作机制研究》，载《中国行政管理》2009 年第 1 期。

渠道，让公众能够及时反映相关问题。

综上所述，环境问题广泛性、复杂性的特征，单方面通过政府保护及治理必然难以完全解决，由此，将公众纳入环境保护的工作中来，形成多方合力，并通过不断完善环境保护相关法律规范，渲染全社会爱护环境的氛围，积极推动环境保护的可持续健康发展。通过建立环境责任保险、公共补偿制度、公众参与机制等相结合的社会化救济制度，使受害人的权益及时有效地得到保护。①

第四节　多元化救济机制的有机衔接

一、公法、私法与社会救济机制的协同

单一的救济路径不能实现对大气污染侵权的全面救济。因为环境损害存在保护客体与主体的二元性，导致单一的法律并无法全面地对案件进行规制。生态环境损害存在涉猎法域广泛、横跨法律部门繁多的特性。唯有私法与公法通力合作，才能将其完善调整。

（一）公私法的协同

想要将环境案件妥善处理，需要公法与私法的通力合作。如前文所述，环境侵权作为新兴的侵权行为，单一法律很难对其形成完整全面的规制，因此，应当在司法实践中形成一种预防与救济并重、公法与私法并行的裁判路径。

从预防方面来看，综观私法与公法的保护侧重，不难看出在实践中公法对科技方面的依赖较高，甚至可以说在风险性行政治理中，科技的运用起到了决定性作用，如利用先进的科技检测企业的排污指标。同时在案件中，科

① 钟明春：《论环境侵权损害的社会化救济》，载《湘南学院学报》2014 年第 4 期。

技对于环境侵害的数据也是一项重要的证据。实践中，案件往往并不是“非黑即白”，即使企业的排污达到了一定标准，但并不代表着其可以免除责任的承担，毕竟在此类案件中因果关系的切断并不以是否有过错为标准。所谓风险治理，其突出的特点是“风险”二字，前文也提到过救济与风险预防的关系，本书认为预防应当重于救济，而风险行政治理的管理模式正符合重预防的思想，体现了更高的权威性与合理性。

从救济角度来看，私法救济与公法救济也体现了不同的侧重点。公法救济体现的是通过行政处罚或其他方式从源头上阻止污染环境行为的继续产生，行政机关可以通过罚款，从要求企业停业整顿、关闭排污设备等多个方面进行救济；而私法则是通过赔偿去实际弥补被侵权人的损失，为了避免被侵权人陷入被侵害到赔偿再到被侵害的循环中。使公法在源头上阻止污染的产生，再由私法进行赔偿，两法协作才能够更好地体现公平正义，达到保护环境的目的。

目前，我国司法救济、行政救济与社会化救济尚未形成一个有机的衔接，在适用关系上亦不明确。有观点主张我国生态环境损害救济机制的衔接安排应当遵循“行政救济优先于司法救济”的基本原则。在具体制度设计层面，通过明确政府索赔权的适用范围，确立行政执法的优先性，并且通过完善民事公益诉讼启动的前置条件，确立行政救济的优先性。

（二）环境公益诉讼的行刑衔接

实践中还应当注意环境公益行刑衔接。所谓行刑衔接，即是指行政处罚与刑事处罚的衔接问题，二者并非割裂存在，而是渐进的过程，我国的刑法具有谦抑性，并非所有的案件都应当由刑法处置，关于污染环境案件，我国设有污染环境罪，并根据污染环境的程度不同分为 3 年以下与 3 ~7 年两种量刑。什么样的行为属于刑法规制的范围，相应的司法解释作出了详细的阐述，本部分不再赘述，如何将违反了刑法的行为由行政机关转交给公安机关是本部分想要探讨的重点。一般来说，行政机关在发现企业违法排污时首先会作出行政处罚的决定，而当污染的行为达到一定程度时，可以由行政机关将案件转交给检察机关提起环境污染公益诉讼。我国实践中其实也一直保持着这样的传统，这就为环境案件的公益诉讼路径提供了坚实的保障。①

环境公益诉讼行刑衔接的关键环节包括案件移送、证据转化和责任分配。立法层面，需以问题为导向，完善并提升相关规范的位阶；执法层面，应当探索“行政＋公安”的执法新模式；司法层面，应当合理转化和使用证据，区分和衔接行为人的行政责任与刑事责任，并辅之以检察机关和监察机关共筑的有力监督机制与健全的信息分享平台和联席会议制度。②

（三）民事救济与社会化救济的衔接

根据传统的侵权救济理论，在环境侵权案例中，通常个人或侵权单位应对受害人进行民事赔偿或采取其他补救措施。然而，由于环境侵权具有特殊性质，存在一部分或全部将侵权责任转嫁给社会或国家的情况。需要注意的是，环境侵权的社会救济作为紧急补救措施，仅在个人救济面临困难时才被采纳，并非所有环境侵权案件都适用。由于环境侵权社会救济的成本较高，使其发挥制度作用并不容易。它的法律定位与其功能补位性密切相关，因此，在适用社会化救济的同时，应有条件地限定其范围。这样可以使社会救济制度有序运行，而且是对传统民法侵权制度的尊重。

二、补救与惩罚并济

环境侵权责任所追求的价值目标包括社会效能和社会利益。环境侵权责任的目标是保护环境、维护社会福祉、确保人类和自然环境的可持续发展。通过追究侵权行为的责任，实现对环境的保护与修复，促进社会的长期稳定与繁荣。

环境侵权责任具备救济功能，即对受害人进行赔偿和补偿，恢复其因环境侵权行为所遭受的损失和伤害。这有助于修复受害人的权益，恢复其生活

① 宋歌：《我国环境公益诉讼行刑衔接理论与实践完善研究》，载《法学杂志》2021年第7期。
② 宋歌：《我国环境公益诉讼行刑衔接理论与实践完善研究》，载《法学杂志》2021年第7期。

正常秩序。

环境侵权责任还应具备惩罚功能，即对侵权行为人进行惩罚，以防止和抑制环境侵权行为在社会中的蔓延和滋生。通过追究侵权行为人的法律责任，起到威慑作用，降低环境侵权的风险和频率。

环境侵权责任在追求社会效益的同时，应具备预防功能，即通过追究责任的方式，使侵权行为人及其他潜在的侵权行为人产生对环境的尊重和重视，引导其采取积极措施保护环境，避免或减少可能造成的环境损害。

上述的四种功能应当得到协调。举例来说，环境侵权社会化救济会过度强调救济而不重视惩戒污染环境的行为，这会对于社会风气产生不良的引导，一味地强调国家和社会对于风险的分担，容易产生该救济行为是在为环境侵权行为分担责任的想法。因此，在设计环境侵权社会化救济制度时，需要全面考虑以上价值目标，并在处理受害人救济与加害人赔偿力度、限制与惩罚之间的矛盾中寻求平衡。同时也需要注重社会利益的最大化和公正性，确保侵权责任制度的有效运行，实现对环境侵权行为的全面治理和规范。①

三、事先救济与事后救济相结合

当前，人们在环境侵权法律问题上主要关注的是民事救济。然而，无论是采取损害赔偿、恢复原状的方式，还是采取排除侵害的方式，民事救济都是在环境侵权行为发生后提供的事后救济，并没有事先预防的功能。因此，除了民事救济，我们还需要结合其他救济途径，特别是通过环境行政的管理措施来预防环境污染及侵权行为的发生。行政救济具有事先预防的特点，因此，这种事先预防的救济途径主要通过行政途径来实现。

在处理环境侵权问题时，应将事前预防与事后救济相结合，这同样适用于环境侵权的社会化救济制度。救济永远都会滞后于侵权行为，这是制度体

① 戴蕾：《我国环境侵权社会化救济制度的思考》，载《环境科学导刊》2014年第6期。

制无法避免的特点，也是法律无法摆脱的滞后性，即法律的制定无法先于社会问题的发生。因此，在制定制度时应考虑将事前和事后救济功能纳入考量，以降低滞后性所带来的不利影响。在构建这些救济机制时，应向可能导致环境侵权的市场参与者提供充分的事前警告，使其客观全面地评估其行为可能对环境产生的影响和侵权风险，这就是事前预防；在行为发生后，任何人都可以对其提出符合理据的环境控诉和监督，实行社会化监督模式。对于环境侵权尤其是不可逆的损害问题，必须对侵权者给予严厉惩罚，并明确环境问题具有社会属性的价值观，这就是事后救济。

环境法具有与其他部门法相互独立的特性规范的同时，也具有与其他部门法相互交叉重叠的共性规范。在公法上，双重预防原则对应着国家环保责任、环境行政预防制度，如工程开工前应当由相应的机关进行环境影响评价，唯有环境影响评价达标才可以开工。一旦环境影响评价有造假的嫌疑，那么应当立即停止对于工程的推进；在私法上，则体现为禁令制度。可以运用比例原则等公法手段协调在社会发展过程中与环境可能产生的冲突，可引用政府的一句话“绿水青山就是金山银山”，这句话完美对于社会发展与环境问题之间的侧重方向进行了阐明；强化不确定风险条件下涉生态利益的审慎与优位决策机制，避免环境利益受损。①

目前，在学者的呼吁下，② 环境法典编纂进入立法进程，预防原则迫切需要实现体系化，预防原则的实质阐释可从整体预防观出发，突破象征性立法困局，最大限度实现精细化立法，并在危险预防、风险预防的双层预防视野下进行适度的精细化展开。实质阐释会产生整体观下公私法协调效应、法律适用效应以及相应改革效应。③

---

① 刘明全：《中国环境法预防原则的实质阐释》，载《清华法学》2022 年第 5 期。

② 吕忠梅：《环境法典编纂方法论：可持续发展价值目标及其实现》，载《政法论坛》2022 年第 2 期；竺效：《环境法典编纂结构模式之比较研究》，载《当代法学》2021 年第 6 期；彭峰：《中国环境法法典化的困境与出路》，载《清华法学》2021 年第 6 期；曹炜：《论环境法法典化的方法论自觉》，载《中国人民大学学报》2019 年第 2 期。

③ 刘明全：《中国环境法预防原则的实质阐释》，载《清华法学》2022 年第 5 期。

四、跨界（境）污染的综合救济与合作

（一）跨界污染地方政府的合作机制

跨界污染是指环境污染物在地理边界之间扩散或传递的现象。同一国家跨界污染是指当污染源位于一个特定的行政区域或国家，而其产生的污染物却通过空气、水流、土壤等途径跨越行政边界，对其他行政区域或国家的环境和生态系统造成负面影响的现象，其具有无视行政边界的限制、污染物传播路径复杂、污染物的来源不一定与受影响区域相同、对环境和生态系统造成跨区域影响等特征。一旦发生跨境污染，涉及的法律权利义务关系相对复杂。这种情况下存在受害者与污染者之间的民事关系，以及行政区域内具有权威的人民政府和环境保护主管部门与污染者之间的行政监管关系。因此，由跨区环境污染引发的纠纷往往成为跨越不同行政区域（如省、市、县等）的社会冲突的特殊表现。①

首先，地方政府的环境合作必须有完备的法制依据才能减少合作中的交易成本，形成有约束力的合作机制。其次，应当从制定综合性法律法规、强化监管手段、加强法律责任追究等多方面建立跨区域的污染治理法律体系框架。

制定综合性法律法规：应当制定一系列的综合性法律，对不同类型、规模和来源的污染进行全面覆盖和管理。这些法律应涵盖环境保护、大气污染、水污染、土壤污染、噪声污染等方面，并确保其具有可操作性和可执行性。②

跨区域协作机制：建立跨区域的协作机制，促进不同地区之间的合作与信息共享。可以通过成立联合工作组、召开定期会议等方式，协调解决跨区域污染问题，推动各地区实现信息共享、资源共享和技术交流。

---

① 胡绪雨：《跨境污染损害的国家责任》，载《政法论丛》2015年第5期。

② 王彬彬、李晓燕：《中国区域性跨界污染治理：制度框架与变革进路》，载《社会科学研究》2023年第2期。

加强法律责任追究：要建立健全的法律责任追究机制，明确责任主体和相关管理部门的职责。对于污染企业和责任人，要依法追究其法律责任，并加大对违法行为的处罚力度，形成对污染行为的威慑效应。

强化监管手段：加强对污染源的监测、排放标准的制定和执行。要建立完善的环境监测体系，依托于先进科学技术，实现对污染源的实时监测和数据共享，及时发现和治理跨区域污染。

因我国的跨界污染治理框架构建起步较晚，合作方式单一，这就导致其在解决现实问题中存在欠缺，如在中央高度集权下的区域环境治理合作往往缺乏区域谈判机制。①

此外，还应当建立完善地方间横向协调管理机制：（1）信息通报机制。为了实现地方间横向协调管理的高效运行，需要建立信息共享平台，使各地方之间能够及时共享相关数据和信息。这样可以提高信息的透明度和可获取性，有利于协调合作的顺利进行。（2）跨区域突发环境事件应急协作联动机制。（3）政策协调机制。地方间横向协调管理机制的一个重要任务就是加强各地方之间政策的协调。需要通过定期会议、协商等方式，推动各地方政策的沟通和调整，避免政策之间的冲突和竞争。（4）明确职责分工机制，促进政府间的合作监督。地方间横向协调管理机构应当制定明确的职责分工，明确各级政府在横向协调中的角色和责任。同时，也要结合地方实际情况，根据不同地方的特点和需求，进行合理的分工和任务分配。而进一步加强政府间相互的监督，无疑能够维系政府间合作的长久性和稳定性。②（5）建立资源整合机制，为了确保地方间横向协调管理机制的有效性和可持续发展，应当建立相应的评估机制，定期对机制运行情况进行评估和改进。评估结果可以为下一阶段的改进提供依据，保证机制的长期健康发展。

---

① 刘军强、谢延会：《非常规任务、官员注意力与中国地方议事协调小组治理机制——基于A省A市的研究（2002～2012）》，载《政治学研究》2015年第4期。

② 杨妍、孙涛：《跨区域环境治理与地方政府合作机制研究》，载《中国行政管理》2009年第1期。

（二）跨境污染的国家责任与私法化救济的结合

环境问题可能具有全球性或地区性的特点，但无论何种情况，它往往具有跨国界的性质。随着社会的高度产业化，环境破坏和污染成为现象，经济发展与环境保护之间的正确平衡已经成为国际社会面临的一个主要挑战。①

跨境污染是一种重要的环境损害形式，在国际法律秩序中引发了一系列难以解决的问题。跨境污染可能是由国家行为或私人行为造成的，无论是否经批准；可能是有意识排放有害物质的结果，也可能是意外事故造成的后果。根据条约和习惯法的规定，通常只有在污染物的释放达到一定严重程度，或者涉及特定区域的具体情况时，才能构成污染。

由于追究国家责任在跨境污染损害中存在复杂性和对抗制的缺陷，国际环境损害责任制度呈现越来越明显的私法化趋势，成为一种广泛发展的替代选择，用以追究国家在污染损害事件中的责任。但无论私法最终发展得多么完善，其仍旧无法抛开公法而独立发挥作用，其本身特性形成的制约导致了私法在救济效果中的局限。

国际法委员会在“赔偿责任”专题下提出了一种新思维，即跨境污染损害的损失应在参与危险活动的参加者之间分配。这一思维的核心要点在于如何弥补被害人损失、抚慰被害人创伤。在处理跨境环境损害纠纷、确保受害者能够及时且充分获得赔偿方面，私法责任成为主要的法律救济手段。②

国家责任和私法责任具有相互独立的构成要件与各自存在的价值，但需要注意的是，国家责任和私法责任并不是互相排斥的，两者在实践中也可以交叉适用。不乏有人对私法对于跨境污染的结果发生时能否起到应有的作用产生怀疑，他们认为在面临跨境污染，国家责任才是最为直接有效的救济手段。应该把责任的承担压力切实转化成国家和从业者保护环境的改进行为，这样才能真正增加环境利益。③ 也正因如此，国际社会应当逐步制定专门的

① 胡绪雨：《跨境污染损害的国家责任》，载《政法论丛》2015年第5期。
② 胡绪雨：《跨境污染损害的国家责任》，载《政法论丛》2015年第5期。
③ 胡绪雨：《跨境污染损害的国家责任》，载《政法论丛》2015年第5期。

环境保护规则，并促进相关国家之间的合作。这种合作是为了不否定损害赔偿制度的同时，更好地推动环境保护并促进国际社会共同发展。[1]

此外，可通过建立国际性应急计划、建立跨界污染损害赔偿财政应急措施等提供更多的保障。在跨界污染发生时，个人虽然无法依据国际法寻求救济，但国际环境法上也呼吁应保障个人的权利，特别是为非本国居民提供平等救济。[2]

综上所述，由于城市复合型大气污染侵权的特殊性，单一路径无法实现全面救济。因此，必须建立私法救济机制、行政救济机制和社会救济机制相结合的多元化救济机制。还应充分考虑公法、私法与社会救济机制的协同、事先救济与事后救济相结合、补救与惩罚并济以及通过不同区域、国家的合作等实现对城市复合型大气污染侵权的综合救济。

① 汪劲、黄嘉珍、严厚福：《对松花江重大水污染事件可能引发跨界污染损害赔偿诉讼的思考》，载《清华法治论衡》2010 年第 1 期。

② 汪劲、黄嘉珍、严厚福：《对松花江重大水污染事件可能引发跨界污染损害赔偿诉讼的思考》，载《清华法治论衡》2010 年第 1 期。

参考文献

1. 汪劲：《环保法治三十年：我们成功了吗》，北京大学出版社 2011 年版。

2. 陈怀满、郑春荣：《复合污染与交互作用研究——农业环境保护中研究的热点与难点》，载《农业环境保护》2002 年第 2 期。

3. 时仲省：《空气污染对健康的危害》，载《家庭医学》2021 年第 7 期。

4. 杨燕敏：《城市大气污染现状、成因及对策研究》，载《环境与发展》2020 年第 5 期。

5. 孟紫强、李君灵：《二氧化硫生物学研究进展：从毒理学到生理学》，载《生理学报》2011 年第 6 期。

6. 温汉中、温锐：《大气污染对人体健康的危害与防治》，载《资源节约与环保》2014 年第 10 期。

7. 曾贤刚、蒋妍：《空气污染健康损失中统计生命价值评估研究》，载《中国环境科学》2010 年第 2 期。

8. 王志成：《空气污染危害健康的八种特殊方式》，载《百科知识》2020 年第 35 期。

9. 吕忠梅：《环境法治建设十年回顾与环境法典编纂前瞻》，载《北京航空航天大学学报（社会科学版）》2023 年第 1 期。

10. 杨朝霞：《中国环境立法 50 年：从环境法 1.0 到 3.0 的代际进化》，载《北京理工大学学报（社会科学版）》2022 年第 3 期。

11. 吕忠梅：《环境法典编纂的基本问题》，载《荆楚法学》2022 年第

1 期。

12. 王文兴、柴发合、任阵海等:《新中国成立 70 年来我国大气污染防治历程、成就与经验》,载《环境科学研究》2019 年第 10 期。

13. 柴发合:《我国大气污染治理历程回顾与展望》,载《环境与可持续发展》2020 年第 6 期。

14. 吴志良、李水生:《环境犯罪的构成要件》,载《中国环境科学》1998 年第 2 期。

15. 张梓太:《论公害罪》,载《南京大学学报》1999 年第 10 期。

16. 张梓太:《环境犯罪归责的主观要件分析》,载《现代法学》2003 年第 5 期。

17. 张梓太:《中国环境行政诉讼之困境与对策分析》,载《法学评论》2003 年第 5 期。

18. 刘武朝:《环境行政处罚种类界定及其矫正》,载《环境保护》2005 年第 5 期。

19. 刘超:《论“绿色原则”在民法典侵权责任编的制度展开》,载《法律科学》2018 年第 6 期。

20. 方叠、钱跃东等:《区域复合型大气污染调控模型研究》,载《中国环境科学》2013 年第 7 期。

21. 王爱群:《环境污染诉讼若干问题探析》,载《行政与法》2009 年第 9 期。

22. 王利明:《侵权行为法归责原则研究》,中国政法大学出版社 1992 年版。

23. 徐祥民、吕霞:《环境责任“原罪”说——关于环境无过错归责原则合理性的再思考》,载《法学论坛》2004 年第 6 期。

24. 薄晓波:《论环境破坏侵权行为的归责原则与责任构成要件》,载《研究生法学》2011 年第 4 期。

25. 李劲、李丽君:《环境侵权归责原则探究》,载《法学杂志》2007 年第3期。

26. 陶梦澜：《论民法典中环境侵权的归责原则》，载《当代农机》2021年第8期。

27. 吕忠梅、窦海阳：《以“生态恢复论”重构环境侵权救济体系》，载《中国社会科学》2020年第2期。

28. 陈伟：《环境污染和生态破坏责任的二元耦合结构——基于〈民法典·侵权责任编〉（草案）的考察》，载《吉首大学学报（社会科学版）》2020年第3期。

29. 薄晓波：《回归传统：对环境污染侵权责任归责原则的反思》，载《中国地质大学学报（社会科学版）》2013年第6期。

30. 吕忠梅：《“生态环境损害赔偿”的法律辨析》，载《法学论坛》2017年第3期。

31. 晋海：《生态环境损害赔偿归责宜采过错责任原则》，载《湖南科技大学学报（社会科学版）》2017年第5期。

32. 曹明德：《环境侵权法》，法律出版社2000年版。

33. 蔡守秋：《环境法教程》，法律出版社1995年版。

34. 韩德培：《环境保护法教程》，法律出版社1998年版。

35. 钱水苗、徐迪：《论环境侵权构成要件的若干问题》，载《重庆环境科学》2003年第6期。

36. 晋海：《环境侵权民事责任构成要件分析》，载《南京大学法律评论》2000年第2期。

37. 张坤民、金瑞林：《环境保护法讲话》，清华大学出版社1990年版。

38. 张新宝：《中国侵权行为法》，中国社会科学出版社1998年版。

39. 乔世明：《环境损害与法律责任》，中国经济出版社1999年版。

40. 玉梅：《试论我国民事诉讼举证责任分配原则》，载《学术论坛》2010年第3期。

41. 胡中华：《论环境侵权责任中的因果关系》，载《科技进步与对策》

2002 年第 2 期。

42. 范利平：《侵权法上因果关系研究》，载《现代法学》2004 年第 3 期。

43. 张新宝：《侵权责任法》，中国人民大学出版社 2006 年版。

44. 晋海、赵思静：《大气污染环境侵权实证研究——以 124 个大气污染环境侵权案件为样本》，载《长白学刊》2016 年第 4 期。

45. 张式军：《以环境公益诉讼破解环境行政执法难——首例大气污染环境公益诉讼案核心问题之法律分析》，载《环境保护》2015 年第 15 期。

46. 奉晓政：《资源利用冲突解决机制研究》，载《资源科学》2008 年第 4 期。

47. 左秀宏、赵星、安然：《试论我国环境污损司法鉴定机构的建构——以完善环境犯罪的惩治为视角》，载《法学杂志》2010 年第 3 期。

48. 秦天宝、段帷帷：《中国环境侵权案件审理机制的新发展——基于最高人民法院公布的十起案例》，载《武汉大学学报（哲学社会科学版）》2016 年第 11 期。

49. 崔金星、熊佳、吕美佳：《〈民法典〉视野下环境民事责任的体系化构建》，载《浙江海洋大学学报（人文科学版）》2021 年第 4 期。

50. 胡杉杉、孙洪坤：《环境司法审判“特性”的实证研究——以 163 份裁判文书为分析样本》，载《中国环境管理干部学院学报》2018 年第 2 期。

51. 刘超、陈梓铭：《环境侵权司法裁判的实践、规律与展望——基于 2021 年环境侵权案例的统计分析》，载《湖湘法学评论》2022 年第 2 期。

52. 叶锋：《新司法解释视域下环境侵权责任因果关系的反思与重构——以 120 份民事判决书为分析样本》，载《法律适用》2016 年第 4 期。

53. 王爱群、陈子君：《城市复合型大气污染侵权责任初探》，载《大连大学学报》2016 年第 5 期。

54. 王爱群、魏梦霞：《大气污染侵权诉讼的实证分析——以辽宁省为例》，载《大连大学学报》2018 年第 4 期。

55. 柯阳友、蒋楠：《环境侵权诉讼中因果关系证明的质疑与反思》，载《河北工业大学学报（社会科学版）》2017年第3期。

56. 王明远：《论我国环境公益诉讼的发展方向：基于行政权与司法权关系理论的分析》，载《中国法学》2016年第1期。

57. 韩波：《公益诉讼制度的力量组合》，载《当代法学》2013年第1期。

58. 张卫平：《民事公益诉讼原则的制度化及实施研究》，载《清华法学》2013年第7期。

59. 肖建国：《利益交错中的环境公益诉讼原理》，载《中国人民大学学报》2016年第2期。

60. 肖建国、黄忠顺：《环境公益诉讼基本问题研究》，载《法律适用》2014年第4期。

61. 巩固：《2015年中国环境民事公益诉讼的实证分析》，载《法学》2016年第9期。

62. 赵悦：《气候变化诉讼在中国的路径探究——基于41个大气污染公益诉讼案件的实证分析》，载《山东大学学报》2019年第6期。

63. 张陈果：《环境民事公益诉讼损害赔偿金去向的经验归纳与制度构建》，载《暨南学报（哲学社会科学版）》2022年第9期。

64. 段厚省：《环境民事公益诉讼基本理论思考》，载《中外法学》2016年第4期。

65. 伍华军、荣锦坤：《论行政公益诉讼中“不履行法定职责”判定标准的构建》，载《重庆社会科学》2023年第3期。

66. 马荣真：《环境公益诉讼的损害救济：以大气污染类公益诉讼为分析对象》，载《社会治理》2018年第2期。

67. 徐淑琳、冷罗生：《反思环境公益诉讼中的举证责任倒置——以法定原告资格为视角》，载《中国地质大学学报》2015年第1期。

68. 江必新：《中国环境公益诉讼的实践发展及制度完善》，载《法律适用》2019 年第 1 期。

69. 徐祥民、宋福敏：《建立中国环境公益诉讼制度的理论准备》，载《中国人口·资源与环境》2016 年第 7 期。

70. 刘海洋：《论我国民事公益诉讼之举证责任分配》，载《湖南社会科学》2015 年第 3 期。

71. 叶琪：《全球环境治理体系：发展演变、困境及未来走向》，载《生态经济》2016 年第 9 期。

72. 孙法柏：《英国环境法律政策整合的机制与实践》，载《山东科技大学学报（社会科学版）》2012 年第 1 期。

73. 张彩玲、裴秋月：《英国环境治理的经验及其借鉴》，载《沈阳师范大学学报（社会科学版）》2015 年第 3 期。

74. 陆伟芳：《英国 20 世纪中叶清洁空气立法的进程与启示》，载《历史教学问题》2022 年第 2 期。

75. 赵承杰：《英国对大气污染的法律调整》，载《国外环境科学技术》1989 年第 1 期。

76. 李景光：《英国的环境保护政策及措施》，载《国际科技交流》1992 年第 4 期。

77. 许建飞：《20 世纪英国大气环境保护立法研究——以治理伦敦烟雾污染为例》，载《财经政法资讯》2014 年第 1 期。

78. 黄雅琴：《惩罚性赔偿研究——国家制定法和民族习惯法双重视角下的考察》，法律出版社 2016 年版。

79. 高国荣：《激进环保运动在美国的兴起及其影响——以地球优先组织为例》，载《求是学刊》2012 年第 4 期。

80. 金海：《20 世纪 70 年代尼克松政府的环保政策》，载《世界历史》2006 年第 3 期。

81. 刘向阳：《20 世纪 70—90 年代美国环境管制的路径转向及其深层背景分析》，载《河北师范大学学报（哲学社会科学版）》2023 年第 3 期。

82. 徐再荣：《20 世纪美国环保运动与环境政策研究》，中国社会科学出版社 2013 年版。

83. 梁睿：《美国清洁空气法研究》，中国海洋大学 2010 年博士学位论文。

84. 黄衔鸣、蓝志勇：《美国清洁空气法案：历史回顾与经验借鉴》，载《中国行政管理》2015 年第 10 期。

85. 陶红英：《美国环境法中的公民诉讼制度》，载《法学评论》1990 年第 6 期。

86. 王曦、张岩：《论美国环境公民诉讼制度》，载《交大法学》2015 年第 4 期。

87. 李艳芳：《美国的公民诉讼制度及其启示——关于建立我国公益诉讼制度的借鉴性思考》，载《中国人民大学学报》2003 年第 2 期。

88. 潘晓滨：《域外国家应对气候变化地方立法实践及中国借鉴》，载《湖南大学学报（社会科学版）》2017 年第 1 期。

89. 王曦、胡苑：《美国国家应急计划概述》，载《环境保护》2007 年第 1 期。

90. 王曦：《美国环境法概论》，武汉大学出版社 1992 年版。

91. 蔡守秋：《论环境民事责任体制》，载《环境资源法论丛》，法律出版社 2001 年版。

92. 谢伟：《美国清洁空气法若干问题研究》，厦门大学出版社 2015 年版。

93. 孟力、周涛等：《根治雾霾刻不容缓》，载《天津经济》2013 年第 3 期。

94. 常纪文：《欧盟如何一盘棋治大气》，载《中国环境报》2014 年第 6 期。

95. 牛瑞飞：《欧盟努力应对空气污染》，载《人民日报》2023 年 1 月 12 日。

96. 高家伟：《欧洲环境法》，工商出版社 2000 年版。

97. 庄敬华：《德国环境损害赔偿法律问题初探》，载《法学论坛》2005 年第 5 期。

98. 蔡守秋：《欧盟环境政策法律研究》，武汉大学出版社 2002 年版。

99. 刘渝：《欧盟法律中的预防原则简述》，载《海外文摘》2021 年第 6 期。

100. 李艳芳：《环境侵害的民事救济》，载《中国人民大学学报》1994 年第 6 期。

101. 李传轩：《环境诉讼原告资格的扩展及其合理边界》，载《法学论坛》2010 年第 4 期。

102. 张新宝、庄超：《扩张与强化：环境侵权责任的综合适用》，载《中国社会科学》2014 年第 3 期。

103. 徐贵勇：《大气污染侵权案件司法实务疑难法律问题研究——证据关联性和因果关系的归位》，载《法律适用》2018 年第 9 期。

104. 周俊圻：《环境侵权中因果关系举证责任分配规则研究》，载《四川环境》2021 年第 6 期。

105. 李玉华：《诉讼证明标准研究》，中国政法大学出版社 2010 年版。

106. 王晓丽：《环境精神损害赔偿的法律解析》，载《中国水运》2008 年第 3 期。

107. 史一舒：《我国环境侵权精神损害赔偿制度的司法限制与扩张——基于 18 个典型案例的分析》，载《山东大学学报（哲学社会科学版）》2018 年第 3 期。

108. 吕忠梅：《论公民环境权》，载《法学研究》1995 年第 6 期。

109. 周训芳：《论环境权的本质——“一种人类中心”主义环境观》，载《林业经济问题》2003 年第 6 期。

110. 许凌艳、张中：《论公司法的立法价值取向》，载《法律适用（国家法官学院学报）》2002 年第 12 期。

111. 马燕：《公司的环境保护责任》，载《现代法学》2003 年第 5 期。

112. 王明远：《环境侵权救济法律制度》，中国法制出版社 2000 年版。

113. 韩铁、衣春芳：《环境侵权行政权救济分析》，载《沈阳干部学刊》2014 年第 6 期。

114. 孙佑海、王倩：《民法典侵权责任编的绿色规制限度研究——“公私划分”视野下对生态环境损害责任纳入民法典的异见》，载《甘肃政法学院学报》2019 年第 5 期。

115. 徐祥民、邓一峰：《环境侵权与环境侵害——兼论环境法的使命》，载《法学论坛》2006 年第 2 期。

116. 刘超：《论“绿色原则”在民法典侵权责任编的制度展开》，载《法律科学》2018 年第 6 期。

117. 徐以祥、李兴宇：《环境利益在民法分则中的规范展开与限度》，载《中国地质大学学报（社会科学版）》2018 年第 6 期。

118. 彭中遥：《〈民法典〉中生态环境损害代修复制度之探析》，载《中国高校社会科学》2022 年第 1 期。

119. 徐祥民、辛帅：《民事救济的环保功能有限性——再论环境侵权与环境侵害的关系》，载《法律科学（西北政法大学学报）》2016 年第 4 期。

120. 范俊荣：《环境行政法的公法调整方法》，载《消费导刊》2008 年第 8 期。

121. 张宝：《生态环境损害政府索赔制度的性质与定位》，载《现代法学》2022 年第 2 期。

122. 区树添：《生态环境损害救济路径的类型化重构》，载《湖湘法学评论》2022 年第 3 期。

123. 练琪：《环境行政补偿制度研究》，载《中国环境管理干部学院学报》2006 年第 4 期。

124. 周珂、杨子蛟：《论环境侵权损害填补综合协调机制》，载《法学评论》2003 年第 6 期。

125. 王明远：《环境侵权救济法律制度》，中国法制出版社 2001 年版。

126. 王一彧：《检察机关提起环境行政公益诉讼现状检视与制度完善》，载《中国政法大学学报》2019 年第 5 期。

127. 刘源、曾兆晖：《环境侵权社会化救济的法理基础》，载《环境与可持续发展》2009 年第 2 期。

128. 刘昕宇：《构建环境侵权损害社会化救济制度的思考》，载《法学研究》2009 年第 2 期。

129. 钭晓东：《论环境保护责任社会化的契合——以温州模式为例》，载《求索》2002 年第 6 期。

130. 竺效：《生态损害的社会化填补法理研究》，中国政法大学出版社 2007 年版。

131. 游春：《绿色保险制度研究》，中国环境科学出版社 2009 年版。

132. 贾爱玲：《浅析环境侵权损害社会化救济的基金制度》，载《生态经济》2014 年第 6 期。

133. 肖剑鸣：《比较环境法》，中国检察出版社 2001 年版。

134. 周珂、刘红林：《论我国环境侵权责任保险制度的构建》，载《政法论坛》2003 年第 5 期。

135. 顾向一、陈诗一：《环境污染责任保险制度演进及路径选择》，载《复旦学报（社会科学版）》2020 年第 3 期。

136. 范庆荣：《环境污染强制责任保险中保险利益之解析》，载《兰州学刊》2022 年第 8 期。

137. 竺效：《论环境污染责任保险法律体系的构建》，载《法学评论》2015 年第 1 期。

138. 张众：《我国环境责任保险的现状及立法完善》，载《河北农机》2021 年第 4 期。

139. 蒋忻玲：《基于结构方程模型的村民参与环境治理的影响因素研究——以成都市郫都区为例》，载《四川环境》2023 年第 3 期。

140. 黄森慰、唐丹、郑逸芳：《农村环境污染治理中的公众参与研究》，载《中国行政管理》2017 年第 3 期。

141. 杨妍、孙涛：《跨区域治理跨区域环境治理与地方政府合作机制研究》，载《中国行政管理》2009 年第 1 期。

142. 钟明春：《论环境侵权损害的社会化救济》，载《湘南学院学报》2014 年第 4 期。

143. 宋歌：《我国环境公益诉讼行刑衔接理论与实践完善研究》，载《法学杂志》2021 年第 7 期。

144. 戴蕾：《我国环境侵权社会化救济制度的思考》，载《环境科学导刊》2014 年第 6 期。

145. 刘明全：《中国环境法预防原则的实质阐释》，载《清华法学》2022 年第 5 期。

146. 胡绪雨：《跨境污染损害的国家责任》，载《政法论丛》2015 年第 5 期。

147. 汪劲、黄嘉珍、严厚福：《对松花江重大水污染事件可能引发跨界污染损害赔偿诉讼的思考》，载《清华法治论衡》2010 年第 1 期。

148. 王彬彬、李晓燕：《中国区域性跨界污染治理：制度框架与变革进路》，载《社会科学研究》2023 年第 2 期。

149. 刘军强、谢延会：《非常规任务、官员注意力与中国地方议事协调小组治理机制——基于 A 省 A 市的研究（2002 ~ 2012）》，载《政治学研究》2015 年第 4 期。

150. ［古希腊］亚里士多德：《政治学》，吴寿彭译，商务印书馆 1965 年版。

151. ［英］布莱恩・威廉・克拉普：《工业革命以来的英国环境史》，王黎译，中国环境科学出版社 2011 年版。

152. Cass R. Sunstein，*Congress*，*Constitutional Moments*，*and the Cost－Benefit State*. Stanford Law Review，Vol. 48：2（1996）.

153. Popp D. , *Pollution control innovations and the Clean Air Act of* 1990, Journal of Policy Analysis & Management, Vol. 22：4（2003）.

154. David Wilkinson, *Environment and Law*, Routledge, 2002.

155. Shoreham - by - sea UDC v. Dolphin Canadian Proteins Ltd. （1973） 71 L. G. R. 261.

156. Mckinnon Industrices Ltd. v. Walker.

157. Bone v. Seal [1975] 1 All ER 787.

158. Ducan Depledge, *Emerging UK Arctic policy*, International Affairs, Vol. 89：6（2013）.

159. Sekaran R. , *The Preponderance of the Evidence Standard and Realizing Title IX's Promise：An Educational ; Environment Free from Sexual Violence*, Geo. J. Gender & L. , Vol. 19（2017）.

160. Roger E. Meiners The Common Law and the Environment（2001）.

161. Brainw. Clapp An Environmental History of Britain since the Industrial Revolution（1999）.

162. 原田正纯『水俣病』（岩波新书，1971）。

163.『水俣病被害者，辩护团全国联络会议 水俣病裁判全史』（日本评论社，1998 年—2001 年）。

164. 宮本憲一「水俣病水俣病被害者救済特別措施法を検討する」環境と公害（2009 年）。

165. 飯島伸子＝船橋晴俊『新潟水俣病問題』（东信堂，1999 年）。

166. 吉村良一『不法行为法』（有斐阁，2011 年）。

167. 内田贵『民法Ⅱ债权各论』（东大出版会，2007 年）。

168. 吉田克己『四日市公害』（柏书房，2002 年）、宮本憲一『地域開発はこれでよいか』（岩波新书，1973 年）。

169. 倉知三夫＝利根川治夫＝畑明朗『三井資本とイタイイタイ病』（大月书店，1979 年）、松波淳一『イタイイタイ病の記憶』（桂书房，2006 年）。

170. 丸山正次『国家の失敗』(三领书房，1992 年)。

171. 吕忠梅＝張忠民＝熊曉青「中国環境司法の現状に関する考察—裁判文書を中心に—」龙谷法学第 3 期（2019 年）。

172. 高田健一「事实上的因果关系—疫学的因果关系」『不法行为诉讼法』(青林书院，1991 年)。

173. 吉村良一「公害裁判における因果関係論の展開」『公害・環境私法の展開と今日的課題』(法律文化社，2002 年)。

174. 都留重人『現代資本主義と公害』(岩波書店，1968 年)。

175. 沢井裕『公害の私法的研究』(一粒社，1969 年)。

176. 新美育文「疫学的手法による因果関係の証明（上)」ジュリスト第 866 期（1985 年）。

177. 野村好弘「因果関係の割合的認定——西淀川大気汚染訴訟（第二次～第四次）第 1 審判決の考察」ジュリスト第 1081 期。

178. 大塚直「水俣病判決の総合的検討（その1)」ジュリスト第 1088 期（1996 年）。

179. 森島昭夫「因果関係の認定と賠償額の減額」『現代社会と民法学の動向』(有斐閣，1992 年)。

180. 大塚直「原因競合における割合的責任論に関する基礎的考察——競合的不法行為を中心として」『日本民法学の形成と課題』（有斐閣，1996 年)。

181. 原田尚彦『环境法』(弘文堂，1994 年)。

182. 泽井裕『无因管理・不当得利・不法行为』(有斐阁，2001 年)。

183. 德本伸一『共同不法行为（1）．民法综合判例研究 43 Ⅰ』（一粒社，1987 年)。

184. 渡边知行「加害者不明共同不法行为」名大法政论集第 145 期(1992 年)。

185. 内田贵『民法Ⅱ债权各论』(东大出版会，2007 年)。

186. 松原孝明「再论共同不法行为的共同关联性要件」上智法学论集第1期（2004年）。

187. 大塚直「最近的大气污染诉讼判决和共同不法行为论——以西淀川第2－4次诉讼判决为中心」判例时报第889期。

188. 淡路剛久『環境法判例百選』（有斐閣，2015）。

189. 远藤浩『民法（7）』（有斐阁，1997年）。

190. 渡边知行「大气污染公害诉讼中因果关系的认定」名古屋法政论集第201期（2003年）。

191. 金炳学「名古屋南部大气污染公害诉讼」早稻田法学第78－2期（2003年）。

192. 加藤雅信『新民法大系（5）事务管理 不当得利 不法行为』（有斐阁，2005年）。

193. 吉村良一『不法行为法』（有斐阁，2011年）。

194. 宇佐美大司「マンションの階上騒音と受忍限度」私法判例リマークス第38期（2009年）。

195. 加藤一郎『不法行为』（有斐阁，1974年）。

196. 冷罗生：《日本公害诉讼理论与案例评析》，商务印书馆2005年版。

197. 平井宜雄『债权各论』（弘文堂1992年）。

198. 盐野宏『行政法』（有斐阁，2006年）。